Günther Baumann

BEI UNS
DAHEIM

- Städte und Gemeinden
- Geschichte und G`schichtle
- Kultur und Sport
- Wirtschaft und Politik

Unterwegs

im

DNA-Marketing

HERAUSGEBER
Tobias Baumann
DNA-Marketing
Schauinslandweg 14
78054 Villingen-Schwenningen
Tel.: 07720 957 769
Fax: 032 221 504 126
info@dna-marketing.de
www.dna-marketing.de

AUTOR
Günther Baumann

DRUCK
Lienhard PrintMedien GmbH & Co.KG
Linsenboldstraße 1
78647 Trossingen
Telefon 07425/3366-0
Telefax 07425/3366-99
eMail: info@lienhard-printmedien.de
Internet: www.lienhard-printmedien.de

ISBN: 978-3-9818401-0-0

Kreis, Städte und Gemeinden

Rubriken

Mit dem Mountainbike unterwegs im Schwarzwald-Baar-Kreis.

Die Menschen von heute sind mobil. Die Welt ist dadurch ein ganzes Stück kleiner geworden. Man kennt sich auf den Kanaren aus, auf Thailand und ganz sicher auch auf Mallorca. Doch kommt bei all unserer Entdeckungslust dabei manchmal nicht die eigene Heimat etwas zu kurz?

Wie viel wissen Sie beispielsweise über den Schwarzwald-Baar-Kreis, über dieses Fleckchen Erde, in dem sich die Landschaften von Schwarzwald und Baar treffen, in der Fluss-Berühmtheiten wie Donau, Neckar und einige andere, zumindest regional bedeutsame Flüsse, das Licht der Welt erblicken und dieses Land so zum „Quellenland" machen?

Die faszinierende Weite der Baar und der dicht bewaldete Schwarzwald mit seinen hohen Bergen und anmutigen Tälern prägen diesen einzigartigen und unverwechselbaren Kultur- und Lebensraum und die Menschen, die hier leben. Fleißig sind sie, bodenständig und weltoffen zugleich.

Die Gegend hier galt dabei schon immer auch als ein Land der Tüftler und Denker, von denen großartige Entwicklungen ausgingen. Einst in der Uhren- und Unterhaltungsindustrie, heute vor allem in der High-Tech-Branche. Gar nicht so wenige Unternehmen sind auf dem Markt in ihrer Branche sogar führend. Weltweit wohlgemerkt.

Mit diesem Buch wollen wir Sie auf eine informative, spannende und vor allem auch unterhaltsame Entdeckungsreise durch den Schwarzwald-Baar-Kreis mitnehmen. Wir verstehen dieses Buch dabei vor allem auch ein bisschen als eine Art „Reiseführer für Einheimische", wobei wir sicher sind, dass es gerade auch von den vielen Kur- und Urlaubsgästen, die Jahr für Jahr in den Schwarzwald-Baar-Kreis kommen und damit in einer der klimatisch gesündesten Regionen Europas zu Gast sind, mit großem Gewinn gelesen werden kann.

Zu entdecken gibt es hier auf jeden Fall jede Menge. Wir stellen Ihnen sämtliche Städte und Gemeinden des Landkreises einschließlich ihrer Ortsteile ausführlich vor, gehen auf deren Geschichte, Besonderheiten und auch manch Kurioses ein, befassen uns mit kulturellen und bauliche Highlights, machen mit berühmten Persönlichkeiten bekannt, stellen Freizeiteinrichtungen vor und geben darüber hinaus auch noch ganz konkrete Tipps für Wanderungen, Radtouren, Einkehrmöglichkeiten und vieles mehr.

Lust auf den Schwarzwald-Baar-Kreis bekommen? Na, dann gehen Sie doch ganz einfach mit uns auf Entdeckungstour durch unser Quellenland. Egal, ob es für Sie nun Heimat oder Ferienland ist. Sie sind herzlich eingeladen.

Wir wünschen Ihnen viel Spaß.

Günther Baumann

Zukunftsraum
Lebensraum

QUELLENLAND
SCHWARZWALD
BAAR KREIS

www.schwarzwald-baar-kreis.de

DATEN UND FAKTEN

Gemarkungsfläche:
1025,24 Quadratkilometer

Einwohnerzahl:.
209.648

Länge der Kreisgrenze:
227 Kilometer

Höchster Punkt:
1163 Meter, Rohrhardsberg

Tiefster Punkt:
472 Meter, Himmelreichskurve der
B 31 bei Triberg

Größte Ausdehnung:
Nord-Süd: 54 Kilometer
West-Ost: 42 Kilometer

Flächennutzung:
Wald:..45,8%
Landwirtschaftliche Fläche:......41,5%
Siedlungs-, Verkehrsflächen:....11,5%
Wasserflächen und Ödland:.......0,7%
Übrige Nutzungsarten:................0,5%

Naturschutzgebiete:
26

Selbstständige Gemeinden:
20

Die drei größten Arbeitgeber
1. Schwarzwald-Baar-Klinikum
    mit rund 2900 Beschäftigten
2. MS Gear GmbH,
    Donaueschingen mit rund 2700
    Beschäftigten
3. Stadt Villingen-Schwenningen
    mit rund 1430 Beschäftigten

Einwohnerzahlen der Städte und Gemeinden

Villingen-Schwenningen.....84.674
Donaueschingen..............21.746
St. Georgen...................12.838
Bad Dürrheim…..............12.896
Blumberg…………….........9975
Furtwangen…………….....9091
Hüfingen…………………..7583
Königsfeld……………….....5945
Niedereschach…………….5887
Bräunlingen…………….....5752
Brigachtal…………………..5013
Triberg…………………….....4787
Schonach………………........4009

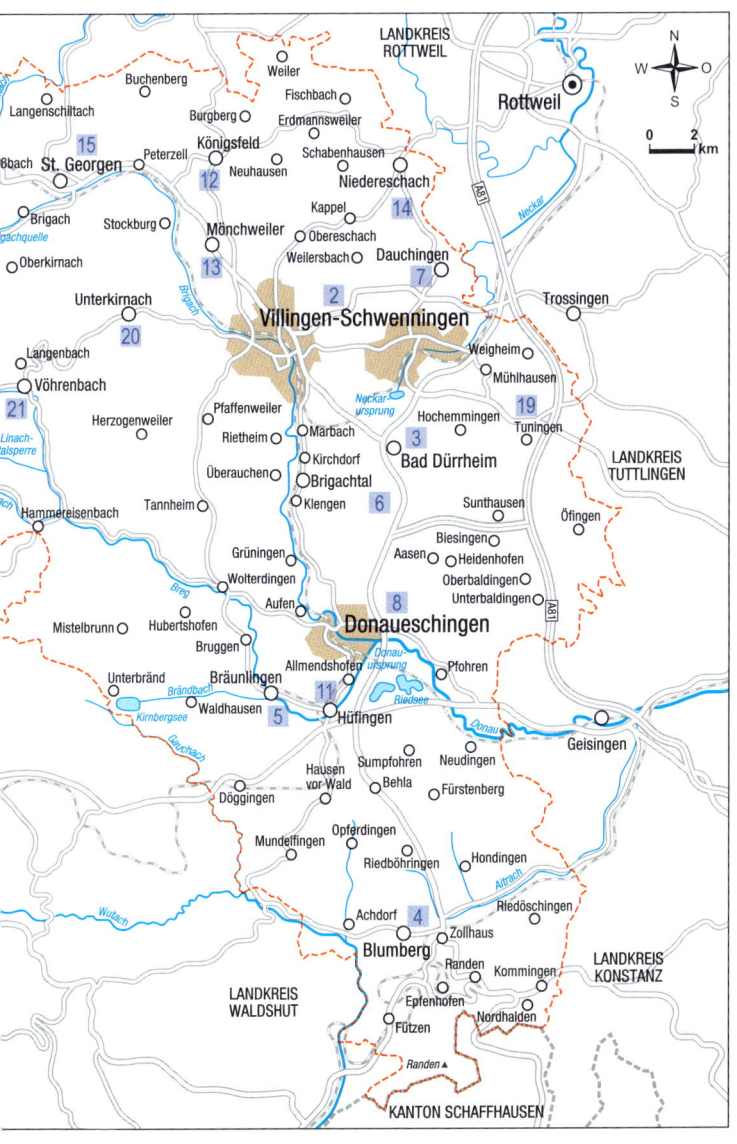

Vöhrenbach...........................3823
Dauchingen.....................3649
Mönchweiler....................2960
Tuningen..........................2936
Unterkirnach...................2534
Schönwald.......................2380
Gütenbach........................1170
Die Einwohnerzahlen haben den
Stand vom 31.12.2015.

Abheben im Schwarzwald-Baar-Kreis.

Ganz schön erfolgreich!

Mit uns zum ...

- Fachwirt
- Meister
- Betriebswirt
- Bachelor of Engineering
- Bachelor of Arts

www.ihkakademie-sbh.de

SCHWARZWALD-BAAR-KREIS

Architektonisch sehr gelungen: das „Kreishaus" des Schwarzwald-Baar-Kreises in Villingen-Schwenningen. Hier hat das Landratsamt seinen Sitz.

Ein Blick zurück

Der 1. Januar 1973: Der Schwarzwald-Baar-Kreis erblickt das Licht der Welt. Nein, eine einfache Geburt war das damals nicht, zumal das „Kind" nun wirklich nicht von jedem gewollt war. Doch das Land Baden-Württemberg drängte. Einfacher, effizienter und damit kostengünstiger sollte die Verwaltung werden. Nicht nur hier in der Region, sondern im ganzen Ländle. So etwas erreicht man vor allem durch Zusammenlegungen, durch größere Einheiten und den damit verbundenen berühmten Synergieeeffekten.

Es war zwischen 1968 und 1975, als die Verwaltungsreform die Diskussion beherrschte und nicht selten landauf und landab die Gemüter erhitzte. Zählte man vor der Verwaltungsreform im Ländle noch 3379 selbstständige Städte und Gemein-

den, waren es Ende 1975 nur noch 1110. Längst nicht immer geschahen die Zusammenschlüsse auf freiwilliger Basis. Heute gibt es in Baden-Württemberg übrigens noch 1101 selbstständige Kommunen, nachdem im Laufe der Jahre noch ein paar „Nachzügler" mit anderen zusammengingen.

Auch die Kreise blieben von dieser Entwicklung nicht verschont. Deren Zahl wurde während der Reform von 63 auf 35 reduziert. Zu den neuen Gebilden gehörte auch der Schwarzwald-Baar-Kreis. Er wurde aus den bisherigen Landkreisen Villingen-Schwenningen und Donaueschingen sowie der Gemeinde Tuningen aus dem Landkreis Tuttlingen und den Gemeinden Weigheim und Deißlingen aus dem Landkreis Rottweil gebildet, wobei sich die Deißlinger schon ein Jahr später wieder von dem neuen Kreisgebilde verabschiedeten und sich wieder ihrem

„Brigach und Breg bringen die Donau zuweg". Wer kennt ihn nicht, diesen Spruch? Hier, im Südosten Donaueschingens, vereinigen sich die beiden Flüsse.

alten Kreis, dem Landkreis Rottweil, anschlossen.

Wenn kleinere zu größeren Einheiten zusammengelegt werden, dann ist es nicht selten so, dass es da oft welche gibt, die sich eher als Gewinner und andere, die sich eher als Verlierer fühlen. Im Schwarzwald-Baar-Kreis war dies damals ein bisschen anders, weil hier genau genommen gar keiner so richtig zufrieden war. Und glücklich schon gar

Ein guter Tag
beginnt hier ...

Für eine schöne, sichere und
preiswerte Heimat
– mit Ihrer Familienheim.

BAUGENOSSENSCHAFT
FAMILIENHEIM

www.bgfh.de

Winter im Schwarzwald-Baar-Kreis. Hier bei Furtwangen.

nicht. Sicher: Die Stadt Villingen-Schwenningen wurde Sitz des neuen Kreises. Das war ja auch nicht anders zu erwarten. Schließlich leben bis heute rund 40 Prozent der Kreisbevölkerung in der Stadt Villingen-Schwenningen.

Aber zufrieden? Nein, das war man auch da nicht. Ein wenig mehr „Hauptstadt-Feeling" als das „VS" auf den Nummernschildern hätte man sich dann doch erhofft. Nur ein Jahr zuvor hatten sich die Städte Villingen und Schwenningen schließlich auf freiwilliger Basis zur Stadt Villingen-Schwenningen zusammengeschlossen, waren dafür als das Aushängeschild der Verwaltungsreform in Baden-Württemberg gefeiert worden und jetzt hieß der neue Landkreis nicht einmal „Villingen-Schwenningen". Das tat weh und wurmte.

Doch da gab es noch jemand:

den bisherigen Landkreis Donaueschingen. Dort war man nicht nur ein bisschen, sondern gleich richtig sauer. Besonders in der Stadt Donaueschingen selbst, die seit 1939 Sitz des gleichnamigen Landkreises war und jetzt nicht nur den Kreissitz verlor, das „DS" auf den Autokennzeichen gleich dazu, sondern auch noch mit einem Partner zusammengehen musste, der um einiges größer war als man selbst und dem man nicht so richtig über den Weg traute. Immerhin: Am Ende gingen die Donaueschinger aus ihrer Sicht wenigstens nicht in einem Kreis namens „Villingen-Schwenningen" auf.

Die beiden großen Landschaften des Kreisgebiets – die Berge des Schwarzwalds und die Weite der Baar – waren es letztlich, die bei der Namensgebung vor allem aus Rücksicht auf die Befindlichkeiten im Kreis Donaueschingen Pate stan-

Einen besonders schönen Blick auf die Hochebene der Baar, die zusammen mit dem Schwarzwald dem Kreis den Namen gibt, hat man vom Fürstenberg aus.

den. Es war ein Name, der nicht polarisierte, sondern letztlich zu einer integrativen Klammer wurde, wie sich das in jenen stürmischen Zeiten kaum jemand hatte vorstellen können. Es war eine Entscheidung, die sich im Nachhinein als richtig erwies.

Die Wasserscheide zwischen Donau und Rhein führt durch den Kreis. Zum Beispiel durch das Schwenninger Moos.

Der Kreis heute

Kein Zweifel, der Schwarzwald-Baar-Kreis ist zu einem Erfolgsmodell geworden. Er steht heute gut da. Auch im landesweiten Vergleich. Das lässt sich mit vielen Struktur- und Leistungsdaten belegen. Vor allem: Wohl die meisten Menschen leben gerne hier.

Auch in Donaueschingen hat man seinen Frieden mit dem neuen Gebilde gemacht. Hier hat man es inzwischen zur Großen Kreisstadt gebracht und eine Außenstelle des Landratsamts hat man ja auch noch. Nicht irgendeine, die nur so eine Art Feigenblatt

Extra — Das Paradies vor der Haustür

Sie leben im Schwarzwald-Baar-Kreis oder im Kreis Rottweil? Nun, dann haben Sie richtig Glück. Schließlich kann nicht jeder von sich sagen, dass er das Paradies vor der Haustür hat. Sie können das! Sie sind im Rad- und Wanderparadies daheim. Da, wo sich der Schwarzwald und die Schwäbische Alb auf Sichtweite nahe kommen, sich die weite Baar erstreckt, wo der junge Neckar auf die junge Donau trifft. Wie könnte man diese Landschaft besser entdecken, als auf des Schusters Rappen oder auf dem Rad?

Für die traumhafte Landschaft hat der liebe Gott gesorgt, für die Touren die beiden Landkreise. Sie haben damit unsere Region zum Rad- und Wanderparadies gemacht, von dem Urlaubsgäste genauso profitieren, wie die Einheimischen. 30 Rad-Rundtouren mit insgesamt 1150 Streckenkilometern locken. Bestens ausgeschildert, in allen Schwierigkeitsgraden. Gleiches gilt für die über 30 Wanderungen. Sie sind nach hohen Qualitätsanforderungen geplant und angelegt. Einige sind sogar als Premium- oder Qualitätswege zertifiziert. Und alle sind sie Klasse.

In diesem Buch finden Sie in Kurzform einige der Rad- und Wandertouren, wobei wir uns – dem Titel des Buches entsprechend – auf die Touren im Schwarzwald-Baar-Kreis konzentrieren. Wer mehr wissen möchte: kein Problem. Das Rad- und Wanderparadies hat hervorragend gemachte kostenlose Tourenbroschüren herausgegeben. Nicht nur das: Auch im Internet finden Sie jede Menge Infos zum Rad-und Wanderparadies. Einfach mal reinschauen.

www.rad-und-wanderparadies.de

ist. Nein, eine richtig habhafte mit wichtigen Ämtern.

Die Kluft zwischen dem Süden und dem Norden des Kreisgebiets, die anfangs noch die Gemüter erhitzte, hat sich in dem Laufe der Jahre mehr und mehr geschlossen. Das war und ist auch einer Kreispolitik zu verdanken, die – angeführt von allen bisherigen Landräten – dann doch das Ganze im Auge hatte.

Das große Leuchtturmprojekt des Schwarzwald-Baar-Kreises ist natürlich das 2013 in Betrieb genommene neue Schwarzwald-Baar-Klinikum in Villingen-Schwenningen. Es zeigt, was möglich ist, wenn alle an einem Strang ziehen. Der Kreis und die Stadt hatten dafür eine gemeinsame Klinikums GmbH gebildet, die nicht nur den Neubau stemmte, sondern auch noch mit Millioneninvestitionen den Klinikstandort Donaueschingen aufwertete.

Der Schwarzwald-Baar-Kreis ist Teil der Region Schwarzwald-Baar-Heuberg, deren größter Kreis und die Stadt Villingen-Schwenningen deren Oberzentrum. Zugegeben: Nicht immer läuft da alles immer ganz reibungslos. Da wird manchmal noch immer mit Argusaugen darauf geachtet, wer was bekommt und macht, aber die drei Landkreise haben andererseits auch schon mehrfach unter Beweis gestellt, dass sie in der Lage sind, gemeinsam Ziele umzusetzen. Zumindest in einem Fall haben sie sogar etwas ganz Großes auf die Beine oder genauer gesagt auf die Schiene gestellt: den Ringzug. Ein Verkehrssystem, das die drei Landkreise Rottweil und Tuttlingen sowie den Schwarzwald-Baar-Kreis auf ideale Weise miteinander verbindet und aus der Region Schwarzwald-Baar Heuberg nicht mehr wegzudenken ist.

Menschen
War für den Kreis da: Erwin Teufel

Nein, er stammt nicht aus dem Schwarzwald-Baar-Kreis, sondern er wurde in Rottweil geboren. Und er wohnt auch nicht im Schwarzwald-Baar-Kreis, sondern in Spaichingen im Landkreis Tuttlingen. Dennoch war er in den letzten Jahrzehnten die politisch wichtigste Figur, die der Schwarzwald-Baar-Kreis je hatte: Erwin Teufel (Foto).

In Zimmern bei Rottweil war er als Sohn eines Landwirts aufgewachsen. Als er 1964 mit gerade einmal 25 Jahren an die Spitze der Stadt Spaichingen gewählt wurde, war er der mit Abstand jüngste Bürgermeister Deutschlands. 1972 zog er für die CDU im Wahlkreis Villingen-Schwenningen als Abgeordneter in den baden-württembergischen Landtag ein. Er sollte es bis zu seinem Rückzug aus der Politik bleiben. Von den Menschen seines Wahlkreises war er immer wieder aufs Neue mit herausragenden Stimmergebnissen gewählt worden.

Teufel war dabei nicht irgendein Politiker, sondern ein ganz besonderer. Er machte in Stuttgart Karriere. Von 1972 bis 1978 gehörte er als Staatssekretär der Landesregierung an, wurde dann Fraktionschef der CDU im Landtag und 1991 zum Ministerpräsidenten gewählt. Bis 2005 hatte er das Amt inne und ist damit bis heute der dienstälteste Ministerpräsident, den das Land je hatte. Ein sehr erfolgreicher war er dazu.

Später, nachdem er nicht mehr in der aktiven Politik tätig war, erzählt er, dass der Niedergang der Uhren- und Unterhaltungsindustrie, von dem die Region vor allem in den 70er-und 80er-Jahren heimgesucht wurde, mit das Schwerste war, was er in seiner politischen Laufbahn durchgemacht habe. In jener Zeit fand man den Abgeordneten immer wieder vor den Fabriktoren, um mit den Menschen zu reden. Er kämpfte um die Arbeitsplätze. Um die in St. Georgen genauso, wie um die in Villingen-Schwenningen oder in anderen Orten. Aber er konnte den Niedergang nicht verhindern. Nur manchmal etwas aufhalten. Zum Beispiel, als das Land dank seines Einsatzes die Kienzle-Uhrensammlung kaufte und dafür sorgte, dass es bei Kienzle in Schwenningen mit dieser Finanzspritze wenigstens noch ein paar Jahre weiterging.

Teufel war dann auch da, als es darum ging, die Region aus ihrer Strukturkrise zu führen. Wenn es heute mit der Dualen Hochschule, der Außenstelle der Hochschule Furtwangen University und der Hochschule für Polizei in Schwenningen eine starke Hochschullandschaft mit über 6000 Studierenden gibt, dann hat gerade er daran einen großen Anteil. Einrichtungen wie beispielsweise das Mikroinstitut waren weitere wichtige Meilensteine auf dem Weg der Krisenbewältigung.

In Villingen-Schwenningen weiß man, was man Teufel zu verdanken hat. 2005 wurde ihm die Ehrenbürgerwürde verliehen.

Dass der Schwarzwald-Baar-Kreis sich auch „Quellenland" nennt, dürften die meisten von Ihnen sicher wissen. Der Grund sind natürlich die vielen Quellen, die hier entspringen. Zwei davon sind richtig berühmt, fünf weitere sind zumindest regional bedeutend. Doch kriegen Sie sie zusammen?

Nein, nein, jetzt nicht gleich weiterlesen! Erst überlegen! Na, haben Sie sie gekannt? Wenn ja, sind Sie richtig fit in Sachen Quellen. Ansonsten helfen wir Ihnen nun natürlich.

Die berühmteste ist sicher die der Donau, die im Schlosspark in Donaueschingen entspringt. Den Spruch, dass Brigach und Breg die Donau zuweg bringen, kennen Sie natürlich auch, womit wir schon drei Quellen hätten. Die Brigach entspringt dabei in Brigach, einem Ortsteil von St. Georgen, während die Breg bei der Martinskapelle ans Tageslicht tritt und für die Furtwangener die eigentliche Donauquelle ist. Doch das ist schon wieder ein eigenes G'schichtle wert (Seite 175). Ganz in der Nähe der Martinskapelle kommt auch die Elzach ans Tageslicht.

Nach der Donauquelle ist sicher die Neckarquelle die berühmteste Quelle im Quellenland. Dass sich der Neckar – übrigens der zwölftlängste Fluss Deutschlands – von Schwenningen aus auf den Weg zum Rhein macht, wissen Sie auch.

Dann die Gutach. Würde es sie nicht geben, würde dem Kreis eine seiner größten Attraktionen fehlen: die Triberger Wasserfälle. Sie ist es nämlich, die sich – kurz nachdem sie auf Schönwalder Gemarkung entspringt – mit großem Getöse in Triberg ins Tal stürzt. Ein Quelle fehlt noch: die der Schiltach, die ihren Ursprung in Langenschiltach, einem St. Georgener Ortsteil, hat. Womit wir nun alle sieben zusammen hätten.

Wenn Sie jetzt noch wissen, dass das Wort „Baar", das neben „Schwarzwald" dem Kreis seinen Namen gibt, nichts anderes als „Land der Quellen" heißt, dass „Neckar" letztlich „Wasser" bedeutet und dass durch den Kreis die Europäischen Wasserscheide verläuft, weil Brigach, Breg und Donau ins Schwarze Meer, Neckar, Schiltach, Gutach und Elzach dagegen in den Rhein und damit in die Nordsee entwässern, dann können wir Ihnen nur noch gratulieren. Sie sind ein wirklicher Quellenland-Profi und erhalten von uns ausnahmsweise zur Belohnung sogar elf von zehn möglichen Punkten.

Ein Meilenstein in der Patientenversorgung: das neue Schwarzwald-Baar-Klinikum in Villingen-Schwenningen.

Schwarzwald-Baar-Klinikum

Als in Villingen-Schwenningen 2013 das neue Schwarzwald-Baar-Klinikum eröffnet wurde, war dies in der Tat ein großer Tag für die Stadt, den Kreis und für die ganze Region. Ein Meilenstein in der Patientenversorgung. Gemeinsam hatten die Stadt und der Landkreis mit Unterstützung des Landes dieses Aufsehen erregende Projekt gemeistert. 281 Millionen Euro wurden in das Haus mit seinen 750 Betten investiert.

Damit ist es zusammen mit den 250 Betten an seinem zweiten Standort Donaueschingen einer der großen Zentralversorger im Süden Baden-Württembergs und gehört zu den zehn größten nicht universitären Kliniken im Ländle und zu den 80 größ-ten Kliniken in Deutschlands. Jährlich werden 50.000 Patienten stationär und über 140.000 ambulant versorgt.

Das Klinikum hat sich zwischen den Universitätskliniken Tübingen und Freiburg zum leistungsstärksten Zentralklinikum der Region entwickelt. Mit seinen 25 hoch spezialisierten Hauptabteilungen und zwei Belegabteilungen, steht es für eine hohe medizinische Kompetenz auf meist auf universitärem Niveau, modernste Ausstattung und Patientenkomfort.

Die Einrichtung, die auch akademisches Lehrkrankenhaus der Uni Freiburg ist, bietet ein Leistungsspektrum, das mit einer „Maximalversorgung" vergleichbar ist. Mit 2900 Mitarbeitern ist das Klinikum der größte Arbeitgeber im Kreis.

So ist das mit der Kunst...

Er hat es in kürzester Zeit zu einem der bekanntesten Kunstwerke im ganzen Kreis gebracht. Und zu einem der meist diskutiertesten und umstrittensten. Nicht alle können nämlich mit dem 42 Meter langen, leicht verwinkelten Stab aus Stahl etwas anfangen, den der Künstler Robert Schad hoch oben auf dem Dach des neuen Schwarzwald-Baar-Klinikums platziert hat. Für manche ist es gar nur ein „Prügel".

Tonnenschwer ist das Kunstwerk. Und doch wirkt es tänzerisch leicht, scheint förmlich auf dem Dach des Klinkums zu balancieren und korrospondiert mit dem ebenfalls stählernem „Raumknoten", den der gleiche Künstler auf dem Vorplatz des Klinikums installiert hat und der es

größenmäßig auf stolze neun mal zwölf mal neuneinhalb Metern bringt. Uns gefällt's, anderen nicht. So ist das eben mit der Kunst...

Das Quellenland ist eine richtige Fasnachtshochburg. Besonders berühmt: die Villinger Fasnacht mit ihrer Hauptfigur, dem Narro, der von der Altvillingerin begleitet wird.

Nein, zwischen dem Schmotzigen Donnerstag und dem Aschermittwoch geht im Schwarzwald-Baar-Kreis so gut wie nichts mehr. In nahezu jedem Ort haben die Narren den Bürgermeister abgesetzt, die Schüler befreit und für die Zeit der närrischen Tage das Zepter übernommen. Für viele Menschen im Kreis sind diese Tage so etwas wie die fünfte Jahreszeit im Jahr und die schönste natürlich dazu. Kein anderes Ereignis im Landkreis mobilisiert in wenigen Tagen auch nur annähernd so viele Menschen wie die Fasnacht.

Zehntausende strömen zu den Narrentreffen, den Umzügen und den vielen anderen Ereignissen rund um dieses historische Brauchtum. Tausende gehen selbst ins Häs. Die weit verbreitetsten Fasnachtsfiguren sind Hansel und Hexen. Sehr oft nehmen die Figuren Bezug auf Begebenheiten in alten Zeiten oder Sagen des jeweiligen Ortes.

Eine der ganz großen Hochburgen der Schwäbisch-Alemannischen Fasnacht ist natürlich Villingen. „Älles isch unser Rand und Band, o,o,o" singen sie in einem ihrer Schunkellieder treffend. Das gilt natürlich vor allem fürs eigene Städtle. Über 4000 Mitglieder zählt die dortige Historische Narrozunft. Damit dürfte sie wohl der größte Verein im ganzen Landkreis sein. Einen älteren gibt es übrigens auch nicht. 1584 geben die Narros als ihr Gründungsdatum an. Zentrale Figur der Zunft ist der Narro, der als der Aristrokrat der Schwäbisch-Alemannischen Fasnacht gilt.

Villingen ist aber beileibe nicht die einzige Stadt, in der es hoch hergeht. Hüfingen, Bräunlingen, Donaueschingen oder Bad Dürrheim gelten als weitere Fasnetshochburgen. Auch der andere große Stadtbezirk der Kreishauptstadt, Schwenningen, hat fasnetsmäßig inzwischen einiges drauf. Los ist fast überall was. In jedem Dorf, in jeder Stadt.

Falls Sie tatsächlich mal die Fasnet verpassen oder als Gast außerhalb der närrischen Tage da sein sollten: Im Narrenschopf in Bad Dürrheim, dem größten deutschen Fasnachtsmuseum, können Sie sich die Häser und Masken der Fasnacht das ganze Jahr über anschauen (Extra Seite 112).

Wirtschaft

Wussten Sie, dass der Schwarzwald-Baar-Kreis trotz seiner überwiegend ländlichen Prägung zu den industriestärksten Räumen Baden-Württembergs gehört? Ja, sogar zu den mit wirtschaftsstärksten in ganz Deutschland? Mit einer Arbeitslosenquote von 3,7 Prozent (September 2016) lag der Kreis etwas unter dem baden-württembergischen Landesdurchschnitt von 3,8, wobei das Ländle seinerseits mit dieser Quote bundesweit glänzend dasteht. Nur Bayern ist noch ein etwas besser.

Eine starke Bilanz des Kreises also, zumal sich dahinter ein riesiger, erfolgreicher Strukturwandel verbirgt. Die Älteren werden sich noch an die Zeiten erinnern, als die regionale Wirtschaft bis in die 1980er-Jahre hinein von großindustriellen Fertigungsbetrieben gekennzeichnet war. Denken wir nur einmal an die Unternehmen aus der Uhrenbranche wie Kienzle oder Mauthe oder aus der Unterhaltungselektronik wie Saba oder Dual. Heute sind sie weg, Opfer großer Strukturveränderungen.

Doch die Wirtschaft im Kreis hat sich nach einer tiefen Krise, in der man zeitweise zusammen mit Mannheim die höchsten Arbeitslosenzahlen im Ländle hatte, berappelt. Und wie! Heute ist es der Mittelstand, der unsere Wirtschaft antreibt. Vorbei sind zum Glück die Zeiten, in denen die Region wirtschaftlich im Wesentlichen nur auf ein, zwei Branchen fixiert war. So eine Monostruktur macht nämlich bei möglichen Krisen besonders anfällig. Hier hat man das in der Vergangenheit richtig gespürt.

Heute ist Vielfalt angesagt. Viel mehr Vielfalt sogar. Wichtigste Branchen sind die Feinwerk- und Messtechnik, der Maschinenbau, die Automotive sowie die Informations-, Elektro-, aber auch die Kunststofftechnik. Dazu kommen viele kleine und mittlere Handwerksbetriebe. Eine immer größer werdende Rolle spielt auch der Dienstleistungssektor, wobei neben dem Handel vor allem die Gesundheitswirtschaft und der Fremdenverkehr auf dem Vormarsch sind. Von ungefähr kommen die Erfolge der Wirtschaft nicht. Sie kann vor allem auf hervorragend ausgebildete Menschen, auf ein breit gefächertes, attraktives Bildungs- und Ausbildungssystem, auf Technologiezentren und verschiedene Netzwerke setzen. Um nur einmal einige der Pfunde zu nennen.

Die Forstwirtschaft spielt auch heute noch eine bedeutende Rolle im Kreis.

Der Maschinenbau ist eine der großen Stärken der regionalen Wirtschaft.

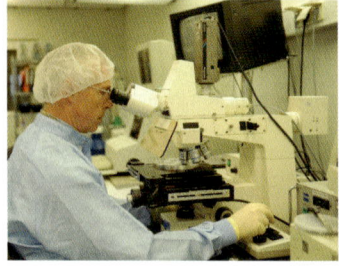

Forschung und Entwicklung waren in der Region schon immer daheim.

Anlaufstelle in der Region für zugezogene Fachkräfte

Wir beraten in den 3 Landkreisen Schwarzwald-Baar-Kreis, Rottweil und Tuttlingen …

… Unternehmen bei der Suche nach internationalen Fachkräften.

… neue internationale Fachkräfte zu Eingliederungsfragen.

Zu diesen Öffnungszeiten sind wir mehrsprachig für Sie da:

Montag – Freitag:
8:30   - 12 Uhr
13   - 17 Uhr

Beratung auch außerhalb der Geschäftszeiten möglich.

Nähere Informationen unter www.welcome-sbh.de

WelcomeCenter Gewinnerregion
c/o Wirtschaftsförderung
Schwarzwald-Baar-Heuberg
Marienstr. 10
78054 Villingen-Schwenningen
Tel.: 07720-660 4405
welcome@wifoeg-sbh.de • www.welcome-sbh.de

Unterstützt aus Mitteln des Ministeriums für Finanzen und Wirtschaft Baden-Württemberg

VILLINGEN-

SCHWENNINGEN

VILLINGEN-SCHWENNINGEN

Der 1. Januar 1972. Kalt ist es. Hin und wieder schneit es ein bisschen. Leichter Nebel hat sich übers Land gelegt. Doch draußen beim „Hölzlekönig", wo Baden und Württemberg, Villingen und Schwenningen aneinander grenzen, ist an diesem trüben Neujahrsmorgen dennoch jede Menge los. Fernseh- und Rundfunkteams, Zeitungsjournalisten, Fotografen und nicht zuletzt viele Bürgerinnen und Bürger sind gekommen, um bei einem großen Augenblick dabei zu sein. Selbst das historische Grenadiercorps aus Villingen in seinen schmucken Uniformen hat Stellung bezogen. Noch versperren Schlagbäume die Straße zwischen den beiden Städten.

Endlich kommt Bewegung in die Menschen. Die Grenadiere eilen zu ihren Geschützen. Genau um 11.23 Uhr heben sich unter mächtigem Kanonendonner und Pulverdampf die Schlagbäume. Villingen und Schwenningen sind zwar bereits seit 0.00 Uhr eine Stadt, doch in diesem Moment wird die Fusion auch symbolisch vollzogen. Kurz darauf ent-

1.Januar 1972: ein historischer Moment am Hölzekönig. Zwischen Villingen und Schwenningen hebt sich der Schlagbaum (oben). Es ist die symbolische Geburtsstunde Villingen-Schwenningens. Die beiden „Architekten" der gemeinsamen Stadt, OB Dr. Severin Kern und OB Dr. Gerhard Gebauer enthüllen anschließend das neue Ortsschild.

hüllen Oberbürgermeister Dr. Severin Kern aus Villingen und sein Schwenninger Amtskollege Dr. Gerhard Gebauer die neuen Ortsschilder. Zu guter Letzt gibt es für die beiden aus den Händen der Grenadiere auch noch eine Fusionsurkunde. Für Kern und Gebauer ist dies ein ganz besonderer Moment. Schließlich sind sie die Architekten der gemeinsamen Stadt.

Schon 1968 hatte es zwischen Gebauer und Kern erste Kontakte vor dem Hintergrund des neuen Landesentwicklungsplans Baden-Württembergs gegeben. Recht schnell waren sich die beiden einig, dass eigentlich nur eine Fusion die beiden Städte entscheidend nach vorne bringen könne. Sie hofften darauf, dass das Land dieses Musterbeispiel der Verwaltungsreform bei seinem Ausbau zum Oberzentrum ganz besonders fördern würde. Finanziell natürlich, aber auch strukturell. Als Standort einer neuen Universität zum Beispiel.

Wie es Kern und Gebauer schafften, die zuständigen Gremien und vor allem auch die Bürgerinnen und Bürger auf dem Weg zur gemeinsa-

men Stadt mitzunehmen, war dann schon ein politisches Meisterstück. Ergebnis einer beeindruckenden Überzeugungsarbeit.

Vielleicht hätten die OBs das Ganze nicht so hinbekommen, wenn die Voraussetzungen etwas andere gewesen wären. Was wäre möglicherweise aus der Fusion geworden, wenn sich Kern und Gebauer darauf hätten verständigen müssen, wer denn nun von ihnen für die neue Stadt Villingen-Schwenningens der bessere erste OB wäre? Mussten sie zum Glück nicht.

Für Villingens OB Kern ist die Enthüllung der Ortstafeln an jenem 1. Januar 1972 nämlich der letzte Akt seiner Amtszeit. Er hat die Altersgrenze erreicht, geht in den Ruhestand, wird kurz darauf der erste Ehrenbürger der Stadt werden, während sein Schwenninger Amtskollege mit stolzen 97 Prozent der Stimmen neuer OB der Stadt Villingen-Schwenningen werden und dies auch bis zum Jahr 1994 bleiben wird. Dann ist auch für ihn altershalber Schluss (Menschen, Seite 37).

Im Vorfeld der Fusion hatte sich in einer Abstimmung eine breite

Angetreten zum Appell: Die beiden Oberbürgermeister Dr. Kern und Dr. Gebauer nehmen beim Hölzekönig die Meldung der Villinger Bürgerwehr entgegen.

Eine Stadt, zwei Rathäuser: links das in Villingen und rechts das in Schwenningen.

Mehrheit der Bürger in beiden Städten für eine gemeinsame Zukunft ausgesprochen. In Schwenningen war die Zustimmung mit 77,4 Prozent noch deutlich größer als in Villingen, wo allerdings immerhin auch noch 64,2 Prozent für die Fusion votierten. Einige hatten dort sogar ein etwas schlechteres Ergebnis erwartet, nachdem kurz vor der Abstimmung noch eine „Aktion Villingen" für die weitere Selbstständigkeit Villingens plädiert hatte.

Trotz der beidseitig großen Zstimmung: Eine Liebesheirat war es nicht, was da am 1. Januar 1972 gefeiert wurde. Der Begriff „Vernunftehe" wird der Geschichte wohl eher gerecht. In Villingen reichte es am Tag der VS-Einheit nicht einmal zu einem festlichen Glockengeläut (Na so was) und als man Oberbürgermeister Dr. Gerhard Gebauer 20 Jahre später fragen wird, was denn die beiden Städte damals gemeinsam hatten, wird er sagen: „Nichts,

Na so was   Von stillen Glocken und viel Mist

Der 1. Januar 1972: Villingen und Schwenningen werden eins. Ein großer Tag, ein Tag, der natürlich auch vom festlichen Geläut der Kirchenglocken begleitet werden soll. Um 12 Uhr mittags sollen, so ist es vereinbart, alle Glocken der Stadt läuten. In Stadtbezirk Schwenningen geht auch alles glatt. Hier legen sich alle Glocken ins Zeug. Keine, die sich da nicht über die Fusion freuen würde.

Dann Villingen. Zehn hängen im Münster, aber acht von ihnen schwächeln, machen zur vereinbarten Zeit keinen Mucks. Die zwei restlichen sorgen nur für ein eher müdes Gebimmel. Ausgerechnet heute, ausgerechnet jetzt gehen sie nicht. Und vor allem: Warum nicht? Das, so ist

später aus Münsterkreisen zu hören, wisse letztlich nur der liebe Gott.

In der nur ein paar Meter entfernten Benediktinerkirche ist sogar gänzlich Stille, streiken gleich alle Glocken. Warum, braucht man dort den lieben Gott aber nicht zu fragen. Den Grund kann man sich ansehen. Bis heute unbekannte Täter hatten in der Nacht zuvor die Stromleitungen gekappt. Ob sie wirklich auf immer und ewig unbekannt bleiben werden? Wer weiß. Die Fahndung läuft ja noch...

Ach ja, das gilt natürlich auch für die Fusionsgegner, die ein Jahr später in der Neujahrsnacht aus Protest gegen die Fusion eine Fuhre stinkenden Mist vors Villinger Rathaus gekippt haben.

VILLINGEN-SCHWENNINGEN

Die Stadt App

In VS isch App's los!

Frei erhältlich:

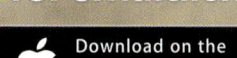
Download on the **App Store**

JETZT BEI **Google Play**

Villingen-Schwenningen

Der 30 Meter hohe Villinger Aussichts-turm auf der Wanne ist einer der einer der ältesten Stahlfachwerktürme der Welt. Er wurde 1888 errichtet und vor einigen Jahren mit großem bürgerschaftlichen Engagement unter Federführung des Villingen-Schwenninger Ehrenbürgers Ewald Merkle saniert. Von dem Turm eröffnen sich nicht nur herrliche Blicke auf Villingen und den Schwarzwald, sondern auch in östlicher Richtung bis hin zur Schwäbischen Alb.

überhaupt nichts." Außer dem Mehrheitswillen natürlich, es trotzdem einmal gemeinsam zu versuchen.

Stellt sich die Frage nach dem Heute. Zunächst bleibt festzuhalten, dass die junge Stadt in ihren ersten Jahren richtig Pech hatte. Plötzlich war sie da, die Wirtschaftskrise zu Beginn der 70er-Jahre. Besonders Schwenningen wurde davon heftig gebeutelt. Namen wie Kienzle, Mauthe, Bürk, Jäckle und einige mehr überlebten den Strukturwandel in der Uhrenindustrie nicht.

Auch in Villingen häuften sich die Probleme. Das Sterben auf Raten der einstigen Weltfirma Saba ist da nur ein Beispiel. Folge: Die Einwohnerzahlen in der neuen Stadt gingen rapide zurück. Ein Jahr nach der Fusion, zu dem Zeitpunkt, als die meisten Eingemeindungen von kleineren Umlandgemeinden abgeschlossen waren, hatte die Stadt mit 86.612 Einwohnern den bis heute höchsten Stand ihrer gemeinsamen Geschichte. Zehn Jahre später waren

Blick vom Aussichtsturm in Richtung Zentralbereich. Links oben das Schwarzwald-Baar-Center, eines der großen Einkaufszentren in der Region, mit seinem markanten Pylon.

es über 10.000 weniger. Ergebnis einer tiefgreifenden Strukturkrise mit hohen Arbeitslosenzahlen und einer leeren Stadtkasse im Gefolge. Dabei hatten in VS manche davon geträumt, einmal Großstadt zu werden. Dafür hätte man die magische Marke von 100.000 Einwohner knacken müssen. Ein Zahn, den man schnell gezogen bekam, auch weil sich längst nicht so viele Umlandgemein-den wie erhofft dem neuen Gebilde anschlossen, andere Partner suchten oder selbstständig blieben. Immerhin: Zur neuen Stadt stießen Marbach, Mühlhausen, Ober-eschach, Herzogenweiler, Pfaffenweiler, Tannheim, Rietheim, Weigheim und Weilersbach, wobei Mühlhausen sich schon vor der Städtefusion Schwenningen angeschlossen hatte. Das gleiche gilt für Rietheim auf Villinger Seite.

Menschen   **Ein Mann und „seine" Stadt**

Dr. Erhard Eppler, der spätere große Vordenker in der SPD, war es, der – damals noch Lehrer am Schwenninger Gymnasium – 1960 dafür sorgte, dass ein gewisser Dr. Gerhard Gebauer sich in Schwenningen für den Job des Bürgermeisters bewarb. Der SPD-Mann setzte sich damals in dem politisch noch stark rot angehauchten Schwenningen im Gemeinderat durch und wurde schon 1961 zum Oberbürgermeister gewählt, weil sein Vorgänger Dr. Hans Kohler aus gesundheitlichen Gründen nicht mehr weitermachen konnte.

Zusammen mit seinem Villinger OB-Kollegen Dr. Severin Kern brachte er die gemeinsame Stadt auf den Weg, wurde deren erster Oberbürgermeister und wurde noch weitere zwei Mal im Amt bestätigt. 1994 kandidierte er altershalber nicht mehr. Natürlich hätte er nun in Ruhestand gehen können. Für Gebauer wäre dies allerdings eher so etwas wie die Höchststrafe gewesen. Er legte jetzt noch einmal richtig los, übernahm die Initiative für den Neubau des Schwenninger Bürgerheims, leitete den Neubau der Geriatrischen Klinik in die Wege und war so statt Stadtchef plötzlich eben Klinikchef. So ganz nebenbei setzte er unter anderem auch seine Aktivitäten beim Schwenninger DRK fort und wurde zum dienstältesten Vorsitzenden ei-

Für seine großen Verdienste um die Stadt Villingen Schwenningen wurde Alt-Oberbürgermeister Dr. Gerhard Gebauer die Ehrenbürgerwürde verliehen.

nes DRK-Ortsvereins in ganz Deutschland.

Von der Kommunalpolitik lassen wollte er nach seiner OB-Zeit auch nicht. Bei der erstbesten Gelegenheit kandidierte er 1999 für den Gemeinde- und Kreisrat, schaffte mit einer hohen Stimmenzahl den Einzug und wurde 2004 und 2009 wiedergewählt. Erst 2014 zog er sich, inzwischen 88 Jahre alt, aus der Politik zurück. Zu dieser Zeit war er schon lange Ehrenbürger der Stadt. Die Auszeichnung hatte er 2007 zusammen mit seiner Frau Liselotte erhalten, die so für ihr großartiges jahrzehntelanges Engagement für die Lebenshilfe geehrt wurde. Aus dem Nichts hatte sie ehrenamtlich beeindruckende Einrichtungen für behinderte Menschen geschaffen. Werkstätten zum Beispiel.

---

auf Villinger Seite. Noch ein Problem hatte man. Nicht nur die Stadt, sondern auch das Land schwächelte in den 70er-Jahren, litt unter notorisch schlechten Finanzen und sparte. Auch an dem, was man nach VS überwies. Mancher Traum platzte. Der von der Universität genauso, wie der von anderen großen Plänen im Zentralbereich.

Flitterwochen gab es in der Vernunftehe auch nicht. Immer wieder gerieten die beiden Partner aneinander, schaute der eine mit Argusaugen darauf, dass man ja gegenüber dem anderen nicht zu kurz kam. Und auch die „Kinderchen", die kleinen Stadtbezirke, mussten zum Teil lange quengeln, bis sie ihre Zusagen aus den Eingemein-

Es dauerte 30 Jahre bis man sich in der Stadt Villingen-Schwenningen auf ein neues Stadtwappen einigte. Seitdem sind der Villinger Adler und der Schwenninger Schwan friedlich vereint, auch wenn es Leute gibt, die doch tatsächlich behaupten, dass sich die beiden Tierchen gegenseitig die Zunge rausstrecken würden…

dungsverträgen endlich unter Dach und Fach hatten. Meist gehörte das Dach zu einer neuen Festhalle.

Immerhin: Es ging voran. Trotz allem Streit, trotz mancher Eifersüchtelei. Manchmal etwas langsamer als erhofft, aber dann doch, zumal auch die wirtschaftlichen Zeiten wieder bessere wurden.

Die Bewältigung der Strukturkrise in VS gleicht dabei einem kleinen Wirtschaftswunder. Über Jahre hatte die Stadt mit Mannheim zusammen – oder auch mal alleine – die höchsten Arbeitslosenzahlen in Baden-Württemberg. Heute steht VS landesweit mit am Besten da, ist wirtschaftlich stark aufgestellt und verfügt über einen innovativen Mittelstand, der längst nicht mehr so einseitig auf eine Branche fixiert ist, wie das einst mit den Uhren der Fall war. Ja, da ist sie richtig stark, diese Stadt.

Mit der wirtschaftlichen Erholung lief vieles endlich auch besser. Und nun bekam man auch die eine oder andere Einrichtung, die man sich erhofft hatte. Sicher, zu einer Uni reichte es nicht, aber eine Studentenstadt ist Villingen-Schwenningen dennoch geworden. Dies wirklich keine kleine. Im Gegenteil: Weit über 6000 Studenten zählt man heute, wobei die drei großen Hochschulen allesamt im Stadtbezirk Schwenningen angesiedelt sind.

Die Duale Hochschule Baden-Württemberg und die Hochschule University Furtwangen zählen jeweils rund 2500 Studenten. Dazu kommt noch die Hochschule für Polizei des Landes Baden-Württemberg mit einer Kapazität von 1300 Studienplätzen und diverse Akademien.

Auch sonst ging es bergauf. In Villingen wurde der Franziskanerkomplex zu einem großartigen Kulturzentrum mit einem phantastischen Konzertsaal und einem beeindruckenden Museum umgebaut, das Theater am Ring von Grund auf saniert, die Neue Tonhalle gebaut, die Fußgängerzone neu gestaltet. Eine der Folgen: Freiburg ist nicht mehr die einzige südbadische Stadt in deren Fußgängerzone munter Bächlein plätschern.

In Schwenningen wurde schon unmittelbar nach der Fusion mit der Muslen eine richtige Stadtmitte geschaffen. Später kamen der schritt-

Franziskanermuseum
Rietgasse 2 / 78050 Villingen-Schwenningen
Telefon 07721- 82 2351
Di – Sa 13 –17 Uhr / So, Feiertag 11 –17 Uhr

Museum erleben –
für Einzelbesucher und
Gruppen

STÄDTISCHE MUSEEN

→ Keltisches Fürstengrab Magdalenenberg

→ Schwarzwaldsammlung

→ Stadtgeschichte Villingens
 vom Mittelalter bis zur industriellen Entwicklung

→ Uhrenproduktion und Hellmut-Kienzle-
 Uhrensammlung

→ Ortsgeschichte Schwenningens
 von den Alamannen bis ins 20. Jahrhundert

Heimat- und Uhrenmuseum
Kronenstraße 16 / 78054 Villingen-Schwenningen
Telefon 07721- 82 2371
Do – Sa 13 –17 Uhr / So, Feiertag 11 –17 Uhr

Villingen-Schwenningen

Internet: museen.villingen-schwenningen.de

Fotos: Kienzler

weise Ausbau des Schwenninger Kunsteisstadions bis zum heutigen Schmuckkästchen dazu und sogar ein neues Hallenbad, das Neckarbad, erhielten die Schwenninger, für das nach einigen Jahren dann allerdings das Freibad aufgegeben werden musste. Statt mit Wasser wurde das Becken dauerhaft mit Sand aufgefüllt und drüber eine Beachvolleyball-Anlage errichtet. Eine Sanierung wäre, so die Verantwortlichen, zu teuer gewesen.

Ja, und dann gibt es noch zwei weitere ganz großen Highlights in der noch jungen Stadtgeschichte. Zum einen die Landesgartenschau, die 2010 ausgerichtet wurde und nach einem Bürgerentscheid zugunsten der Gartenschau zu einem vollen Erfolg wurde und dann natürlich das neue Schwarzwald-Baar-Klinikum zwischen den beiden großen Stadtbezirken. Das gemeinsame Großprojekt von Kreis und Stadt. 281 Millionen Euro teuer. Ausdruck der Leistungskraft von Kreis und Stadt und des Willens, die Zukunft **gemeinsam anzupacken (Seite 22).**

Wunder gab es in der bisherigen Stadtgeschichte auch zwei. 30 Jahre nach der Stadtgründung ließen sich der Villinger Adler und der Schwenninger Schwan endlich auch dazu bewegen, gemeinsam ein neues Stadtwappen zu bilden. Ein klein bisschen widerwillig zwar, aber immerhin.

Schließlich schaffte die Stadt – Wunder Nummer zwei – auch die unechte Teilortswahl ab, die bis dahin immer jedem Stadtbezirk eine gewisse Anzahl von Gemeinderatssitzen garantiert hatte. Auch das ein Ausdruck eines gegenseitig doch stark gewachsenen Vertrauens.

Aber zugegeben, ein klein bisschen verrückt ist manches in diesem

Hochschullandschaft in VS: Oben die Hochschule für Polizei, in der Mitte ein kleiner Blick auf eines der Gebäude der Hochschule Furtwangen University (HFU) und unten auf die Duale Hochschule Baden-Württemberg (DHBW). Alle drei Hochschulen sind im Stadtbezirk Schwenningen angesiedelt.

Oberzentrum Villingen-Schwenningen noch immer. Oder fällt Ihnen auf Anhieb eine Stadt dieser Größenordnung ein, die zwei unterschiedliche Telefonnummern hat? Oder eine Stadt, in der die gleiche Sportart treibenden Vereine nicht in den gleichen Ligen spielen? Oder eine Stadt, in der die Kirchengrenzen bei der gleichen Konfessionszugehörigkeit mitten durchs Städtle laufen?

Wer an solchen Dingen schuld ist? Nein, nein, nicht die Stadt. Beispiel Telefon: Erst war der Post die Schaffung einer einheitlichen Vorwahl zu teuer und als die Post damit nicht mehr zu tun hatte, der Telekom. Und bei den Sportgrenzen wird eben nach wie vor in den Grenzen der alten Landesverbände gedacht. Bei den Kirchen ist der Fall ähnlich. Grenzen, die nach wie vor unüberwindlich scheinen.

Da haben die Villingen-Schwenninger selbst dann doch viel mehr Sinn und Gespür für Gemeinsamkeit gezeigt und mehr Grenzen überwunden, als viele andere im Ländle. Nicht zuletzt deshalb ist, so sagt man an Brigach und Neckar inzwischen sehr selbstbewusst, Villingen-Schwenningen die Baden-Württemberg-Stadt schlechthin.

Sicher, nicht alles ist in den Jahren so gelaufen, wie es hätte vielleicht laufen können. Unter dem Strich bleibt dennoch festzuhalten, dass sich die Fusion gelohnt hat, der richtige Schritt in die Zukunft war. Wohl nur ganz wenige werden heute noch die gemeinsame Stadt ernsthaft in Frage stellen. Zudem sind die beiden großen Stadtbezirke gerade jetzt dabei im Zentralbereich auch baulich mehr und mehr zusammenzuwachsen. Das neue Schwarzwald-Baar-Klinikum hat hier erstaunliche Impulse ausgelöst und vieles in Bewegung gesetzt.

casa moda

HERZLICH WILLKOMMEN!

Wenn für Sie das Besondere eher selbstverständlich ist, dann sind Sie bei uns genau richtig. Casa Moda am Marktplatz in Schwenningen mit angeschlossenem Marc Cain Store und Casa Moda in der Muslen sind seit Jahren ein Garant für topaktuelle und außergewöhnliche Mode. Kompetente, aufmerksame Beratung und ein bemerkenswerter Service – dafür stehen unsere Modegeschäfte. Die passenden Accessoires wie Taschen, Gürtel, Tücher, Strümpfe und Schuhe finden Sie in unseren neu gestalteten Räumen.

Wir freuen uns auf Ihren Besuch!

Birgit Messner & Team

ÖFFNUNGSZEITEN
Mo - Fr: 10:00 Uhr - 18:00 Uhr | Sa: 9:30 Uhr - 13:30 Uhr
Marktplatz 4 & In der Muslen 42 | 78054 VS-Schwenningen
www.boutique-casamoda.de

Kunsteisbahn GmbH
Zum Mooswäldle 7/9
78054 Villingen-Schwenningen
Telefon: 07720 - 62880
www.kunsteisbahn-vs.de | mail@kunsteisbahn-vs.de

SPORT in der Heliosarena

Ob Eishockey mit den Wild Wings/SERC 04, Curling, Eislaufen oder andere Sportarten: Wir bieten Ihnen ein umfangreiches Angebot an Sportarten zum Zuschauen und auch zum selbst Ausüben. Für begeisterte Eishockeyfans, Schulklassen oder als privates Freizeitvergnügen bietet die Helios-Arena viele Möglichkeiten. Informieren Sie sich bei uns.

EVENTS in der Heliosarena

Comedy mit Bülent Ceylan, Volksmusik mit Hansi Hinterseer, die berühmte ABBA-Show oder Sido – die Helios-Arena bietet viel Platz für tolle Events. Informieren Sie sich über unsere aktuellen Veranstaltungen.

Extra — Kult: die Wild Wings

„Schwenningen, Schwenningen, Schwenningen" hallt es von den Rängen." Schon seit Minuten. Einmal mehr bebt das Stadion in seinen Grundfesten. Schon jetzt dürfte (fast) jedem klar sein, wo wir sind: in der Helios-Arena natürlich.

Sie waren noch nie dort? Nun, dann wird es aber höchste Zeit. Hier wird Eishockey, der schnellste Mannschaftssport der Welt, gespielt. Und hier sind die Schwenninger Wild Wings daheim. Seit Jahrzehnten gehören die Kufenflitzer vom Neckarursprung mit zum Besten, was das deutsche Eishockey zu bieten hat, sind das sportliche Aushängeschild der Stadt und des Kreises.

Nach rund 20-jähriger Erstliga-Zugehörigkeit – viel länger war kein anderer deutscher Verein ohne Unterbrechung erstklassig – verbrachte man nach ein paar heftigen Turbulenzen zehn Jahre in der Zweiten Liga, doch seit 2013 sind die Schwäne wieder da, wo sie hingehören: in der DEL, Deutschlands höchster Eishockeyliga.

Gehen Sie hin, fiebern Sie mit, lassen Sie sich von der Stimmung in der 6193 Zuschauer fassenden Arena mitreißen!

Menschen — Denkmal zwischen den Pfosten

In Schwenningen haben schon viele Eishockey gespielt, doch wohl keiner der Kufenflitzer hat auch nur annähernd eine solche Berühmtheit erlangt, wie Matthias Hoppe. Der Mann ist Kult am Neckarursprung, das Torwartdenkmal schlechthin. So was kommt natürlich nicht von ungefähr. Von 1982 bis 1999 hütete er ununterbrochen das SERC-Tor in der höchsten deutschen Spielklasse.

Den Mann zeichnete eine großartige Reaktionsschnelligkeit aus. Unglaublich stark war er, wenn die gegnerischen Stürmer alleine auf ihn zusteuerten. Nicht wenige bekamen die große Flatter, weil sie wussten, dass da mit dem „Hias", ein ganz ein Starker zwischen den Pfosten steht. 25 Mal hütete er das Tor der deutschen Nationalmannschaft. Viele der großen Clubs hatten versucht, Hoppe vom Neckarursprung wegzulotsen. Doch der gebürtige Aschaffenburger blieb Schwenningen treu. Die Stadt wurde zu seiner Heimat. Bis heute. Aus dem einst erfolgreichen Torhüter ist als Chef der Firma Siebdruck Hoffmann längst auch ein erfolgreicher Geschäftsmann geworden.

Das ganze Jahr aktiv.

Villingen-Schwenningen hat sich zu einem wichtigen Messestandort im Südwesten entwickelt. Firmen aus ganz Deutschland und den angrenzenden Ländern nutzen ihn als Plattform und Kontaktbörse. Jährlich kommen rund 200.000 Besucher zu rund 35 Veranstaltungen.

MesseVS

Südwest Messe

Ausstellung für Industrie, Handel, Handwerk, Hauswirtschaft und Landwirtschaft ▪ Baufachschau und HausBauPark

JOBS FOR FUTURE

Messe für Arbeitsplätze, Aus- und Weiterbildung

Internationale Messe

Schmuck • Edelsteine • Mineralien • Fossilien

Gesundheits ✚ Vital-Messe

Weihnachtsmarkt Villingen

Weihnachtsmarkt Schwenningen

DREH- UND SPANTAGE SÜDWEST

Traumhäuser zum Anfassen

Musterhausausstellung
Mi – So, 11.00 – 17.00 Uhr, auch an Feiertagen.
Mo + Di ist Ruhetag.

SMA Südwest Messe- und Ausstellungs-GmbH
Messe 1 | 78056 Villingen-Schwenningen
Tel. 07720 9742-0 | Fax 07720 9742-28
info@messe-vs.de | www.messe-vs.de

Na so was

Unser größtes Kunstwerk

Zumindest was die Maße anbelangt, ist diese Gaskugel der Stadtwerke Villingen-Schwenningen das größte Kunstwerk im Schwarzwald-Baar-Kreis.

So besonders schwer ist es nun wirklich nicht zu erraten, was das Bild zeigt. Klar, eine Gaskugel. Doch das ist eben nur die halbe Wahrheit. Diese Kugel ist nämlich nicht einfach so eine Gaskugel, sondern sie ist Kunst. Große Kunst sogar. Ja, sie ist das größte Kunstwerk im Schwarzwald-Baar-Kreis. Zumindest, was die Maße anbetrifft. Stolze 25 Meter hoch steht das Werk seit 1983 an der B 33 zwischen Villingen und Bad Dürrheim. Über 8000 Kubikmeter Gas fasst es.

Damals wurde der mehrfach preisgekrönte Karlsruher Künstler Horst Antes in die Stadt geholt, um aus der VS-Gaskugel eine ganz besondere Kugel zu machen. Eine „Kunstkugel" sozusagen. Doch wie kriegt man so etwas hin? Von einer figürlichen Darstellung sah der Schüler von HAP Grieshaber letztlich ab. Er setzte auf eine in der Achse zweigeteilte Bemalung. Erdrostfarben, wenn man aus Richtung Villingen auf das Kunstwerk blickt, blaugraugrün wenn man aus Richtung Bad Dürrheim schaut. In den Anfangszeiten wurde im Städtle heftig darüber diskutiert, ob das nun Kunst

ist oder nicht. Als dann bei der einen Hälfte der Kugel der ausführende Malerbetrieb gar noch einmal zum Pinsel greifen musste, weil der Künstler bei dem Blaugraugrün, das der Malermeister verwendete, „rot" sah und erfolgreich einen neuerlichen Anstrich durchsetzte, hatte das Kunstwerk gar sein Skandälchen. Schließlich kostete das alles ja Geld.

Platz für Interpretationen lässt das Kunstwerk jedenfalls jede Menge. Manche sehen in der Gestaltung ein Hinweis darauf, dass die Kugel in unmittelbarer Nähe der Europäischen Wasserscheide steht; für die nächsten treffen durch die Farbgebung Himmel und Erde aufeinander und wiederum andere entrücken die Kugel gar in eine politische Dimension, sehen in den beiden Farben Villingen und Schwenningen und in der Kugel den Beweis dafür, dass eigentlich Gegensätzliches letztlich doch in einem harmonischen Ganzen aufgehen kann.

Wie dem auch sei: Wohl niemand wird bestreiten, dass sich die Kugel gerade wegen ihrer Farbgebung harmonisch und ziemlich dezent in die Landschaft einfügt.

Im Herzen der Villinger Innenstadt Villingens steht das Münster. Rechts die beiden markanten Türme des Münsters im winterlichem Kleid.

Villingen

Erst waren die Menschen aus der Bronzezeit da, dann kamen, wie das Fürstengrab im Magdalenenberg eindrucksvoll beweist, die Kelten nach Villingen. Denen folgten – so etwa 400 Jahre n. Chr. – die Alemannen und schließlich, wie es ein Vertreter der Fusionsgegner „Aktion Villingen" bei einer Versammlung 1971 unter dem Gelächter der Zuhörer sagte, gegen Ende des 20. Jahrhunderts als letztes tatsächlich die Schwenninger.

Willkommen waren die allerdings in den Augen der Aktion nicht. Die recht spät gegründete Gruppierung versuchte auf den letzten Metern die Fusionspläne mit der Nachbarstadt Schwenningen doch noch zu kippen. Da gab es also in Villingen – im Gegensatz zu Schwenningen – damals durchaus auch Kräfte, die 1155 Jahre nach der ersten urkundliche Erwähnung im Jahr 817 nun wirklich keine Lust hatten, 1972 die Selbstständigkeit aufzugeben und dann auch noch mit einem Nachbarn zusammenzugehen, mit dem man bislang so gut wie nichts am Hut hatte.

Eine realistische Chance hatten sie indes nicht. Eine breite Mehrheit der Bürger setzte sich damals in Villingen über die Bedenkenträger im eigenen Städtle hinweg, votierte für die gemeinsame Stadt, weil sie nach Auffassung der Befürworter eben die eindeutig bessere Perspektiven für die Zukunft bot.

Doch zunächst noch einmal ein kleiner Blick zurück, ein Schnelldurchlauf der Villinger Geschichte sozusagen. 817 wurde Villingen erstmals urkundlich erwähnt. Im gleichen Jahr übrigens wie Schwenningen. Die Entwicklung der beiden „Gleichalt" verlief indes völlig unterschiedlich. Während Schwenningen bis ins 19. Jahrhundert ein Dorf blieb, wurde Villingen sehr rasch zur Stadt. Schon 999 hatte es von Kaiser Otto III. das Markt und Münzrecht erhalten.

Ursprünglich hatten sich die Alemannen östlich der Brigach im Be-

1627 wurde Georg Gaisser Abt des Benediktinerklosters in Villingen. Er hat die schwere Belagerung 1633 während des 30-jährigen Krieges teilweise als Augenzeuge miterlebt. Hier nur einige Zitate aus seinem umfangreichen Eintrag über die Geschehnisse am 8. September 1633. Ein Tag, an dem die schwedischen Belagerer zum Großangriff auf die Stadt ansetzten.

Der Abt schreibt: „So groß war der feindlichen Geschütze Krachen, so stark der Kugeln Gewalt und die Blitze der von oben und unten und aus jeder Richtung ständig niederfallenden Flammen, daß sozusagen ein Bild des Untergangs der Stadt Troja (wenn man Kleines mit Großem vergleichen darf) sich den Augen darbot..."

Wie aus den Eintragungen des Abts weiter hervorgeht, richtete die Beschießung erhebliche Schäden in der Stadt an. Aber die Villinger kämpften. Gaisser: „Glänzend war die Tapferkeit der Verteidiger, denen die Schweden, als sie überall die Leichen der Ihren niedergestreckt daliegen sahen, den Sieg endlich überließen und die Soldaten in die Gräben und Belagerungswerke zurückführten." Rund 500 der Belagerer sollen an diesem Tag ihr Leben verloren haben. Denen standen sechs Tote auf Villinger Seite gegenüber.

Nüchtern hält der Abt am Schluss seines Eintrags fest: „Die Feinde ersuchen durch einen Trompeter die Unserr um die Erlaubnis, die Leichen der Ihrigen von der Mauern zur Bestattung wegzubringen, die die Unserr verweigern, weil auch sie uns nicht die Bestattung dei Unsrigen erlaubt haben, die am 1. Julisonntag außerhalt der Stadt gefallen waren."

Einige Wochen später, am 5. Oktober, zogen die schwedischen Belagerer schließlich resignierend ab. Einmal mehr hatte Villingen eine Belagerung einigermaßen heil überstanden.

Nach der Sanierung durch den Spitalfonds wieder ein echtes Schmuckstück: das Abt-Gaisser-Haus. Heute beherbergt es verschiedene Institutionen der Stadt und der Wohlfahrtsverbände sowie den Spitalfonds Villingen unter einem Dach. Das Gebäude dient als Informations- und Kommunikationszentrum für Senioren und Menschen mit Behinderung.

reich des heutigen Friedhofs angesiedelt. Im 11. Jahrhundert begann man dann aber damit, den Ort von der Altstadt an den heutigen Standort zu verlagern.

Berthold III von Zähringen war es, der Villingen zu einer Stadt mit einem Achsenkreuz in der Mitte und einer ovalen Befestigungsanlage ausbauen ließ. Vergleichen Sie Villingen mit Freiburg. Ebenfalls eine Zähringerstadt. Sehr schnell werden die Ähnlichkeiten in der Stadtanlage deutlich. Zwölf Zähringerstädte gibt es aus jener Zeit in Deutschland und der Schweiz. Im Schwarzwald-Baar-Kreis gehört neben Villingen noch Bräunlingen dazu. Nach dem Aussterben der Zähringern hatte das Haus Fürstenberg für ein paar Jahrzehnte in Villingen das Sagen, ehe es 1326 zu Österreich kam und bis 1805 auch blieb. Vom 13. Jahrhundert an war Villingen auch Sitz mehrerer bedeutender Klöster.

So runde 3000 Menschen lebten in Villingen im Mittelalter, wobei es Jahre gab, in denen man auch deutlich darunter lag. So, als 1349/50 die Pest, der schwarze Tod, in die Stadt kam und über ein Drittel der Bevölkerung dahinraffte. Der schwarze Tod führte damals zu einer massiven Judenverfolgung, die für den Ausbruch der Pest verantwortlich gemacht wurden. Noch jemand wurde in Villingen mit Beginn des 16. Jahrhunderts verfolgt: „Hexen". Mindestens 47 Menschen wurden hingerichtet. Davon alleine in den Jahren 1640/41 24. Die letzte Hinrichtung fand 1662 statt.

Der Anschluss an die Österreicher im Jahr 1326 brachte für die Villinger manche Vorteile mit sich. So genoss man den Schutz der Habsburger und die vom Landesherrn gewährten Freiheiten. Aber da gab es natürlich auch die Kehrseite der Medaille. Villingen musste Zins- und Kriegs-

Blick in die Villinger Fußgängerzone.

dienste leisten – das übrigens nicht zu knapp – und wurde immer wieder auch in die Kriege der Habsburger verwickelt.

Im Bauernkrieg widerstand die Stadt 1525 als eine der wenigen den aufständischen Bauern und zu Zeiten des 30-jährigen Krieges wurde sie von den Schweden und Württemberger gleich drei Mal belagert. Auch das immer vergeblich.

Der letzte der drei Einnahmeversuche war der Abenteuerlichste: Die Schweden starteten eine Wasserbelagerung. Die Stadt sollte mit Hilfe der Brigach und eines damals aufgeschütteten und heute noch sichtbaren Damms, dem Schwedendamm, unter Wasser gesetzt und so zur Übergabe zu gezwungen werden. Doch der Versuch scheiterte genauso, wie die Belagerung im spanischen Erbfolgekrieg 1704, als sich eine kleine, tapfere Schar der

Menschen — Hummel und die Freiburger Uni

Der 24. April 1460 ist ein großer Tag für die Stadt Freiburg und für einen gewissen Matthäus Hummel, der 1425 in Villingen das Licht der Welt erblickt hatte. In Freiburg wird an diesem Tag feierlich die Universität gegründet.

Hummel ist am Ziel. Auf Bitten von Erzherzog Albrecht von Österreich hatte er die Gründung einer Uni in Freiburg vorangetrieben und wurde dann auch zu derem ersten Rektor gewählt. Drei weitere Male wurde Hummel, der in Freiburg den Lehrstuhl für Medizin innehatte, in seinem Rektorenamt bestätigt.

Bis zu seinem Tod 1477 war der Hochschullehrer auch seiner alten Heimatstadt Villingen immer eng verbunden geblieben.

G`schichtle Ein Kreuz und seine Geschichte

Wer im Villinger Münster ist und seine Schritte ins „finstere Chörle" in der nördlichen Turmkapelle lenkt, der wird dort über einem Meer von brennenden Opferkerzen das Nägelinskreuz entdecken. Es dürfte um 1380 entstanden sein. Der Legende nach kam es im 15. Jahrhunderts aus dem Spaichingertal nach Villingen.

Dort hatte ein Bauer namens Nägelin das Kreuz gefunden und mit nach Hause genommen. Als er später sterbenskrank wurde, erhielt er die Weisung, das Kreuz nach Villingen zu bringen, da dieser Ort dann von Glaubens-, Feuer- und Feindsgefahren verschont bleibe. Der Bauer gehorchte, wurde selbst auf wundersame Weise wieder gesund und die Stadt hielt tatsächlich erfolgreich mehreren Belagerungen stand.

Bis heute wird das Nägelinskreuz in Villingen hoch verehrt. Es gilt als das Schutzkreuz der Stadt. Und für

In Villingen hoch verehrt: das Nägelinskreuz.

manchen gläubigen Villinger ist das Kreuz auch der Grund dafür, dass es innerhalb der Stadtmauern auch während des Zweiten Weltkrieges zu keinen Beschädigungen kam.

Stadt erfolgreich gegen die große französische Übermacht mit Marschall Tallard an der Spitze wehrte. Erst im Österreichischen Erbfolgekrieg (1744) musste man dann den belagernden Franzosen die Tore öffnen. Die Befestigungsanlage war den modernen Waffen einfach nicht mehr gewachsen. Im Zuge der Neuordnung Europas durch Napoleon und seine Truppen wurde Villingen 1805 erst württembergisch und schon ein Jahr später dann badisch.

Vieles aus dem Mittelalter ist in Villingen noch erhalten. So ist der Besuch der Stadt immer auch ein kleiner Ausflug in die Vergangenheit.

Ein Bau überragt alles: das Münster „Unserer Lieben Frau". Im 12. Jahrhundert entstanden, ist es ein beeindruckendes Zeugnis mittelalterlicher Baukunst. 1284 wurde es mit den beiden Türmen und seinem hohen Chor vollendet.

Im Laufe der Jahrhunderte änderte sich das „Innenleben" des Münsters immer wieder. Geblieben sind von der wertvollen Ausstattung die gotische Steinkanzel, die mit den Steinreliefs eines Kreuzwegs aus sieben Stationen geschmückt ist, die Stuckdecken und die Apostelfiguren. Beeindruckend aber auch der neogotische Hochaltar und dann natürlich das von den Villingern so sehr verehrte Nägelinskreuz (G'schichtle, Seite 56). Lassen Sie sich Zeit, wenn Sie im und am Münster sind. Hören Sie sich auch das mächtige Geläut der zehn Glocken in den beiden Türmen an. Sie funktionieren immer. Na ja, gut, fast immer. Ausgerechnet am 1. Januar 1972, als mit großem Geläut die neue gemeinsame Stadt begrüßt werden sollte, hatten acht der zehn Glocken mit einem „Schwächeanfall" zu kämpfen. Doch das ist eine ganz eigene Geschichte (Na so was, Seite 32).

Noch etwas hat das Münster seit einiger Zeit: ein Glockenspiel mit 51 Glocken. Villinger Bürger haben es gespendet. Vier Mal am Tag erklingen seitdem geistliche und weltliche Lieder zur Freude der Bewohner und Besucher.

Schauen Sie sich um auf dem Münsterplatz. Da ist der Münsterbrunnen, der 1989 von dem Schonacher Künstler Klaus Ringwald geschaffen wurde und viel von der Geschichte der Stadt erzählt. Vielleicht erkennen Sie die eine oder andere Person. Dr. Gerhard Gebauer, den langjährigen Oberbürgermeister der Stadt zum Beispiel oder den Villinger Dekan Kurt Müller, wie er aus dem Fenster auf „seinen" Münsterplatz schaut. Von Ringwald stammt übrigens auch das beeindruckende Münsterportal.

Am Münsterplatz gegenüber dem Haupteingang steht das „Alte Rathaus" das 1306 erstmals belegt, 1534 umgebaut wurde und seit 1876 die Altertumssammlung der Stadt beherbergt. Daneben das Neue Rathaus", 1761/62 als Kanzlei errichtet und seit 1928 Sitz der Stadtverwaltung. Ein schönes Gebäudeensemble.

Nur ein paar Schritte sind es von hier bis zur Benediktinerkirche, die ein ganz besonderes Juwel enthält, das für ein großartiges Klangerlebnis sorgt: eine Silbermannorgel. Das Gotteshaus selbst wurde nach Plänen des berühmten barocken Baumeisters Michael Thumb ab 1688 errichtet. Es gehörte der Benediktinerabtei St. Georg aus St. Georgen, die während der Reformationswirren von dort nach Villingen umgesiedelt war. In den ehemaligen Klostergebäuden ist heute eine Schule untergebracht.

Das Franziskanermuseum beherbergt nicht nur eine außerordentliche Sammlung, sondern wartet immer wieder auch mit bemerkenswerten Ausstellungen auf.

Mittelalterliche Spuren in Villingen. Große Teile der Stadtmauer und drei der vier Stadttore stehen noch. Rechts ein Blick durchs Riettor. Es ist gerade Markttag.

Fast nur ein Steinwurf weg, die belebte Fußgängerzone mit ihren vielen Geschäften, Cafes und Restaurants und den beeindruckenden Bürgerhäusern. Schön ist es hier. Stellen Sie sich auf den Latschariplatz, den Marktplatz, die große Kreuzung, die so typisch für die alten Zähringer Städte ist. Von hier aus hat man die mächtigen mittelalterlichen Stadttore alle im Blick. Drei von einst vieren stehen noch. Nur das Niedere Tor ist weg. Wegen des zunehmenden Verkehrs wurde es Mitte des 19. Jahrhunderts abgerissen. Aber sonst ist fast noch alles da. Große Teile der Stadtmauer zum Beispiel mit dem Pulvertürmle, dem Kaiser- und natürlich dem Romäusturm. Mit 39 Metern ist er Villingens höchster Wehrturm. Unübersehbar das Bildnis von Romäus an der Nordseite. Er ist der Lokalheld der alten Stadt. Einst soll er in dem Turm eingesperrt gewesen sein.

Seinem Namen begegnen wir in Villingen auf Schritt und Tritt: Romäusturm, Romäusschule, Romäusring, Romäusbrunnen, Romäusquelle... Er muss also schon ein ganz besonderer Mann gewesen sein, dieser Romäus, der im richtigen Leben Remigius Mans hieß und als Söldner am 6. Juni 1513 in der Schlacht bei Novarra fiel. Zugegeben, die Fakten, die man vom Leben des Lokalhelden hat, sind eher dürftig, die Geschichten, die sich um ihn ranken, dafür um so zahlreicher und schöner (G'schichtle, Seite 60).

Ein Klangwunder: die Silbermannorgel in der Villinger Benediktinerkirche.

Wenn Sie im Städtle unterwegs sind: Schauen Sie sich auch die Brunnen an. Vom Münsterbrunnen haben wir Ihnen bereits er-

G`schichtle — Von Romäus, dem Riesen

Der sagenumwobene Romäus blickt von dem nach ihm benannten Turm herab.

Er war so groß, dass er den Leuten im zweiten Stock in die Zimmer schauen konnte. Seinen Durst konnte er aus den Dachtraufen der Häuser löschen und wenn der Riese durchs Villinger Stadttor schritt, musste er seinen Kopf einziehen. Und eine Kraft hatte der Mann! Als eines Tages vier Ochsen einen mit schweren Baumstämmen beladenen Karren nicht von der Stelle brachten, spannte er sie aus, hob die „Tierchen" mal kurz zu den Stämmen auf den Wagen und zog das Gefährt samt den Ochsen locker davon. Gerade so, als sei's nur ein kleiner Handkarren.

Auch die Rottweiler bekamen die Bärenkräfte des Villingers zu spüren. Denen hob der Riese bei einem Streit zwischen den beiden Städten mal kurz die beiden Flügel des Stadttors aus den Angeln und trug sie nach Villingen.

Jeder in Villingen weiß natürlich schon längst, von wem hier die Rede ist. Von Romäus natürlich, dem Helden in der Geschichte der Stadt Villingen, wobei zugegebenermaßen die Villinger Obrigkeit mit ihrem „Hero" nicht immer so ganz im Reinen war. Sie sperrte ihn wegen Verunglimpfung der Obrigkeit sogar einmal im Michaelsturm, dem heutigen Romäusturm, ein, doch Romäus wäre nicht Romäus gewesen, wenn es ihm nicht gelungen wäre, auf abenteuerliche Weise auszubüchsen.

Sie haben sicher schon gemerkt, dass sich um den Riesen jede Menge Sagen ranken. Gelebt hat er nach verschiedenen Quellen wohl tatsächlich. Sein Geld dürfte der Abenteurer nach heutigen Erkenntnissen vor allem als Söldner auf verschiedenen Kriegsschauplätzen verdient haben. 1513 schließlich starb er bei der Schlacht bei Navora, etwa 30 Kilometer von Mailand, als er auf Seiten des französischen Königs kämpfte.

zählt. Doch da gibt es noch ein paar weitere. Und jeder von ihnen hat seine eigene Geschichte. Wie zum Beispiel der Radmacherbrunnen, der von einer ganz besonderen Wette erzählt.

Bei all dem, was Sie bisher gelesen haben, wäre es natürlich völlig falsch, Villingen nur aufs Mittelalter zu reduzieren. Nein, mit der aufkommenden Industrialisierung änderte sich auch hier sehr vieles. Dies zeigt auch Blick auf die Einwohnerzahlen. 1855 lebten in Villingen gerade mal 4000 Menschen, um 1910 hatte sich die Bevölkerungszahl mit 11.000 fast verdreifacht. Beachtlich, doch im Nachbarort Schwenningen ging die Post noch ganz anders ab.

Schon um 1830 hatte Schwenningen seinen Nachbarn einwohnermäßig überrundet. Und es zog weiter davon. 1910 lebten in Schwenningen rund 15.000 Menschen, 4000 mehr als in Villingen. Aus dem über Jahrhunderte kleinen „Vorort" war innerhalb weniger Jahrzehnte plötzlich der größere Nachbar geworden.

Doch auch das änderte sich wieder. Nach dem Zweiten Weltkrieg, holte Villingen ab 1960 mächtig auf und als man 1972 gemeinsame Stadt wurde, brachte Villingen rund 38.000, Schwenningen knapp 37.000 Einwohner mit in die Ehe. Schon ein paar Jahre später musste vor allem Schwenningen wegen der Krise in der Uhrenindustrie kräftige Verluste hinnehmen.

Für die Entwicklung der beiden Orte war natürlich vor allem auch das Jahr 1869 von entscheidender Bedeutung. Es war das Jahr, in dem Villingen innerhalb weniger Monate gleich zwei Bahnverbindungen bekam. Erst wurde die Schwarzwaldbahn eröffnet und kurz darauf die Eisenbahnlinie Villingen - Rottweil, die auch Schwenningen den ersehnten Bahnhof brachte. In den Jahren und Jahrzehnten danach wurden auch in Villingen – ähnlich wie in Schwenningen – viele Unternehmen gegründet. Manchmal wurden sogar weltweit agierende Firmen aus ihnen.

Wie Saba zum Beispiel, das aber

Macht Eindruck: der Kaiserturm. Auch er ist Teil der ehemaligen Stadtbefestigung.

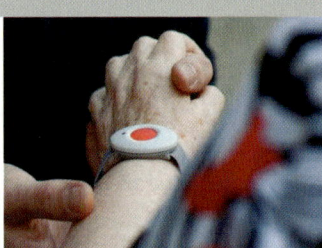

Sie sind aus Villingen nicht wegzudenken: die stolzen Bürgerhäuser in der Innenstadt.

dann die Krise in der Unterhaltungselektronik nicht überlebte und mit neuen Eigentümern einen Tod auf Raten starb. Oder Kienzle Apparate, das heute unter dem Dach von Continental mit über 1400 Beschäftigten nach wie vor der größte private Arbeitgeber der Gesamtstadt ist. Heute gibt es in Villingen eine hervorragend aufgestellte Wirtschaft, die vor allem vom Mittelstand geprägt ist.

Nicht unbedeutend ist auch der Fremdenverkehr. Mit der historischen Altstadt, dem reichen kulturellen Angebot und den vielen Freizeitmöglichkeiten hat die Stadt viele Pfunde, mit denen sich wuchern lässt.

Wer sich einen Überblick über Villingen verschaffen möchte, kann das gleich von zwei Aussichtsplattformen tun. Zum Turm auf dem Hubenloch sind es von der Fußgängerzone aus nur ein paar Minuten. Nicht nur wegen der tollen Aussicht ist das Hubenloch einen Abstecher wert, sondern auch wegen seines Rosengartens, der der höchst gelegene in ganz Europa ist. Zum anderen Turm auf der Wanne ist ein längere Spaziergang gefragt. Aber er lohnt sich. Die Aussicht ist auch von hier herrlich.

Wenn von Villingen die Rede

Ist inzwischen zu einem richtigen Großereignis geworden: der jährlich stattfindende Stadtlauf in Villingen.

Durchblick vom Landratsamt in Richtung Stadt.

Sagt Ihnen die Adresse Richthofenstraße 1 in Villingen etwas? Oder die Abkürzung MPS? Wenn Sie Jazz-Fan sind, ganz bestimmt. Hier ist nämlich die Heimat des legendären MPS-Tonstudios. Ein Studio, in dem ab den 60er-Jahren des letzten Jahrhunderts große und weltweite Jazzgeschichte geschrieben wurde.

Pionier für erstklassige Musikqualität aus dem Schwarzwald: Hans Georg Brunner-Schwer.

Stars wie Oscar Peterson, Friedrich Gulda, Albert Mangelsdorff, Teddy Wilson, Wolfgang Dauner oder Duke Ellington gaben sich in der Richthofenstraße die Klinke in die Hand. Dies alles ist vor allem mit einem Namen verbunden: mit Hans Georg Brunner-Schwer, kurz HGBS genannt.

HGBS war nicht „nur" Saba-Geschäftsführer, sondern auch ein großer Musikliebhaber, der vor allem auf Jazz „abfuhr" – Klangtüftler, Tonmeister und Musikproduzent in einer Person.

Die Stars kamen gerne nach Villingen. Sie schätzten die herausragende Aufnahmequalität, die brillante Klangqualität der Aufnahmen und sie liebten die familiäre Atmosphäre. Die Hauskonzerte, die die Stars bei HGBS gaben, sind legendär. Die Jazz-Platten, die in Villingen entstanden, auch. Viele dieser Vinyl-Platten sind heute Kult.

2004 starb Brunner-Schwer. Über Jahre lag das Studio dann in einem Dornröschenschlaf. Doch diese Zeiten sind zum Glück vorbei. Seit 2010 werden dort wieder digitale und analoge Tonaufnahmen von höchster Qualität erstellt, wobei man sich dem Gründer nach wie vor eng verbunden fühlt. Inzwischen steht das Studio sogar ganz offiziell unter Denkmalschutz, gehört zu den herausragenden Kulturdenkmälern im Lande.

Glanzstück des Studios, das heute mit seinem Namen HGBS an den Gründer von MPS erinnert, ist übrigens nach wie vor der berühmte Bösendorfer Grand Imperial-Flügel. Den hatte Brunner-Schwer 1968 für die stolze Summe von 150.000 Mark ganz speziell für den weltberühmten Pianisten Friedrich Gulda angeschafft.

ist, darf man natürlich eines nicht vergessen: die Fasnet. Die Stadt ist eine der großen Hochburgen der Schwäbisch-Alemannischen Fasnacht. Wenn die traditionsreichen Narrenfiguren wie Narro, Morbili, Wuescht, Surhebel oder Stachi Tausende von Zuschauern in ihren Bann ziehen, wenn Glonkis trommeln, Katzen miauen oder die Clowns ihre Späße treiben, dann gibt es in der Stadt an Brigach wirklich kein Halten mehr. Unser Tipp: hingehen, mitfeiern! Mehr über die Fasnacht im gesamten Schwarzwald-Baar-Kreis lesen Sie auf Seite 25.

Genießerpfad Groppertal

Charakteristik: Eine erlebnisreiche Wanderung ins herrlich gelegene Groppertal. Hier machen wir nicht nur mit der Brigach Bekanntschaft, sondern stoßen beim in der Region sehr bekannten Uhufelsen auch auf Spuren des einstigen Bergbaus. Die Burgruine Kirnegg und natürlich das Wildgehege Salvest mit seinem tollen Rast- und Spielplatz machen die Wanderung gerade auch für Kinder zu einem Riesenerlebnis.

Ausgangspunkt: Villingen, Wanderparkplatz Tannenhöhe

Streckenlänge: 11,5 Kilometer

Höhenmeter: 200

Schwierigkeitsgrad: leicht

Streckenverlauf: Vom Wanderparkplatz Tannenhöhe im Westen von Villingen geht es durch den Germanswald zum Uhustein und weiter zum Gasthaus Forelle und dann zum Gasthaus Breitbrunnenhof. Von dort führt der Weg zum Wildgehege Salvest. Nur 200 Meter entfernt: die Ruine Kirnegg. Vom Wildgehege geht es weiter über das Ganter-Denkmal und das ehemalige Kirnacher Bahnhöfle zurück zum Ausgangspunkt, dem Wanderparkplatz Tannhöhe.

Eines der Ziele unserer Wanderung ist der Uhustein. Eine Gegend, in der es einst Bergbau gab. Im Tal ist von der Straße her noch das Mundloch eines ehemaligen Bergwerkstollens zugänglich. Die Aussichtsplattform auf dem bis 20 m hohen Felsen ist mit einem Geländer gesichert.

Schwarzwald pur

Charakteristik: Ein wirklich traumhafte Tour, bei der Sie alle Facetten des Schwarzwalds kennenlernen. Sie machen nicht nur Bekanntschaft mit einer herrlichen, abwechslungsreichen Landschaft, sondern auch mit zahlreichen herausragenden Sehenswürdigkeiten, über die Sie in diesem Buch bei den jeweiligen Orten ausführlich informiert werden. Also ruhig ein bisschen Zeit zum Schauen und Staunen einplanen.

Länge: 50 km

Gesamtanstieg: 490 Meter

Schwierigkeitsgrad: mittel bis schwer

Ausgangspunkt: Villingen, Bahnhof

Streckenverlauf: Bahnhof Villingen - Unterkirnach - Oberkirnach - Stöcklewaldturm - Vöhrenbach - Neuhäusle - Pfaffenweiler - Magdalenenberg - Villingen

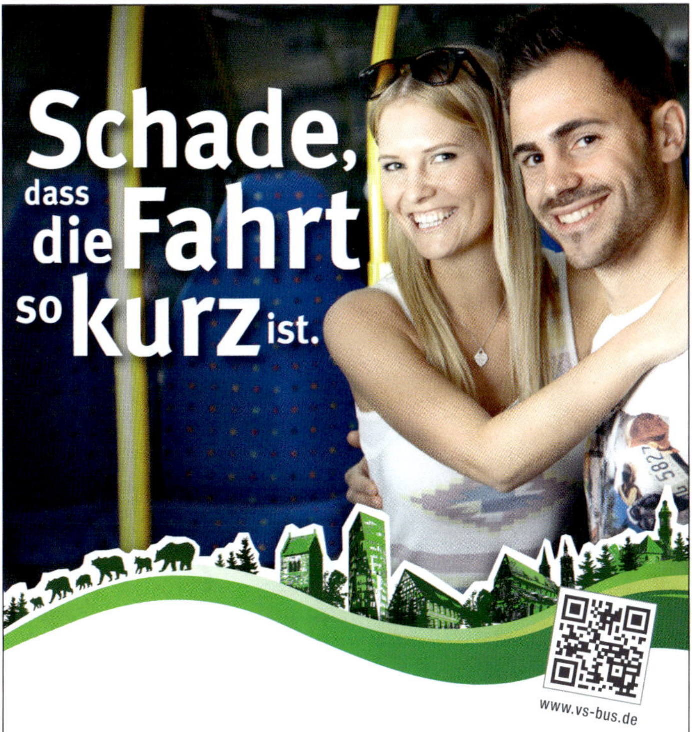

www.**VSBus**.de

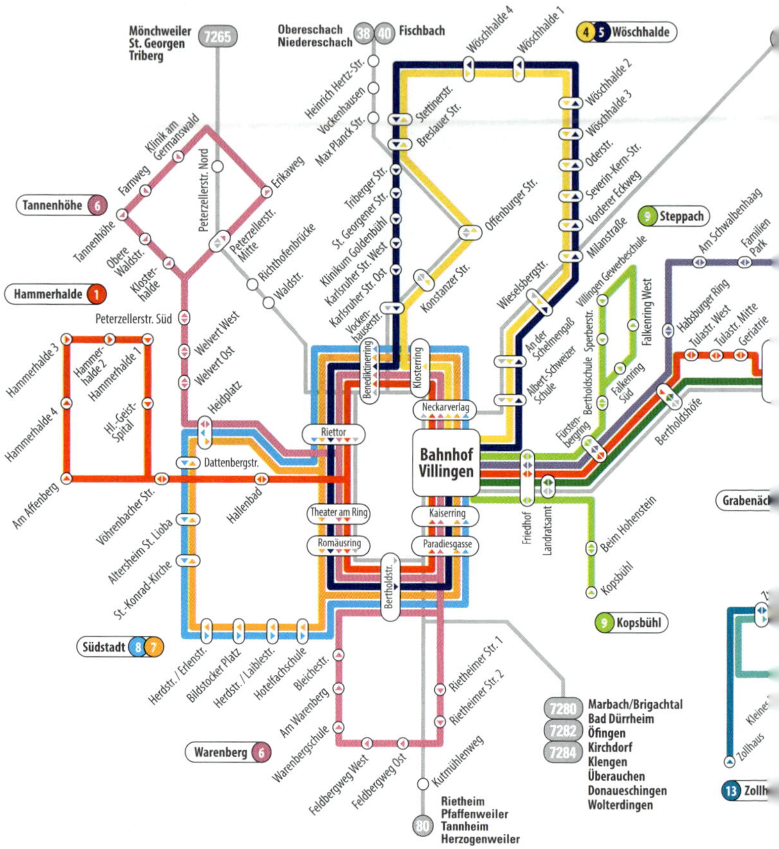

Mönchweiler
St. Georgen   **7265**
Triberg

Oberschach
Niedereschach   **38 40** Fischbach

Wöschhalde 4   Wöschhalde 1

4 5 Wöschhalde

Heinrich Hertz-Str.
Vockenhausen
Max Planck Str.

Stettinerstr.
Breslauer Str.

Wöschhalde 2
Wöschhalde 3
Oderstr.
Severin-Kern-str.
Vorderer Eckweg
Milanstraße

Klinik am
Germanswald
Farnweg

Erikaweg

Triberger Str.
St. Georgener Str.
Klinikum Goldenbühl
Karlsruher Str. West
Karlsruher Str. Ost
Vocken-
hausenstr.

Offenburger Str.

Wieselbergstr.

9 Steppach

Tannenhöhe 6

Peterzellerstr. Nord

Peterzellerstr.
Mitte

Richthofenbrücke
Waldstr.

Konstanzer Str.

An der
Schienenpaß
Albert-Schweizer
Schule

Villingen Gewerbeschule
Sperberstr.
Bertholdshöhe

Falkenring West

Am Schwalbenhaag
Familien
Park

Habsburger Ring
Tulastr. West
Tulastr. Mitte
Geriatrie

Tannenhöhe

Obere
Waldstr.

Klosterhalde

Hammerhalde 1

Peterzellerstr. Süd

Welvert West

Welvert Ost

Heidplatz

Benediktinering

Klosterring

Neckarverlag

Falkenring
Süd

Fürsten-
bergring

Bertholdshöfe

Grabenäck

Hammerhalde 3

Hammer-
halde 2
Hammerhalde 1

HL Geist-
Spital

Dattenbergstr.

Riettor

**Bahnhof
Villingen**

Friedhof

Landratsamt

Beim Hohenstein

Hammerhalde 4

Am Affenberg

Vöhrenbacher Str.

Hallenbad

Theater am Ring

Romäusring

Kaiserring

Paradiesgasse

Kopsbühl

9 Kopsbühl

Aftersheim St. Lioba
St.-Konrad-Kirche

Bertholdstr.

Südstadt 8 7

Herdtstr./Erlenstr.
Bildstocker Platz
Herdtstr./Lieblestr.
Hotelfachschule
Bleichstr.
Am Warenberg
Warenbergschule

Warenberg 6

Rietheimer Str. 1
Rietheimer Str. 2

7280 Marbach/Brigachtal
Bad Dürrheim
7282 Öfingen
Kirchdorf
7284 Klengen
Überauchen
Donaueschingen
Wolterdingen

Feldbergweg West
Feldbergweg Ost

Kutmühlenweg

80

Rietheim
Pfaffenweiler
Tannheim
Herzogenweiler

13 Zollh

Kleme
Zollhaus

Stadtlinienverkehr Villingen

4 Villingen Bahnhof – Goldenbühl – Haslach – **Wöschhalde**

5 Villingen Bahnhof – Vorderer Eckweg – Wöschhalde – **Haslach**

6 Kurgebiet – Welvert – Villingen Bf – **Warenberg**

7 Villingen Bahnhof – Hotelfachschule – Südstadt – **Heidplatz**

8 Villingen Bahnhof – Heidplatz – Südstadt – **Hotelfachschule**

9 Steppach – Kopsbühl – **Villingen Bahnhof**

Zwischenortslinienverkehr

1 Hammerhalde – Villingen Bf – Schilterh. – Schwarzwald-Baar-Klinikum – Busbf – **Rinel**

2 Villingen Bahnhof – Schwarzwald-Baar-Klinikum – **Schwenningen Busbf**

3 Villingen Bahnhof – Schw.-Baar-Center – Strangen – **Schw. Busbf**

Liniennetzplan
Villingen-Schwenningen

Regionallinien mit Bedienung der Stadtteile:

- **16** Schw.-Baar-Klinikum – Schw.-Baar-Center – Weilersbach – **Obereschach**
- **37** Schwenningen – Dauchingen – **Niedereschach**
- **38** Villingen – Obereschach – Kappel / Schabenhausen – **Niedereschach**
- **39** Villingen – Nordstetten – Weilersbach – Dauchingen – **Niedereschach**
- **40** Villingen – Obereschach – Neuhausen – Erdmannsweiler – **Fischbach**
- **80** Villingen Bahnhof – Rietheim – Pfaffenweiler – Tannheim – **Herzogenweiler und zurück**
- **7265** Villingen – Königsfeld – St. Georgen – **Triberg**
- **7275** Schwenningen – Bad Dürrheim – **Donaueschingen**
- **7280** Villingen – Bad Dürrheim – **Öfingen (Ostbaar)**
- **7282** Villingen – Marbach – Kirchdorf – Klengen – **Überauchen**
- **7283** Villingen – Schwenningen – Mühlhausen – Weigheim – **Tuningen**
- **7284** Villingen – Marbach – Bad Dürrheim / Donaueschingen / Brigachtal – **Wolterdingen und zurück**

...ienverkehr Schwenningen

...enningen Busbf – Schwenningen Bf – **Kleines Eschle**

... – Waldfriedhof – **Schwenningen Busbf**

...-Baar-Klinikum – Busbf – Steinkirchring/Hammerstatt – **Industriegebiet Ost**

...us – Wasenstraße – Busbf – Deutenbergschulen – **Waldfriedhof**

„Die eilende Zeit." So heißt die Skulptur vor dem Schwenninger Rathaus. Für die Schwenninger ist sie indes nur das „Elfewiiib". Es erinnert sie an die Zeiten, als die Frauen morgens um elf von der Arbeit in den Fabriken zum Kochen nach Hause eilten.

Schwenningen

Hier erblickt der Neckar das Licht der Welt. Hier jagen die Wild Wings in der Helios-Arena in der höchsten deutschen Eishockeyliga dem runden Puck nach. Hier wurden einst die meisten Uhren der Welt gebaut und hier stand auch die einst größte Tanne Deutschlands – der Hölzlekönig. Natürlich wissen Sie schon längst von wem und was hier die Rede ist – von Schwenningen natürlich. Bis zum 1. Januar 1972 war Schwenningen selbstständig, ehe sich die große Mehrheit seiner Bürgerinnen und Bürger für eine Fusion mit der Nachbarstadt Villingen aussprach.

Die Schwenninger Gemarkung ist altes Siedlungsland. Uraltes sogar. Die ersten Spuren reichen bis in die Mittelsteinzeit zurück. Das ist immerhin stolze 10 000 Jahre her. Bei Grabarbeiten im Bereich der See- und Brühlstraße stieß man auf ein Urrind aus jener Zeit, in dem noch die Pfeilspitze eines Jägers steckte. Und da sind dann auch noch die Pfostenlöcher von Häusern der Bandkeramiker aus der Jungsteinzeit um 5200 vor Chr.. Bis heute sind sie die südlichste Fundstelle der bandkeramischen Kultur östlich des Schwarzwalds. Auch aus der nachfolgenden Bronzezeit und der Hallstattzeit gibt es viele Spuren. Etwa

70 n. Chr. führte eine Römerstraße über die heutige Schwenninger Gemarkung.

Aus dem Jahr 500 n. Chr. schließlich stammen die ersten Spuren der Alemannen und 817 wurde Schwenningen erstmals urkundlich erwähnt. Im gleichen Jahr übrigens wie Villingen. Allerdings nahmen beide Orte eine völlig unterschiedliche Entwicklung. Schwenningen blieb bis ins 20. Jahrhundert hinein ein Dorf, während Villingen sich dank der Zähringer schon recht schnell zur Stadt mauserte. Die ersten Jahrhunderte waren in Schwenningen durch häufige Besitzerwechsel gekennzeichnet. Mitte des 15. Jahrhunderts kam Schwenningen schließlich zu Württemberg.

Beziehungen zwischen der Stadt Villingen und dem kleinen Dorf Schwenningen gab es über Jahrhunderte. Allerdings, gut nachbarschaftlich war das nun wirklich nicht, was sich da immer wieder mal abspielte. Gleich zwei Mal brannten

Wo einst die Bärenbrauerei stand, ist heute der Bärkenpark. Dass dort heute noch so manches an die Brauerei erinnert, ist dem Schwenninger Architekten Gregor Braun zu danken, der nach dem Abriss der Brauerei dort den neuen Bärenpark konzipierte.

Liebevoll saniert: das Ensemble „Ob dem Brückle"in Schwenningen.

die Villinger das Nachbardorf ab. Das erste Mal im Bauernkrieg, als auch die Schwenninger Bauern in der Region schwer unter der Last der Grundherrschaft zu leiden hatten und zusammen mit weiteren Bauern aus der Region den Aufstand probten und für bessere Lebensbedingungen kämpften. Der Konflikt mit den Villingern war da. Am 20. Juni 1525 schließlich griffen die Villinger das kleine Schwenningen an und brannten es fast vollständig nieder. Das zweite Mal schließlich wurde der Ort 1633 im 30-jährigen Krieg von den Villingern ausgeplündert und niedergebrannt, nachdem die württembergischen Truppen die Belagerung Villingens aufgegeben und sich zurückgezogen hatten. Selbst die drei Glocken wurden vom Kirchturm abgeseilt und nach Villingen gebracht. Eine von ihnen wurde im Villinger Münster aufgehängt, wo sie bis 1909 blieb, dann nach heutigen Erkenntnissen eingeschmolzen wurde und im neuen Münstergeläut mit ihrem Metall bis heute weiter klingt. Kein anderer Vorgang aus den alten Zeiten ist im Gedächtnis der Schwenninger so lange hängen geblieben, wie dieser Glockenraub.

Auch in den Folgejahren hatte Schwenningen immer wieder unter

Ältestes Gebäude Schwenningens:ist die Stadtkirche. Rechts das evangelische Pfarrhaus. Auch in der Innenstadt findet sich manch schönes Gebäude. Wie zum Beispiel das Haus „Merkur" (links im kleinen Bild) mit seiner Jugendstilfassade.

MEHR ALS 3500 BIO PRODUKTE, FRISCHFISCH, ÜBER 200 SORTEN KÄSE IN BEDIENUNG, BIO FRISCHFLEISCH, ÜBER 1000 SORTEN WEIN - UND SPIRITUOSEN, SPEZIALITÄTEN AUS ALLER WELT, MEHR ALS 800 GUT & GÜNSTIG PRODUKTE, RIESEN-AUSWAHL AN GLUTENFREIEN UND LAKTOSEFREI-EN ARTIKELN, GROSSE AUSWAHL AN REIGIONALEN PRODUKTEN, OBST - UND GEMÜSESPEZIALITÄTEN MIT GROSSER BIO ECKE, PREISGÜNSTIGE DRO-GERIEWAREN, GROSSE TIEFKÜHLABTEILUNG MIT BIO ECKE, MEHR ALS 20.000 PRODUKTE IM SOR-TIMENT, RIESENAUSWAHL IN UNSERER MOLKEREI-PRODUKTEABTEILUNG....

IHR **Ecenter** SCHWENNINGEN

CULINARA

Austraße 18 • 78056 Villingen-Schwenningen

kriegerischen Auseinandersetzungen zu leiden. Der größte Brand in der Geschichte des Ortes im Jahre 1850 hatte seine Ursache allerdings nicht in einer kriegerischen Auseinandersetzung, sondern in einer Brandstiftung. Begangen von einem 17-Jährigen, der sein elterliches Haus angezündet hatte, um Spuren eines von ihm begangenen Diebstahls im väterlichen Haus zu vertuschen. Rasch griff das Feuer auf Nachbargebäude über. Innerhalb kurzer Zeit wurden rund 100 Wohnhäuser ein Raub der Flammen. Eine Katastrophe für den Ort.

Doch die Schwenninger bauten ihr Dorf wieder auf und weil der damalige Bürgermeister die Wiederaufbauarbeiten schneller vorantrieb, als es die Landesbehörden erlaubten und manche Vorschrift einfach Vorschrift sein ließ, musste er gar ein Weilchen hinter Gitter. Hinter denen verschwand übrigens auch der Brandstifter. Er musste zwölf Jahre ins Zuchthaus. Seine verzweifelte Familie wanderte aus.

Mitte des 19. Jahrhunderts war der Wandel in Schwenningen in vollem Gange. Die Landwirtschaft war schon längst nicht mehr der einzige Broterwerb. Schon zu Beginn des 18. Jahrhunderts hatte es in dem

---

| Extra | 1952: das große Jahr des Sports |

1952 war für Schwenningen ein Jahr, das vor allem Sportfans bis heute nicht vergessen hat. Es war das Jahr der Schwenninger Triumphe im Sport. Der VfR Schwenningen, der Jahre später mit dem Lokalrivalen SC Schwenningen zum BSV fusionierte, wurde durch einen tollen 5:2-Erfolg in Ludwigshafen über den SC Cronenburg deutscher Fußball-Amateurmeister.

Die Rückkehr der Spieler wurde zum Triumphzug. Fast die ganze Stadt war auf den Beinen, um ihr Team begeistert zu feiern. Noch heute gibt es Schwenninger, denen die Namen der damaligen Helden wie aus der Pistole geschossen über die Lippen kommen: Seckinger, Bertsche, Quattländer, Neumaier, Kübler, Müller, Schimmelpfennig, Lassmann, Haller, Müller und Hauser.

Noch einer sorgte in jenem Jahr für Schlagzeilen. Und für was für welche. Der in Tuningen geborene und für den Radsportverein Schwenningen startende Heinz Müller wurde in Luxemburg Weltmeister der Profis im Radrennen. (Tuningen, Seite 292). Damit nicht genug der Erfolge. Zum ersten Mal wurde damals ein gewisser Heinz Pfeiffer deutscher Meister im Kunstradfahren. Es war der Auftakt einer großen Sportkarriere. (Menschen, Seite 86).

Schwenninger Trachtenträger auf dem Muslenplatz, der „guten Stube" der Stadt.

Der Neckarursprung auf dem Schwenninger Moos.

Dorf die ersten Uhrmacher gegeben. Und es wurden immer mehr. Mitte des 19. Jahrhunderts entstanden die ersten Uhrenfabriken. Zu den Pionieren gehörte Johannes Bürk, der Mann, der Schwenningen in jenen Jahren entscheidend prägte und nach vorne brachte. Auch Unternehmer wie Kienzle, Mauthe, Schlenker-Grusen und manche mehr setzten verstärkt auf die industrielle Fertigung der Uhr. Als 1869 die Bahnstrecke Villingen-Rottweil eröffnet wurde, hatten auch die Schwenninger ihren ersehnten Bahnhof.

Das gab der wirtschaftlichen Entwicklung gleich noch einmal einen Schub. Uhren-, Schuh- und Metallwarenfabriken kamen mehr und mehr auf. Die Industrie drängte im 19. Jahrhundert mit größeren Fabrikbauten ins Dorf. Die Einwohnerzahl stieg rasant. Schon um 1890 hatte Schwenningen mehr Einwohner als der Nachbar Villingen und in den ersten Jahren des 20. Jahrhunderts war Schwenningen das größte Dorf im Königreich Württemberg.

1907 wurde der Ort – damals über 13.700 Einwohner zählend – zur Stadt ernannt. Wer glaubt, dass darüber nur eitel Freude herrschte, täuscht sich. Vor allem die Bauern und Handwerker, aber auch die Arbeiter standen der Stadterhebung mit gewisser Skepsis gegenüber. Schließlich hatte es in ihren Augen

doch auch etwas für sich, das größte Industriedorf im Königreich zu sein, anstatt als die Nummer 14 unter den württembergischen Städten nur eine von vielen zu sein. Demonstrativ blieben ihre Vertreter der großen Einweihungsfete fern.

28 Fabriken gab es inzwischen im Ort. Um die fünf Millionen Uhren wurden hier pro Jahr hergestellt. Schwenningen war zu einer wirtschaftlichen Größe geworden, trug schon bald – auch manch wirtschaftlichen Rückschlag verkraftend – den Titel „Größte Uhrenstadt der Welt"

Bis in die 70er-Jahre des 20. Jahrhunderts hinein prägte die Uhrenindustrie die Geschichte dieser Stadt. Dann begann der Niedergang. Eine nach der anderen der großen Uhrenfabriken musste das Handtuch werfen. Den Anfang machte Mauthe, für den das letzte Stündchen 1975 schlug, nachdem man bereits zuvor kräftig Personal abgebaut hatte. Die anderen Großen folgten. Auch Kienzle beispielsweise. Man muss sich einmal vorstellen, was das für die Stadt bedeutete. Allein dieses Unternehmen hatte zu seinen besten Zeiten mit 3200 Beschäftigen jährlich fünf Millionen Uhren produziert und über 60 Millionen Mark Umsatz erzielt. Alles aus und vorbei.

Die Gründe? Nun, sie waren vielfältig. Die Einführung der Quarztechnologie, die die Herstellung von

Im Herzen von Schwenningen:

CITY RONDELL

Für jeden etwas: Bummeln, Shoppen, Einkehren

CITY-RONDELL · Kronenstr. 21
78054 VS-Schwenningen · Telefon: 0 77 20 - 12 12 · www.city-rondell.de

Zur Landesgartenschau 2010 finanzierte die Sparkasse Schwarzwald-Baar diesen Spielplatz auf der Möglingshöhe. Er gilt als einer der schönsten und meist besuchtesten im ganzen Kreis.

Uhren mit deutlich weniger Arbeitsaufwand ermöglichte und die Billigkonkurrenz aus Fernost sind indes die zwei wohl wichtigsten. Innerhalb weniger Jahre verlor Schwenningen nahezu ein Drittel seiner zu Beginn der 70er-Jahre knapp 38.000 Einwohner. Schwenningen stürzte wirtschaftlich fast ins Bodenlose. Aber eben nur fast.

Ein mächtiger, mehrjähriger Strukturwandel setzte in der gebeutelten Stadt ein. Eine neue mittelständische Unternehmenskultur entstand. Mit neuen Produkten, neuen Technologien. Die Stadt, die inzwischen ja Stadtbezirk war, berappelte sich allmählich wieder und steht heute wirtschaftlich auf einem soliden Fundament. Uhren spielen im Schwenningen von heute allerdings so gut wie keine Rolle mehr. Nicht wenige der ehemaligen Fabriken fielen der Spitzhacke zum Opfer. In andere ist zum Glück neues Leben eingekehrt. Die ehemaligen Kienzle-Uhrenfabriken sind heute Heimat der Fachhochschule University und der Dualen Hochschule. Millionen wurden in die Sanierung und den Ausbau der Hochschulen gesteckt.

Dass Schwenningen einmal die größte Uhrenstadt der Welt war, ist heute aus dem Stadtbild für einen

Erinnert im Stadtpark an alte Uhrenzeiten: dieser überdimensionale Wecker.

Das Umweltzentrum hat auf der Möglingshöhe seine Heimat gefunden.

Außenstehenden auf den ersten Blick nicht so leicht erkennbar. Richtig wach wird die Erinnerung im Uhrenindustriemuseum gehalten. Doch davon später mehr.

Dann steht vor dem Rathaus die bereits erwähnte Skulptur „Die eilende Zeit". Im Stadtpark ziert ein überdimensionaler Wecker das Areal und im Neckarpark, der im Zuge der Landesgartenschau 2010 entstanden ist, ist es das Uhrentürmchen der Firma Jäckle, das kurz vor dem Abriss der Firmengebäude von engagierten Schwenningern gerettet wurde.

Nur ein paar Meter davon entfernt das moderne Schwenningen. Was für ein Gegensatz! 47 Meter ragt der Neckartower in die Höhe. Ein, wie es der Bauherr, die hiesige Wohnungsbaugesellschaft wbg stolz formuliert, „Leucht-Turm für die Baden-Württemberg-Stadt". Eingeweiht wurde er 2010, geplant von dem in Schwenningen geborenen Stararchitekten Gunter P. J. Bürk, der sich mit spektakulären Bauten in aller Welt einen Namen gemacht hat. In dem gläsernen Turm sind unter anderem 46 Studentenappartements untergebracht; die oberen Stockwerke werden von der Hochschule genutzt.

Wenn wir schon im Neckarpark sind: Da gibt es seit der Landesgartenschau nicht nur den Tower oder das Uhrentürmle und eine neue Wohnbebauung, sondern auch den Neckar. Munter plätschert er dahin. Klar und hell. Das ist beileibe keine Selbstverständlichkeit. In den 60er-Jahren hatten die Schwenninger ihren durch viele Abwässer stark verschmutzten Neckar versteckt, unter die Erde verbannt, eingedolt. Das

Extra

Kult: Schillings Imbiss

Christian Schilling: Sein Imbiss ist in Schwenningen Kult.

Kennen tut Schillings Imbissbude in Schwenningen wohl jeder. Wundern braucht dies niemand. Schließlich betreibt die Familie den Imbiss seit sage und schreibe mehr als 45 Jahren. Das ist – da sind wir ganz sicher – Rekord. Nicht nur in der Stadt, nicht nur im Kreis, sondern auch noch darüber hinaus.

Es war Benno Schilling, der den Imbiss 1971 eröffnete. Inzwischen betreibt Sohn Christian das Geschäft. Mit der gleichen Freude, der gleichen Leidenschaft, dem gleichen Können. Der Imbiss hat jede Menge Fans. Nicht nur aus der Stadt, sondern aus der ganzen Region kommen die Kunden. Klar, dass sich vor dem Imbiss immer wieder Schlangen bilden. Was die legendären Imbissbuden „Konnopke" oder „Curry 36" für Berlin sein mögen, ist Schilling ganz sicher für die Region – absolut top!

Von ungefähr kommt dass nicht. Aber was ist das Erfolgsgeheimnis? Christian: „Qualität, Freundlichkeit und Sauberkeit müssen ganz einfach stimmen." Stellt sich die Frage was jetzt eine Currywurst zu Schillings Currywurst macht? „Die Rezeptur ist Betriebsgeheimnis" lächelt er und widmet sich wieder seinen leckeren Currywürsten, Grillwürstchen, Frikadellen, Schaschlikspießen und den Pommes. Die Kunden warten schließlich...

Blick auf die Landesgartenschau 2010. Sie wurde zu einem Riesenerfolg und von über einer Million Menschen besucht. Links das Bachbett des offen gelegten Neckars.

Inzwischen freuen sich nach viel anfänglicher Skepsis wohl alle darüber. Schließlich ist jetzt nicht mehr nur auf dem Bahnhofschild ersichtlich, dass Schwennningen am Neckar liegt, sondern man sieht den Baden-Württemberg-Fluss tatsächlich wieder. Durch die Offenlegung wurde nicht nur ein besserer Hochwasserschutz, sondern auch ein naturnaher Lebensraum, ein durchgängig grünes Band durch die Stadt geschaffen.

Wer die Quelle sehen will, muss nur ein paar Schritte weiter in den Stadtpark Möglingshöhe gehen. Es war der württembergische Herzog Ludwig, der hier 1581 einen Stein mit der Aufschrift „Das ist des Neckars Quelle" setzen ließ und bei einem Besuch gar aus der Quelle trank.

Seither veränderte die Quelle immer wieder ihr Bild. Anlässlich der Landesgartenschau wurde sie völlig neu gestaltet. Schmuck ist sie geworden. Anziehungspunkt für viele Einheimische und Touristen, die sehen wollen, von wo aus sich der Neckar auf seinen 362 Kilometer langen Weg bis zur Mündung in den Rhein bei Mannheim macht.

Einer verlässt die Quelle nie. Bei Tag und Nacht, bei Wind und Wetter hält „Matze" die Stellung. So heißt die Skulptur, die neben der Quelle

G'schmäckle, das er verbreitete, war zu penetrant geworden und die kleinen, vierbeinigen Tiere, die sich hier pudelwohl fühlten, nun wirklich nicht jedermanns Sache.

Doch die Zeiten ändern sich. Im Vorfeld der Landesgartenschau wurde der Neckar durchgängig auf einer Länge von 3,7 Kilometer wieder ans Tageslicht geholt. Heute haben die Schwenninger ihren Neckar wieder.

Anlässlich der Landesgartenschau 2010 neu gestaltet: die Neckarquelle im Stadtpark Möglingshöhe.

auf einer Bank sitzt und Zeitung liest. Nicht irgendeine, sondern natürlich „Die Neckarquelle", die große Tageszeitung am Ort.

Der Stadtpark Möglingshöhe ist durch die Landesgartenschau erheblich aufgewertet worden. Ein neuer attraktiver Festplatz, Barfußpfad, ein Pavillon in dem Konzerte und kirchliche Veranstaltungen stattfinden und dann natürlich das große, neue Natur- und Umweltzentrum Schwarzwald-Baar-Heuberg mit seinen vielen Ausstellungen und Veranstaltungen: All das macht den Park zu einem echten Erlebnis. Übrigens auch für Kinder. Der Spielplatz, den die Sparkasse Schwarzwald-Baar direkt neben der Neckarquelle anlässlich der Landesgartenschau finanziert hat, gehört mit Sicherheit zu den Schönsten im gesamten Schwarzwald-Baar-Kreis.

In dem ehemaligen Bahnwärterhäusle, von den Schwenningern liebevoll „Biwakschachtel" genannt, hat heute eine Gaststätte mit einer herrlichen Terrasse mit Blick auf den Teich und die Quelle ihr Plätzchen gefunden. Es ist ganz einfach schön hier.

Nur ein Steinwurf entfernt steht der bereits erwähnte riesige Wecker,

der an die große Zeit der Schwenninger Uhrenindustrie erinnert.

Sieht man einmal von dem wunderbar sanierten Ensemble „Ob dem Brückle" ab, ist vom dörflichen Charakter in der Innenstadt Schwenningens nicht mehr viel geblieben. Dafür werden Sie bei einem Gang durch das Städtle ganz bestimmt auf die eine oder andere der prächtigen Gründervillen stoßen. Errichtet von den einstigen früheren großen Fabrikanten wie Kienzle, Mauthe oder Bürk und manch anderen. Schon von außen sind die Häuser eine Wucht. Die meisten wurden damals direkt neben die Fabrikgebäude gebaut. Schließlich wollte man als Unternehmer Präsenz zeigen und vor allem auch ständig den Betrieb im Blick haben.

Das Schwenningen von heute ist eine moderne Industrie-, Hochschul- und vor allem auch Einkaufsstadt. Zu Beginn der 70er-Jahre im letzten Jahrhundert legten sich die Schwenninger mit der Muslen eine richtige Stadtmitte samt Fußgängerzone zu. Einige ältere Gebäude gibt es aber dann doch noch. Das älteste erhaltene ist die evangelische Stadtkirche, die nach Bränden 1700 neu aufgebaut wurde, wobei der stolze Turm

Weihnachtsmarkt in Schwenningen.

G'schichtle

Die Sage vom Hölzlekönig

Wer in Schwenningen auf die Fasnet geht, dem fällt gleich eine Einzelfigur ins Auge: der Hölzlekönig. Mit dieser Figur erinnert die Narrenzunft an die einst größte Tanne Deutschlands, die auf Schwenninger Gemarkung stand. Über 450 Jahre wurde der Baum alt. Seine stolze Größe: an die 50 Meter. Seine größten Feinde: Blitz und Sturm. 1878 wurden ihm bei einem Sturm die Gipfel abgerissen. Als ihn 1889 der damalige Förster Junginger maß, ragte er immer noch 42 Meter in die Höhe und hatte einen riesigen Umfang. Nach einigen weiteren Blitzeinschlägen waren die Tage der stolzen Tanne 1915 schließlich endgültig gezählt. Vergessen ist sie bis heute nicht.

Stellt sich die Frage, warum der Baum so riesig wurde. Der Sage nach wuchs die Tanne auf dem Grab eines Zigeuners heran. Der soll nicht nur eine unglückliche Liebe mit der Tochter des Schwenninger Vogts gehabt haben, sondern auch noch unschuldig der Brandstiftung verdächtigt und von aufgebrachten Bürgern getötet worden sein. Die

Wie klein sie sich ausnehmen: die beiden Schwenninger vor der einst mächtigsten Tanne Deutschlands – dem Hölzekönig.

Geliebte soll daraufhin um den unglücklichen Mann an dessen Grab viele Tränen vergossen haben, die letztlich dafür gesorgt haben sollen, dass die Tanne zu einer solch mächtigen Größe heranwuchs.

noch vom Vorgängerbau aus dem 15. Jahrhundert stammt. Oder das mächtige, direkt nebenan liegende und den Muslenplatz begrenzende Pfarrhaus aus dem Jahr 1740 mit seinem hübschen Fachwerk.

Ebenfalls am Muslenplatz gelegen: das Heimat- und Uhrenmuseum, eines von drei Museen mit dem der Stadtbezirk aufwarten kann. Hier geht es nicht nur um die Schwarzwälder Uhren, sondern hier wird auch die bäuerliche Vergangenheit Schwenningens wieder lebendig.

Wer sich für die Uhrenindustrie Schwenningens interessiert, der kommt an einem anderen Museum, dem preisgekrönten Uhrenindustriemuseum, ganz einfach nicht vorbei. Untergebracht in Fabriksälen der ehemaligen Uhrenfabrik Bürk bietet es einen faszinierenden Einblick in die industrielle Uhrenfertigung vergangener Zeiten. Maschinen rattern, es wird gefräst, gestanzt, geschraubt. Alles hochinteressant. Ja, hier werden sogar noch Wecker produziert.

Das dritte Museum liegt etwas

Menschen — Medienzar aus Schwenningen

Vom kleinen Schwenningen zog er aus, um die große Welt der Medien zu erobern. Die Rede ist von Mark Wössner. Geboren ist er 1938 zwar in Hamburg, doch groß geworden ist er in Schwenningen. Hier hatte sein Vater eine kleine Fabrik, hier drückte Wössner die Schulbank und hier baute er sein Abitur. Nach seinem Maschinenbaustudium in Karlsruhe und seiner Promotion in Stuttgart ging Wössner als 30-Jähriger zu Bertelsmann und wurde dort Assistent der Geschäftsleitung. Es war der Beginn eines faszinierenden Aufstiegs, der ihn in bis an die absolute Spitze des Unternehmens brachte. 1983 wurde Wössner Vorstandsvorsitzender des Bertelsmannkonzerns.

Unter seiner Regie verdoppelte sich die Zahl der Mitarbeiter und der Umsatz kletterte gar gleich um das Vierfache. Wössner machte Bertelsmann zum zeitweise größten Medienunternehmen der Welt, nachdem er selbst in den USA auf große Einkaufstour gegangen war.

Strategisch bedeutsam war auch der Einstieg in die elektronischen Medien wie RTL und Premiere und die Bildung der größten Rundfunkgruppe Europas, der CLT-UFA.

Auch nachdem er 1998 den Vorstandsvorsitz wegen einer entsprechenden Altersregelung im Konzern mit 60 Jahren abgegeben hatte, spielte Wössner weiter in der ersten Liga der deutschen Wirtschaft, war bei deutschen Top-Unternehmen ein gefragter Mann. So gehörte er unter anderem mehreren deutschen Aufsichtsräten an. Zum Beispiel dem von Daimler, der Loewe AG und dem von Heidelberger Druck, wobei er dort Aufsichtsratsvorsitzender war.

Seine Verbindung zu seiner alten Heimatstadt Schwenningen riss in all den Jahren nie ab. Zu einigen seiner Schulfreunde hat er bis heute engen Kontakt und über all die Jahre hatte hier auch den einen oder anderen öffentlichen Auftritt.

Jahr für Jahr ein Besuchermagnet: die Südwest-Messe in Schwenningen.

Jahr für Jahr lockt die Südwest-Messe mehr als 100.000 Besucher aufs Messegelände nach Schwenningen und ist damit hinter dem Maimarkt die zweitgrößte Verbrauchermesse in Baden-Württemberg überhaupt. Dies nicht erst seit gestern, sondern seit vielen Jahrzehnten. Erstmals fand die Messe im Jahr 1950 statt. Damals hieß sie noch „Südwest stellt aus".

Stolze 60.000 Quadratmeter beträgt die Ausstellungsfläche. Rund 750 Aussteller präsentieren in 21 Hallen und auf dem großen Freigelände rund 10.000 Produkte und Dienstleistungen.

Neben dieser Messe gibt es auf dem Gelände eine ganze Reihe weiterer Ausstellungen, Messen und sonstigen Veranstaltungen. Die „Jobs for Future" zum Beispiel, die „Dreh- und Spantage", die Süddeutsche Motorrad-Ausstellung, die Hochzeitsmesse, die Astronomiemesse, und, und, und...

Er war im Sport ein Großer – Heinz Pfeiffer. Sechs Mal holte er sich den Titel eines deutschen Meisters im Kunstradfahren. Doch das waren längst nicht die Höhepunkte seiner großartigen Karriere. 1955 wurde der Schwenninger Europameister und 1958 Weltmeister. Ein Titel, den er bei der darauffolgenden WM erfolgreich verteidigen konnte.

Nach dem Ende seiner Karriere wurde Pfeiffer Bundestrainer der deutschen Kunstradfahrer. Es war der Beginn einer einzigartigen Erfolgsgeschichte. Als Pfeiffer 31 Jahre später altershalber aufhörte, war er der dienstälteste deutsche Bundestrainer. Nicht nur das: Bis heute ist er der erfolgreichste deutsche Bundestrainer aller Zeiten. 208 Medaillen – darunter 80 Mal Gold – hatten deutsche Sportler unter seiner Regie bei Europa- und Weltmeisterschaften geholt.

Der hoch dekorierte Sportler genoss in seiner Heimatstadt höchste Anerkennung. Auch hier wartete er mit einem Rekord auf. 46 Jahre – so lange wie kein anderer – gehörte er dem Gemeinderat an. Erst dem von Schwenningen und dann nach der Fusion dem der Gesamtstadt. Die Menschen hatten „ihren" Heinz bei jeder Wahl mit herausragenden Stimmenergebnissen in den Gemeinderat entsandt. Heinz Pfeiffer starb an Silvester 2015 im Alter von 83 Jahren.

außerhalb Schwenningens, im Osten, am Schwenninger Flugplatz. Hier landen und starten nicht nur Flugzeuge, sondern hier ist auch das internationale Luftfahrtmuseum daheim. Ein Ort, an dem die spannende Geschichte der Luftfahrt wieder lebendig wird. Derzeit sind dort rund 40 Flugzeuge ausgestellt. Natürlich kann man vom Flugplatz auch zu einem Rundflug starten und wer Lust hat, kann sogar das Prickeln des freien Falls aus 3000 Meter erleben. Die Schwenninger Fallschirmspringer laden zu Tandemsprüngen ein. Ein Erlebnis, von dem Sie noch lange schwärmen werden.

Genauso übrigens

Kommen und staunen: Ein Besuch des internationalen Luftfahrtmuseums in Schwenningen lohnt sich allemal.

Badespaß im Neckarbad.

wie von einem Besuch in der Schwenninger Helios-Arena, in dem die Wild Wings in der Eishockey-Bundesliga dem Puck nachjagen. In der schmucken Arena finden immer wieder auch andere, großartige Veranstaltungen statt.

Wer es lieber ruhiger will auch kein Problem. Von hier aus sind es nur ein paar Schritte bis zu Schwen-ningens Naherholungsgebiet, dem Naturschutzgebiet Schwenninger Moos, ein großartiges Hochmoor, das durch eine Wiedervernässung wieder viel von seinem alten Reiz wieder erhalten hat. Hier verläuft die europäische Wasserscheid zwischen Donau und Rhein und hier haben auch die Wasser des Neckars ihren Ursprung.

Auch die Figur des Brunnens an der evangelischen Stadtkirche erinnert an alte Uhrmacherzeiten.

SALINEN Café

Bei uns im Ladengeschäft ...

... erhalten Sie hohe Qualität zu bezahlbaren Preisen

... kreieren wir, nach Ihren Wünschen, Hochzeits- und Festtagstorten mit viel Engagement und Phantasie

... bekommen Sie frisches Brot und Brötchen, und eine große Auswahl an Torten und Kuchen

Bei uns im Salinen-Café ...

... lässt sich Chef und Chefin auch mal bei den Gästen blicken

.... gibt es abwechslungsreichen Mittagstisch

... werden auf Wunsch auch kleinere Portionen gereicht

... trifft man sich, quatscht, ißt und trinkt!

In diesem Sinne freuen wir uns auf Ihren Besuch

Andrea und Frank Singer

SALINENCAFÉ · Rietenstrasse16 · 78054 VS-Schwenningen · Telefon 0 77 20 / 3 55 61

CITY-TAXI

TAG + **33333** **NACHT**

(077 20) city-taxi-vs@gmx.de

78056 VS-Schwenningen • Schützenstraße 2

Von der Wendelinskapelle in Herzogenweiler hat man einen traumhaften Ausblick in Richtung Osten über die Baar bis hin zur Schwäbischen Alb.

Herzogenweiler

Herzlich willkommen hier oben. Ja, jetzt haben Sie es geschafft! Sie stehen auf dem „Dach" der Stadt Villingen-Schwenningen. Will heißen: Sie sind in Herzogenweiler, dem mit seiner Höhenlage von 780 bis 949 Metern höchst gelegenen Stadtbezirk von VS. Zugleich ist er mit etwas mehr als 200 Einwohnern auch mit Abstand deren kleinster, wobei das Wort „klein" nur auf die Einwohnerzahl zutrifft. Mit einer Gemarkung von 1002 Hektar ist Herzogenweiler flächenmäßig nämlich

hinter Obereschach die klare Nummer zwei unter den ländlichen Stadtbezirken von VS. 854 der 1002 Hektar sind Wald. An einen prozentual so hohen Waldanteil kommt kein anderer Stadtbezirk Villingen-Schwenningens auch nur annähernd ran.

Auf noch etwas ganz Besonderes kann man in Herzogenweiler verweisen. Es ist der einzige Ort der Stadt, der im Laufe seiner Geschichte gleich zweimal gegründet wurde. Erstmals urkundlich erwähnt wurde er 1208, doch als 1244 Vöhrenbach in Erscheinung trat, war das auch schon wieder der Anfang vom Ende. Die Menschen zogen hinunter in den neuen Ort. Herzogenweiler verödete.

Die „Gnade der zweiten Geburt" hat man dem Donaueschinger Fürstenhaus zu verdanken. 1721 warb der Fürst mit einem offenbar lukrativen Vertrag sechs Glasmacher aus einer Glasmacherei bei Lenzkirch ab, die dann etwa einen Kilometer vom früheren Herzogenweiler entfernt auf dem heutigen Standort des Dorfes 1723 die Glashütte Herzogenweiler gründeten

Dass sich die Glasmacher ausgerechnet hier niederließen, hatte seinen Grund. Hier fanden sie in Hülle und Fülle das, was man zur Glasherstellung dringend braucht: Holz. Um 100 Kilo Glas zu gewinnen, wurden damals zehn Tonnen Holz benötigt, was etwa zehn Ster entspricht. Wenn heute der Blick von Herzogenweiler so weit ins Land hinaus reicht, hat das auch mit den rigorosen Abholzungen in den alten Glasbläserzeiten zu tun.

157 Jahre wurde hier die Glasmacherei betrieben. Damit gehörte Herzogenweiler zu den längsten an einem Ort arbeitenden Hütten im ganzen Schwarzwald. 1880 kam indes das Aus. Probleme hatte es schon seit längerem gegeben. Die Glashütte in Herzogenweiler war ganz einfach nicht mehr konkurrenzfähig.

Vergessen ist in der schmucken Wohngemeinde das alte Handwerk indes nicht. Großartige Zeugnisse dafür sind der Dorfbrunnen, die Heimatstube im ehemaligen Rathaus mit wirklich herrlichen Stücken aus der Glasmacherzeit oder die beeindruckenden Grabsteine der ehemaligen Glaser. Wer sich bei Spaziergängen oder Wanderungen genauer auf dem Boden umschaut, wird auch dort noch viele Spuren aus den Zeiten finden, als Herzogenweiler noch ein Glasmacherdorf war.

Weithin sichtbar und ein beliebtes Fotomotiv ist die Wendelinskapelle, die gerne für Taufen und Hochzeiten genutzt wird. 1996 wurde im Speicher des Kirchleins, das bereits im 13. Jahrhundert urkundlich erwähnt wurde, mit dem „Oberschwäbischen Jesulein" eine echte Kostbarkeit entdeckt und restauriert. Es wird alle zwei Jahre in den geraden Jahreszahlen zur Weihnachtszeit in der Kapelle aufgestellt.

Dass das „Dach der Stadt" Ziel vieler Ausflüglern ist, kommt nicht von ungefähr. Die Aussicht von dort oben über die Baar bis hin zur Schwäbischen Alb und an Tagen mit besonders guter Fernsicht sogar bis zur Burg Hohenzollern und den Alpen, ist nämlich fantastisch. Nicht von ungefähr führen hier sowohl der Radwanderweg Baden-Württemberg, als auch der Querweg Schwarzwald-Kaiserstuhl-Rhein und der Wanderweg Main-Neckar-Rhein hindurch.

Da ist es natürlich ideal, dass in Herzogenweiler inzwischen auch wieder der Gasthof eröffnet hat. Ritter heißt das Lokal heute, das sich binnen kurzer Zeit zu einem überaus beliebten Ausflugsziel entwickelt hat, in dem es sich nicht nur einkehren, sondern auch übernachten lässt.

Schon von Weitem sichtbar und das „Wahrzeichen" Marbachs: die zeltförmigen Terra-Wohnpark-Anlage.

Marbach

In vielen kleinen Gemeinden ist meist die Kirche das weithin prägende Gebäude. In Marbach ist das anders. Zwar hat man mit der katholischen und evangelischen Kirche gleich zwei Gotteshäuser, doch architektonisch sind hier ganz sicher die schon von weitem sichtbaren vier Zeltdachhäuser der Terra-Wohnanlage prägend. Hoch oben am Hang blicken sie mit ihren 170 Wohneinheiten weit hinaus ins Land und sind zum Wahrzeichen des Ortes geworden. Gerade diese Wohnanlage dokumentiert, wie sehr sich Marbach vom einst bäuerlich geprägten Dorf zu einer bevölkerungsmäßig stark zunehmenden Wohngemeinde entwickelt hat. Knappe 2100 Einwohner zählt das Marbach von heute, fast vier Mal so viel als noch 1950.

Urkundlich wurde es erstmals um 1200 erwähnt. Die Klöster aus St.

Menschen   Millionen mit dem Puck

Dennis Seidenberg mit dem berühmtesten Pokal, den es im Eishockey gibt: dem Stanley-Cup.

In Villingen wurde er geboren, im kleinen Marbach ist er aufgewachsen und heute im Eishockey ein richtig Großer: Dennis Seidenberg. 2011 wurde der Verteidiger mit den Boston Bruins Meister in der besten Liga der Welt, der National Hockey League (NHL) in Übersee. Er gewann damit den Stanley-Cup, die begehrteste Trophäe, die im Eishockey vergeben wird. Seidenberg entstammt dem Nachwuchs des ERC Schwenningen. Der inzwischen 37-Jährige hatte zuletzt ein aktuelles Jahresgehalt von vier Millionen Dollar.

Neben Uwe Krupp ist er der einzige Deutsche, der je den Stanley-Cup gewonnen hat. Mit der Nationalmannschaft war der 1,84 Meter große und 95 Kilogramm schwere Abwehrmann unter anderem bei drei Olympischen Spielen am Start.

Gallen und Amtenhausen hatten hier Besitzrechte. Später war es ein Dependenz-Ort Villingens, an den auch Steuern und Abgaben entrichtet werden mussten. Dies offenbar nicht zu knapp, denn als es während des letztlich gescheiterten Bauernkrieges gegen die Villinger ging, war Marbach eines der Zentren der Aufständischen.

Am 1. Januar 1974 schloss sich Marbach im Zuge der Verwaltungsreform Villingen-Schwenningen an, wobei im Vorfeld im Ort heftig darüber gestritten worden war, wen man sich denn als Partner für die Zukunft aussuchen sollte: Brigachtal oder Villingen-Schwenningen. Im Gemeinderat votierte eine Mehrheit für Brigachtal, bei einer Volksbefragung dagegen über 70 Prozent für Villingen-Schwenningen. Doch was galt nun? Das Innenministerium in Stuttgart schuf Klarheit, stufte die Bürgerbefragung höher ein, als den Gemeinderatsbeschluss. Marbach kam zu VS.

Der Ort weist einige Besonderheiten auf. So liegt er mit der Brigach und dem Talbach an zwei Gewässern, die in völlig andere Richtungen entwässern. Während die Brigach in Donaueschingen mit der Breg die Donau zuweg bringt, fließt der Talbach ins Schwenninger Moos und speist damit letztlich den Neckar, der in den Rhein mündet.

Die andere Geschichte ist baulicher Art, gerade mal 3,80 Meter groß und wegen der geringen Größe schon fast eine Berühmtheit. Wir reden vom Kirchturm der evangelischen Versöhnungskirche, die 1969 eingeweiht wurde. Er soll – bis heute hat sich jedenfalls noch niemand getraut zu widersprechen – der kleinste Kirchturm der Welt sein. Sehenswert ist er auf jeden Fall, wie überhaupt das evangelische Gotteshaus architektonisch sehr pfiffig gestaltet ist.

Wer hätte das gedacht: Die evangelische Kirche in Marbach hat den kleinsten Kirchturm der Welt.

Wesentlich älter und natürlich auch mit einem viel höheren Turm präsentiert sich die dem heiligen Jakobus geweihte katholische Kirche. 1755 errichtet, wird sie heute von Pilgern, die auf dem Jakobsweg unterwegs sind, gerne besucht.

Noch etwas Besonderes hat Marbach aufzuweisen: zwei Bahnhöfe. Und zwar „Ost" und „West". Mit dem Start des Ringzugs kamen sie zu neuen Ehren, wobei das Dorf einst einmal sogar drei Bahnhöfe hatte. Das war zu den Zeiten, als Marbach auch noch an der Bahnlinie Villingen-Bad Dürrheim lag, die 1966 stillgelegt wurde. Spuren der Trasse finden sich noch heute. Es gibt Bahnexperten, die behaupten, dass Marbach damals im Verhältnis der Bahnhofszahl zur Einwohnerzahl den deutschen „Bahnhofsrekord" gehalten habe. Ob's stimmt? Wir recherchieren noch...

Bekannt ist Marbach für sein reges Vereinsleben und den jährlichen großen Narrenumzug der Talbachhexen. Ja, und da ist da auch noch der Eishockeystar Denis Seidenberg, der Millionen im Eishockeyland Kanada verdient (Menschen, Seite 92).

Blick auf Mühlhausen mit seiner ländlichen Idylle.

Mühlhausen

Also das, was die Mühlhausener in ihrem im Mühlbachtal gelegenen Dorf hinbekommen haben, muss ihnen erst einmal jemand nachmachen. Vom Freundeskreis Mühlhausen, einer Vereinigung engagierter Bürger, gingen die Impulse aus, die den kleinen Ort für all diejenigen, die auch nur ein bisschen daran interessiert sind, „wie Dorf in alten Zeiten ging" zu einem absoluten Muss machen.

Wohl nirgendwo sonst im Kreis wurde so großen Wert auf den Erhalt und die Wiederherstellung der dörflichen Strukturen Wert gelegt, wie gerade hier. Und wohl nirgendwo sonst können auf so kleinem Fleck so viele Einrichtungen aus alten bäuerlichen Zeiten bewundert werden. Vor allem: Die stehen nicht nur so herum. Nein, sie sind dank des großartigen Einsatzes der Bürger sogar funktionstüchtig.

Der kleine Ort mit seinen rund 750 Einwohnern hat nicht „nur" ein wirklich liebevoll eingerichtetes Bauernmuseum, das mit seinen vielen Exponaten einen großartigen Einblick in die oft so mühsame landwirtschaftliche Tätigkeit in früheren Zeiten

ermöglicht. Nein, da gibt es gleich ein ganzes bäuerliches Ensemble. So steht an der Stelle, wo einst die Gips- und Ölmühle ihr Plätzchen hatte, heute das Backhaus und die „Moschte", die historische Schnapsbrennerei des Ortes aus dem 19. Jahrhundert. Nur ein paar Meter weiter dann das Göpelhaus, Mühlhausens gute Stube, ideal für Feste und andere Veranstaltungen. Stark auch die alte Schmiede und natürlich die Mühle mit Stauweiher, Wasserrad und einem funktionsfähigen Mahlgang. Dies noch ergänzt von einer Ölmühle mit einer Technik aus dem Jahr 1910.

Ein Schmuckstück ist auch die Kirche St. Georg mit ihrem gotischem Chor und dem Turm aus dem Jahre 1715 und die Häuser, die sich um das Gotteshaus gruppieren. Das alte Pfarrhaus, das ehemalige Schul- und Rathaus, das Bauernmuseum und der Wettebuurschopf", ein ale-

mannischer Bohlenbau aus der Zeit um 1700. Und schließlich gibt es da auch noch einen richtigen Bauerngarten.

Vielleicht gehen Sie mal freitags in den schmucken Ort, wenn dort Woche für Woche Bauernmarkt ist oder am Pfingstmontag, wenn beim Mühlentag die Mühlen klappern. Wer dort ist, der sollte sich auch etwas außerhalb des Ortes umsehen. Mit der Halde und dem Teufelsloch gibt es nämlich gleich zwei herrliche Naturschutzgebiete, die insbesondere für ihre Wachholderheiden berühmt sind.

Aber täuschen Sie sich nicht! In Mühlhausen ist zwar viel und aber beileibe nicht nur Vergangenheit daheim. Längst ist der Ort zu einer beliebten Wohngemeinde geworden und am Ortsausgang Richtung Schwenningen findet sich mit der „Lache" ein größeres Gewerbegebiet mit vielen Arbeitsplätzen.

G`schichtle   St. Georgen brennt in Mühlhausen

Dramatik in Mühlhausen: St. Georgen beginnt zu brennen.

„Funkenflug" hieß der begeistert gefeierte Film, mit dem die aus Oberkirnach stammende Regisseurin Stephanie Kiewel 2015 den Stadtbrand St. Georgens von 1865 dokumentierte. Die Bühne dafür war aber nicht St. Georgen, sondern Mühlhausen mit seiner historischen Ortsmitte. Hier wurden die entscheidenden Szenen gedreht, hier brach das Feuer aus. Tagelang lag über Mühlhausen ein Hauch von Hollywood. Die Regisseurin damals: „Einen besseren Ort für die Dreharbeiten wie Mühlhausen hätten wir nicht finden können."

Idyllisch: Obereschachs Mitte.

Obereschach

Wer nach Obereschach kommt, dem fällt natürlich zuerst die vom Kirchberg mit ihrem schmucken Zwiebelturm weit hinaus ins Land grüßende St. Ulrich-Kirche auf. Ein richtiger Hingucker. Doch beim so kurz mal von außen Anschauen sollte es man nicht belassen. Im Innern ist das Gotteshaus nämlich ein großartiges Barockjuwel. Die Altäre, die Kanzel, alles Arbeiten des berühmten Villinger Bildhauers Johann Anton Schupp. Dann die Orgel: 19 Register, 1160 Pfeifen, ein richtiges Klangwunder. Erbaut wurde die Kirche 1820; die prächtigen Kunstwerke standen früher fast alle in anderen Kirchen und Klöstern. Zum Beispiel in Villingen oder in Bräunlingen. In Obereschach bilden sie eine neue, eindrucksvolle Symbiose. So, als hätten sie schon immer zusammengehört.

Natürlich war Obereschach vor dem Neubau des Gotteshauses nicht kirchenlos. Ursprung war im frühen

---

Menschen — Der Abt aus Obereschach

Kein anderer Obereschacher hatte je auch nur annähernd so viel Macht und Einfluss wie der Mann, der hier am 16. Oktober 1748 geboren wurde: Berthold Rottler.

Der Obereschacher studierte zunächst Theologie und machte dann in der katholischen Kirche eine ganz große Karriere, die 1801 mit der Wahl zum Abt des Klosters St. Blasien ihren Höhepunkt fand.

Das hatte neben einer geistlichen auch eine riesige wirtschaftliche Dimension. Der Besitz des Klosters wurde damals auf knapp 16 Millionen Gulden taxiert. Nur mal so zum Vergleich: Heute wären das mehrere Milliarden Euro.

Rottler war der letzte Abt in St. Blasien. Wie viele andere wurde auch das Kloster in St. Blasien 1807 aufgelöst. Vergeblich hatte er sich bis zuletzt vehement dagegen gestemmt. Schließlich zog er mit rund 40 Mönchen, sowie den vielen Büchern und Kunstschätzen des Klosters nach Österreich, wo ihm Kaiser Franz I. persönlich das seit 1787 verlassene Stift St. Paul im Lavanttal überließ. Schon ein paar

Kaiser Franz I. übergibt 1809 das Stift St. Paul im Lavanttal an Abt Berthold Rottler.

Jahre vorher hatte er einen großen Teil der Kunstschätze und Bücher der Abtei heimlich in die Schweiz bringen lassen, um sie vor dem Zugriff des Staates zu schützen. Für manche Dinge waren die Schweiz eben schon in alten Zeiten eine gute Adresse... Rottler starb 1826 in St. Paul und wurde auf dem dortigen Friedhof beigesetzt.

13. Jahrhundert einc Kapelle, die den vielen Pilgern auf ihrem Weg zum Dreifaltigkeitsberg bei Spaichingen als willkommene Zwischenstation zur seelischen und körperliche Erholung diente. Apropos Kapellen: Von der Frömmigkeit des Ortes zeugen noch heute zahlreiche Kapellen, Bildstöcke und Feldkreuze, mit denen die Landwirte um gutes Wetter und reiche Ernte baten.

Dass es sich hier gut leben lässt, hatten schon die alten Alemannen bemerkt. Die begannen nämlich ab dem 7. Jahrhundert sich hier anzusiedeln. Der Beweis sind alte Gräber, die im Gewann Ebenhausen gefunden wurden. 1269 wurde Obereschach dann auch urkundlich erstmals erwähnt. Über 400 Jahre war der im oberen Eschachtal gelegene Ort eine Dependance der Johanniterkommende von Villingen. Zu den großartigen Spuren aus alten Zeiten gehört der Johanniterhof im Zentrum des Ortes.

Von einem früher nahezu ausschließlich landwirtschaftlich geprägten Ort hat sich Obereschach zu einer sehr beliebten Wohngemeinde entwickelt, die aber auch auf eine gesunde Gewerbe-, Handels- und Industriestruktur verweisen kann. Zunehmend spielt im nördlichsten Stadtbezirk Villingen-Schwenningens auch der Fremdenverkehr eine Rolle. Schließlich haben die Obereschacher mit ihrer idyllischen Lage, den vielen Freizeitmöglichkeiten und der weithin bekannten Gastronomie dafür allerbeste Voraussetzungen. Runde 1700 Einwohner leben heute in dem Ort, der seit 1971 zu Villingen-Schwenningen gehört. Zu ihnen gehört mit Klaus Weiß auch ein ganz bekannter Sportler (Menschen).

Menschen — Das Ass auf Langlaufskiern

Dieses Bild ist typisch. Klaus Weiß ist auf Langlaufski (fast) immer vorne dran, igleich mehrfacher Weltmeister.

einer der erfolgreichsten Sportler, die der Schwarzwald-Baar-Kreis hat. Gleich mehrfach stand er im Einzel und mit der Staffel bei den Nordischen Skiweltmeisterschaften der Senioren auf dem obersten Treppchen. Über 20 WM-Medaillen hängen bei ihm in Obereschach. Goldene, silberne, bronzene. Er gewann den berühmten Rucksacklauf von Schonach an den Belchen genauso, wie viele deutsche Meisterschaften. Der Mann ist ein Phänomen, Jahrgang 1944. Einer der Sport lebt. Übrigens auch beruflich. In Obereschach betreibt er ein Sportgeschäft.

Wenn er Langlaufskier am Fuß hat, dann ist er nicht mehr zu halten, dann geht's rund: Er läuft und läuft und läuft und lässt die anderen meist hinter sich. Die Rede ist vom Obereschacher Klaus Weiß. Der Mann hat es ganz einfach drauf, ist

Blick auf Pfaffenweiler.

Pfaffenweiler

Rund 2250 Menschen leben heute in Pfaffenweiler. Damit ist der Ort einwohnermäßig noch vor Marbach die Nummer eins unter den ländlichen Stadtbezirken Villingen-Schwenningens.

Mit dem freiwilligen Anschluss an Villingen-Schwenningen im Jahre 1972 orientierten sich die Einwohner im Prinzip an den alten Zeiten. Schon

Markant in Pfaffenweiler: der Kirchturm.

früher hatte man nämlich zeitweise zu dem großen Nachbarn Villingen gehört.

In ganz alten Zeiten bildeten Herzogenweiler und Pfaffenweiler noch ein gemeinsames Weiler, ehe eine Schenkung dafür sorgte, dass die unterschiedlichen Besitzverhältnisse auch zu unterschiedlichen Namen führten. Der obere Ort hieß Herzogenweiler, der untere Pfaffenweiler. Erstmals tauchte der Name um 1200 in Urkunden auf. Sogar eine Kirche gab es damals schon. Die heutige Dreifaltigkeitskirche wurde 1966 erbaut. Vom Vorgängerbau, der um 1720 errichtet worden war, blieb nur

der Turm. Er wurde in den Kirchenneubau integriert. Im Gotteshaus hängt ein Kreuz an Ketten von der Decke herab, das aus dem 17. Jahrhundert stammt.

Das zwischen dem Wolfbach und dem Wieselsbach gelegene Dorf ist vor allem für seine Nähe zu zwei Gebieten bekannt. Da ist natürlich zuvorderst der Magdalenenberg, der als größter keltischer Grabhügel in Mitteleuropa Berühmtheit erlangte. Hingehen sollten Sie auf jeden Fall. Tafeln informieren über den geschichtsträchtigen Ort und die alte, knorrige, große Eiche des Magdalenenbergs, ein Naturdenkmal, blickt einsam ins Land. Sie kommt deshalb mit ihrer eindrucksvollen Krone und dem mächtigen Stamm besonders gut zur Geltung.

„Hier, schaut mich an", scheint sie zu sagen. Wie vielen Stürmen und Unbilden der Witterung mag dieser Baum da oben bereits getrotzt haben. Dann ist da noch auf Pfaffenweiler Gemarkung, sozusagen in direkter Nachbarschaft zum Magdalenenberg, auch noch das Tannhörnle. Ein Naturschutzgebiet mit einer beeindruckenden Flora und Fauna. Eine der heute so raren Hutelandschaften. Entstanden durch jahrhundertelange extensive Beweidung ist sie zur Heimat für seltene Arten Orchideen und Enziane geworden.

Noch für etwas ist Pfaffenweiler besonders bekannt: für seine jährlichen Volkswandertage, die immer wieder viele Menschen mit ihren tollen Strecken begeistern.

Schmuck: das Rathaus im Ortszentrum von Rietheim.

Rietheim

Rietheim liegt sozusagen unmittelbar vor den Toren Villingens. So ist es denn auch kein Wunder, dass die Geschichte des Ortes auf das engste mit dem großen Nachbarn verbunden ist. 1094 wurde es erstmals urkundlich erwähnt. Die Kloster von Sankt Gallen und Salem hatten hier Besitzungen. Doch schon 1326 kam das Dorf zusammen mit der Herrschaft Warenberg zu Österreich und wurde fortan von Villingen beherrscht.

Nicht immer waren die Beziehungen mit dem großen Nachbarn problemlos. Im Bauernkrieg erhoben sich die Rietheimer zusammen mit anderen Bauern aus der Region gegen die Villinger Herrschaft, von der sie sich unterdrückt und ausgenommen fühlten. Der Anführer der Bauern hieß Oswald Meder und kam aus Rietheim. Der Aufstand scheitert.

Auch im 30-jährigen Krieg und im spanischen Erbfolgekrieg wurde das Dorf schwer heimgesucht. Aber es rappelte sich immer wieder auf. Im 19. Jahrhundert entdeckt ein Promi den Ort: Viktor von Scheffel (Men- schen, Seite 134). Scheffel war in der Zeit, als er Hofbibliothekar im Fürstenhaus in Donaueschingen war, nicht nur gerne in der Linde zu Achdorf, sondern auch in Rietheim im Löwen, wo er sich als richtiger Fan des dort ausgeschenkten Glottertäler Weins entpuppte.

Das landschaftlich reizvoll im Tal des Wolfsbachs und der Brigach liegende Rietheim von heute ist ein sehr beliebter Wohnort mit einer hübschen, kleinen Kirche, deren barocker Chor 1709 errichtet wurde. Der das Gebäude prägende Turm kam allerdings erst zwischen 1906 und 1909 dazu.

Seit 1972 ist Rietheim ein Stadtbezirk von VS, und zählt rund 1050 Einwohner, wobei sich die Zahl der Bewohner seit der Eingemeindung nahezu verdoppelt hat. Wer auch die Umgebung Rietheims erkunden möchte, dem sei der landwirtschaftliche Lehrpfad zum Laiblewald und zum Magdalenenberg ans Herz gelegt. Er verbindet auf interessante Weise das Wandern mit Informationen über Geschichte, Heimatkunde, Landschaft und Natur.

… und das kleine Kirchlein.

Der südlichste Stadtbezirk von Villingen-Schwenningen, Tannheim, im winterlichen Kleid.

Tannheim

„Tannheim, das hab' ich doch schon mal gehört", denken Sie jetzt vielleicht. Bestimmt sogar. Der prominenteste Sohn der Tannheimer, auf den man auch mächtig stolz ist, ist natürlich Martin Schmitt. Der ehemalige Skispringer ist Villingen-Schwenningens erfolgreichster Sportler aller Zeiten. (Menschen, Seite 102). Vielleicht ist Ihnen Tannheim

Menschen — **Der „Adler" aus Tannheim**

„Überflieger" aus Tannheim: Martin Schmitt.

Er war populär, wie nur wenige Sportler. Wenn er über die Schanzen flog, drückten ihm Millionen Fernsehzuschauer ganz fest die Daumen. „Ziiiieeh" schrien seine Fans in den Skiprungarenen der Welt. Und er zog – genauer gesagt sprang – oft allen davon: Martin Schmitt, der Skisprungstar aus Tannheim. 1978 wurde er dort geboren und er wurde einer der besten Skispringer der Welt. Schmitt, der für den Skiclub Furtwangen startete, feierte 28 Weltcupsiege und gewann in den Jahren 1998/99 und 1999/2000 zwei Mal den Gesamtweltcup. Bei nordischen Ski-Weltmeisterschaften konnte er insgesamt zehn Medaillen gewinnen, darunter vier WM-Titel; bei Olympischen Spielen gewann er einmal Gold und zweimal Silber, jeweils im Teamspringen, bei Skiflug-Weltmeisterschaften holte er einmal Silber. 1999 wurde er zu Deutschlands „Sportler des Jahres" gewählt. Bei den Frauen war damals die Tennisspielerin Steffi Graf vorne. Klar, dass man in Tannheim auf den Martin stolz war (und ist) und dies auch zeigte. Zum Beispiel mit der Gründung eines Martin-Schmitt-Fanclubs. Schmitt beendete seine Karriere 2014. Er ist bis heute der mit Abstand erfolgreichste Sportler, den Villingen-Schwenningen je hatte.

aber auch als Sitz der Nachsorge-klinik für krebs- und mukoviszidose-kranke Kinder ein Begriff. Eine Klinik mit 145 Betten, 1997 eingeweiht und mit Spendengeldern finanziert. Für die Klinik und deren kleine Patienten machten und machen sich viele stark. Martin Schmitt, die Schauspieler der Fernsehserie „Die Fallers" oder der Fußball-Bundesligist VfB Stuttgart zum Beispiel, um nur mal einige von vielen zu nennen.

Tannheim selbst ist Villingen-Schwenningens südlichster Stadtbezirk und zählt heute rund 1300 Einwohner. Das Dorf zeichnet sich durch einen großen Freizeitwert aus. Sogar ein Freibad gibt es in Tannheim dank des großen Engagements von Bürgern noch.

Schöne Wanderungen und Spa-ziergänge führen zur Ruine Zindel-stein, zum Wolterdinger Weiher oder zum Plattenmoos, einem unter Naturschutz stehenden Hochmoor mit seiner seltenen Flora und Fauna. Apropos Plattenmoos: Dort wurde bis 1930 Torf als Brennmaterial abgebaut. Zu den besten Kunden gehörte in jenen Zeiten die Saline in Bad Dürrheim.

Die erste urkundliche Erwähnung des Ortes stammt aus dem Jahre 817. Über viele Jahrhunderte hinweg war Tannheim der Sitz eines Pauli-nenklosters (1353 bis 1803). Es wurde an der Stelle gebaut, an der zuvor der Selige Cuno als Eremit gelebt haben soll (G'schichtle). Bauliche Überreste der zwischenzeitlich abgebrannten Klostergebäude wurden 1898 für den Bau der neogotische Pfarrkirche St. Gallus in der Ortsmitte verwendet.

In Tannheim gibt es auch eine hoch interessante Heimatstube mit vielen beachtenswerten Ausstellungsstücken zur Kloster- und Ortsgeschichte.

Auf ihr Freibad sind die Tannheimer ganz besonders stolz.

Menschen   Cuno, der Schweiger

So ganz viele werden den seligen Cono vielleicht nicht kennen. In Tannheim sieht dies indes anders aus. Dort wird er bis heute noch sehr verehrt. Der selige Cuno war ein Eremit, der der Überlieferung nach in Tannheim an der Stelle gelebt haben soll, an der später das Paulinerkloster errichtet wurde. Die Menschen nannten den Eremiten „Cuno, der Schweiger". Den Beinamen hatte erhalten, weil er 17 Jahre ununterbrochen geschwiegen haben soll. Sogar zum Kardinal wollte die Kirche den Tannheimer einst ma-chen, doch Cuno wollte partout nicht., ließ sich nicht einmal da das Wörtchen ja entlocken.

In der Klosterkirche soll er letztlich beigesetzt worden sein. Als das Gotteshaus 1898 abgerissen wurde, hoffte man vergeblich darauf, das Grab zu entdecken. In der St. Gallus-Kirche erinnert heute eine Tafel an den Seligen und in der Heimatstube gibt es mehrere Ausstellungsstücke, die die Verehrung für Cuno deutlich machen, der unter anderem bei Krankheiten wie Rachitis oder Brüchen angerufen wird.

Der heilige St. Otmar ist in Weigheim eine große „Nummer". Er gab nicht nur der Kirche den Namen, sondern ziert auch den Dorfbrunnen.

Weigheim

„Älter wie wir ist keiner". Niemand in der Stadt Villingen-Schwenningen kann den Weigheimern da widersprechen. Kein anderer Stadtbezirk – auch die beiden großen Villingen und Schwenningen nicht – wurden schließlich urkundlich früher erwähnt. Weigheim tauchte 763 als Wicaheim erstmals in den Akten auf. Villingen und Schwenningen folgten erst 817. Ganz abgesehen davon, dass man als „Vor-Weigheim" einst altes alemannisches Siedlungsland war.

Noch eine Besonderheit hat Weigheim. Es ist der östlichste aller VS-Stadtbezirke. „In Weigheim", so sagen die Einheimischen deshalb verschmitzt, „geht die Sonne auf". Auch da wird ihnen in VS niemand widersprechen können und schon gar nicht wollen. Dass die Sonne dafür abends ein ganz kleines bisschen früher untergeht, was soll's! So etwas steckt man in Weigheim locker weg.

Über viele Jahre hinweg hatte das Kloster St. Gallen Besitzrechte im Dorf. Das erklärt dann auch, warum der Heilige St. Otmar in Weigheim so präsent ist. Er gab der Kirche ihren Namen; er ist auch im Gotteshaus nicht zu übersehen und er ziert den bei der Kirche 1987 errichteten neuen Brunnen. Die Kirche selbst wurde 1753 nach einem Brand neu erbaut, 1891 verlängert und auf den von der Vorgängerkirche stammenden Turm aus dem Jahr 1694 noch ein weiterer Stock draufgesetzt. Größte Kostbarkeit der Kirche ist eine Kirchenglocke aus dem Jahr 1756 mit einem Relief, auf dem St. Otmar und die Himmelskönigin vor der Kirche zu sehen sind.

Aber es gibt in Weigheim noch ein kleines Kirchlein. Oben, am südöstlichen Rand, grüßt die St. Wendelins-Kapelle. Sie wurde im Jahr 1861 eingeweiht. Bevor jemand sagt, hier sei eine falsche Zahl geschrieben: Die Jahreszahl 1862 an der gusseisernen Tür bezieht sich nicht auf die Einweihung der Kapelle, sondern lediglich auf die Fertigstellung der Tür. Errichtet wurde die Kapelle zum Schutz vor Viehseuchen, wie sie Weigheim immer wieder mal heimgesucht hatten.

Nein, leicht hatten es die Weig-

Na so was

Die Schlangen von Weigheim

Sie kennen das Unternehmen M&S Reptilien nicht? Nein? Nun, dann haben Sie – bislang wenigstens – wohl noch nie etwas mit Schlangen, Echsen, Spinnen oder Kröten zu tun gehabt. Von den Tierchen leben in Weigheim jedenfalls mehr als Menschen. Doch keine Angst, noch nie ist eines „durchgegangen"; noch nie hat es in dieser Richtung irgendwelche Probleme gegeben.

Chef des Unternehmens ist Stefan Broghammer, der weltweit als einer der größten Experten in Terraristik gilt. Er hat Bücher geschrieben, Fernsehauftritte hinter sich und, und, und. In Weigheim betreibt er ein 1200 Quadratmeter großes Geschäft und hat ein 1000 Quadratmeter großes Lager. Wussten Sie, dass es in dem Ort die größte Phytonzucht von ganz Europa gibt? Eine Phytonart ist sogar nach dem Firmenchef benannt, heißt „broghammerus reticulatus". Rund 3000 Schlangen, 400 Echsen und 300 Schildkröten hat Broghammer auf Lager. Falls Sie möglicherweise doch eher auf Vogelspinnen abfahren – kein Problem. Natürlich gibt es auch die in Weigheim. M&S Reptilien beschäftigt in Weigheim über 20 Mitarbeiter, gehört damit weltweit zu den Größten seiner Zunft.

heimer in ihrer Geschichte nicht. Kriegerische Auseinandersetzungen wie die Bauernkriege oder der 30-jährige Krieg brachten Tod, Not und Elend über den Ort. Brände, Miss-ernten und auch die Pest machten vor dem Ort auf der Baar ebenfalls nicht halt. Von 1317 bis 1805 war das Dorf im Besitz der Johanniter-kommende zu Villingen.

War Weigheim ursprünglich ein reines Bauerndorf, wurde es mit Be-ginn des 20. Jahrhunderts von einen Strukturwandel erfasst. Viele Weig-heimer gingen in die boomenden Industriebetriebe nach Schwennin-gen und Trossingen zum Arbeiten und schon bald siedelten sich auch hier die ersten Unternehmen vor al-lem auch aus dem Bereich der Uh-renindustrie an. Übrig ist davon heute fast nichts mehr.

Weigheim hat sich längst zu einer attraktiven Wohngemeinde geworden und übte beispielsweise mit seiner attraktiven Lage vor allem auch auf viele Schwenninger eine magische Anziehungskraft aus, die hier eine neue Heimat fanden.

Vielleicht waren es gerade sie, die in der Abstimmung, ob man denn nun nach Trossingen oder Villingen-Schwenningen eingemeindet werden wolle, die entscheidenden Stimmen zugunsten von VS gaben. Seit 1975 ist Weigheim Teil der Doppelstadt. Die wohl größte Errungenschaft seit der Eingemeindung ist die neue Turn- und Festhalle.

Weilersbach

Auf den ersten Blick ist in Wei-lersbach dann doch nicht gar so viel los. Aber eben nur auf den ersten Blick. Tag für Tag strömen Tausende von Menschen nach Weilersbach zum Einkaufen. Hier befindet sich schließlich das größte Einkaufszen-trum der Stadt Villingen-Schwennin-gen.

Doch bevor Sie sich jetzt auch gleich ins Auto setzen und zum Shoppen in das liebliche Dorf wollen – erst mal langsam. Schocken Sie uns die dann doch eher etwas die Ruhe gewohnten Weilersbacher nicht mit einer ihren Kernort überrollenden Blechlawine. Fahren Sie auf Herde-nen – dorthin, wo der mächtige Pylon des Schwarzwald-Baar-Centers lockt. Auch hier sind sie in Weilersbach, denn – und das ist nun mal sicher – das Einkaufszentrum samt Baumarkt und was sich dort sonst noch so alles auf der grünen Wiese ange-siedelt hat, befindet sich auf Wei-lersbacher Gemarkung. Das Areal war sozusagen die Mitgift, die die Weilersbacher bei der Eingemein-dung nach Villingen-Schwenningen in die Ehe eingebracht haben.

Dabei wollte man in Weilersbach doch viel, viel lieber ledig bleiben. Bei einer Bürgeranhörung votierten jedenfalls die Bürger gegen einen Anschluss an Villingen-Schwennin-gen und auch der Gemeinderat war dagegen. Letztlich musste man sich

---

| G`schichtle | Ein kleiner Ort und seine Brauerei |

Das Weilersbach von heute hat etwas, um was sie viele Dörfer be-neiden dürften: eine richtige Braue-rei. Klein ist sie, aber oho. Gebraut wird im Wirtshaus Hader Karle, ei-nem wirklich urigen Lokal, in dem es sich gut essen und auch richtig feiern lässt und das inzwischen weit über Weilersbach hinaus be-kannt ist.

Dem „Brauereichef" und Wirt des Hauses, Karl Fleig, macht das Brauen jedenfalls richtig Spaß. Und das wichtigste: Den Gästen schmeckt der Gerstensaft aus dem Hause Hader Karle richtig gut.

Weilersbach - ein schmucker Ort mit der Kirche als prägendem Gebäude. Nicht von ungefähr ist das Dorf heute auch eine beliebte Wohngemeinde.

dann der Realität beugen. Man war einwohnermäßig ein ganzes Stück zu klein, hatte damals nicht einmal 1000 Einwohner. Vorbei war es 1975 mit der Selbstständigkeit.

Urkundlich wurde Weilersbach 764 zum ersten Mal erwähnt. Der Ortsadel, die Klöster St. Gallen und St. Georgen, später auch die Grafen zu Fürstenberg als Patronatsherren, die Gotteshaus-Bruderschaft zu Rottweil (1509-1803), das Kloster Salem, sowie die Franziskaner- und Johanniterkommende zu Villingen hatten früher Besitzrechte.

Der Ort selbst war landwirtschaftlich geprägt und machte auch sehr schwere Zeiten durch. Zeiten, die die Menschen verzweifeln ließen und sie dazu brachten, ihr Heimatdorf zu verlassen. Im 18. Jahrhundert wird eine große Auswanderungswelle registriert. Bis zu 300 Personen haben damals ihre Heimat verlassen und vor allem in Ungarn ihr neues Glück versucht. Die Einwohnerzahl sank damals auf rund 200. 1834 die ganz große Katastrophe. Ein Feuer wütet im Dorf. Zwei Drittel von Weilersbach brennen. 41 Häuser werden zerstört, drei Menschen sterben. Doch die Weilersbacher bauen ihr Dorf wieder auf. Der heutige historische Kern des Ortes geht auf jene Zeit zurück

1955 konnten die Weilersbacher sich über ihre neue, dem St. Hilarus geweihte Kirche freuen. Die alte war schon lange zu klein gewesen. Schmuck ist es das neue Gotteshaus mit seinem nach oben schlank wirkenden Turm und seinem Altarraum, den es in der jetzigen Form erst seit 2007 gibt. Hübsch ist auch das Käppele auf dem Glöckenberg, eine idyllisch gelegene Kapelle und bis heute viel besucht. Immer am Himmelfahrtstag führt eine Prozession hinauf.

Das Weilersbach von heute hat knapp 1300 Einwohner, ein kleineres Gewerbegebiet, ein reges Vereinsleben und viele Freizeitmöglichkeiten. Und sie haben seit 2001 endlich auch die Turn-und Festhalle, die ihnen im Fusionsvertrag zugesichert worden war.

G`schichtle — Beliebtes Ziel: das Zollhäusle

Es war die Zeit, als es auf der einen Seite noch Württemberg und auf der anderen Seite Baden gab. 1736 wurde hier schließlich eine Zollstation errichtet. Sie war der Ausgangspunkt für den Ort Zollhaus, der zwar nie selbstständig war, sondern immer zu Villingen gehörte, es aber mit der Eröffnung der Bahnlinie Rottweil-Villingen immerhin zu einem eigenen Bahnhaltepunkt brachte.

Später rauschten die Züge dann nur noch durch, doch mit der Schaffung des Ringzugs feierte der „Bahnhof" sein Comeback. Das ist gut so, denn das Zollhaus ist nicht nur ein idealer Ausgangspunkt für Wanderungen wie zum Beispiel zum Schwenninger Moos, zur Neckarquelle, zum Aussichtsturm oder nach Bad Dürrheim, sondern ist auch selbst ein sehr beliebtes Ausflugsziel, was natürlich vor allem mit dem weithin bekannten Cafe-Restaurant Hildebrand zu tun hat, das mit seiner Gastronomie einen herausragenden Ruf genießt und viele Gäste ins Zollhäusle lockt.

Über Fasnet hat die Gockelgilde den Ort mit ihren weithin bekannten Figuren Hahn und Henne und derem lautstarkem „Kikerikiii" fest im Griff. Mit etwas Glück bekommen sie von ihnen bei den Umzügen sogar ein Ei ab. Ja, und dann gibt es aber auch noch den Tag, an dem aus den „Gockelern" plötzlich Zöllner werden (G`schichtle, Seite 109).

G'schichtle — Der Schlagbaum vom Zollhaus

1736: Zwischen dem badischen Villingen und dem württembergischen Schwenningen wird die erste Zollstation eröffnet. 2016: Fast 300 Jahre später ist hier noch (fast) alles wie früher. An der Straße steht an diesem Tag das Wachhäusle, die Durchfahrt ist durch einen Schlagbaum versperrt und Zöllner in ihren schmucken badischen und württembergischen Uniformen walten emsig ihres Amtes.

Na gut, ein paar kleine Unterschiede gibt es zwischen 1736 und 2016 dann doch. Wenn die Zöllner früher die Kutscher mit ihren Pferdefuhrwerken auf die Verordnung des Königs von Württemberg und des Großherzogs von Baden hingewiesen haben, dass hier ohne Wegezoll nichts geht, sind es heute die Autofahrer. Die sind zwar mächtig verdutzt, aber sie zahlen bereitwillig. In aller Regel wenigstens.

Schließlich erfahren sie am Grenzübergang, dass die Zollgebühren nicht der Staatskasse, sondern sozialen Zwecken zukommen und die Dienst schiebenden Zöllner auch nicht in Staatsdiensten, sondern in denen der Gockelgilde, des Narrenvereins aus dem Zollhaus, stehen. Die Zollstation gibt es auch nur einen einzigen Tag im Jahr: Jeweils am Freitag vor Fasnet erinnern die Narren zwischen 12 und 18 Uhr an die alten Grenzzeiten, haben ihren Spaß und tun gleichzeitig noch etwas Gutes. Wer die Geschichte mal live miterleben will: Kein Problem, nichts wie hin das nächste Mal. Aber vergessen Sie ja den Geldbeutel nicht! Sonst wird's nichts mit dem Grenzübertritt. . .

Bad Dürrheim – ein Ort zum Wohlfühlen.

BAD DÜRRHEIM

Es ist schon etwas Besonderes, dieses Bad Dürrheim. Ein Ort mit Superlativen. Es ist nicht nur Europas höchst gelegenes Sole-Heilbad, sondern auch noch der einzige Ort im Schwarzwald, der als Sole-Heilbad, Heilklimatischer Kurort und Kneipp-Kurort gleich mit drei Prädikaten aufwarten kann. Doch auch sonst hat das Städtchen und seine schmucken Ortsteile jede Menge drauf.

Zunächst aber die Geschichte im Schnelldurchlauf: 889 wurde Dürrheim erstmals urkundlich erwähnt.

Erst hatten in dem kleinen Dorf das Adelsgeschlecht der Esel von Dürrheim und dann die Villinger Johanniterkommende das Sagen. 1806 wurde Dürrheim schließlich badisch. So viel zu berichten gab es damals aus dem Ort noch nicht. Dürrheim war ein Bauerndorf, von der Landwirtschaft geprägt.

Doch dann kam er, der 25. Februar 1822. Der Tag, der die Zukunft des kleinen Dorfs auf der Baar bis heute nachhaltig und entscheidend beeinflussen sollte. Bei Probebohrungen wird Salz entdeckt. Die Dürrheimer sind clever, belassen es nicht beim

Verweilen am Salinensee.

Klasse: das Gradierwerk im Kurpark.

Entdecken, sondern nutzen die daraus erwachsenden Chancen konsequent. Nicht nur für die Produktion von Speisesalz, sondern schon bald auch für die Gesundheit.

1921 wird aus Dürrheim das Heilbad Bad Dürrheim und 1974 aus dem Dorf eine Stadt, nachdem man im Zuge einer Verwaltungsreform einwohnermäßig durch die Eingemeindungen der Ostbaargemeinden kräftig zugelegt hatte.

In der Zeit der Verwaltungsreform hatte Bad Dürrheim dabei dem großen Nachbarn Villingen-Schwenningen in Sachen Eingemeindung von vornherein die kalte Schulter gezeigt und sich stattdessen für einen eigenen Weg in die Zukunft entschieden, den auf der Ostbaar die heutigen Ortsteile Biesingen, Hochemmingen, Oberbaldingen, Öfingen, Sunthausen und Unterbaldingen mitgingen. 1987

Bad Dürrheim im Schwarzwald

■ einziger Ort im Schwarzwald mit **Dreifachprädikat** *Sole-Heilbad*, *Heilklimatischer Kurort* und *Kneipp-Kurort*

■ **Kurstadt** und **Gesundheitsstandort** mit acht Kliniken, Wellness- und Gesundheitszentrum Solemar

■ **hohe Wohn- und Lebensqualität**, bedarfsorientierte Betreuungseinrichtungen in allen Ortsteilen, Grundschulen, Werkrealschule und Realschule sowie zahlreiche öffentliche Einrichtungen

■ viele **kulturelle Einrichtungen**
■ buntes und vielfältiges **Veranstaltungsprogramm** mit tollen Highlights

Ein Schmuckstück: das im Weinbrenner-Stil errichtete Gebäude, in dem heute das Bad Dürrheimer Rathaus untergebracht ist.

wurde das Gesundheits- und Wellness-Zentrum Solemar eingeweiht. Das „schönste Meer im Schwarzwald", wie die Dürrheimer sagen. Ein 5-Sterne-Star in der deutschen Badelandschaft. (Extra, Seite 115). 2013 avancierte man auch noch zum Kneippkurort.

Aus dem kleinen Dorf ist also ein bekanntes Heilbad, ein liebenswertes Städtchen mit sechs schmucken Stadtteilen, rund 13.000 Einwohnern und noch viel, viel mehr Gästen im Jahr geworden. Kliniken, Hotels, Gasthöfe, Pensionen, Privatzimmer, ein Feriendorf, ein Campingplatz in Sunthausen und in direkter Nachbarschaft zum Solemar einer der

Extra — Wo das ganze Jahr Fasnacht ist

Hineingehen lohnt sich. Im Narrenschopf erfährt man alles über die Fasnacht.

Die Schwäbisch-Alemannische Fasnacht ist ein großartiges Brauchtum, das Jahr für Jahr jede Menge Menschen in seinen Bann zieht.

Das größte deutsche Museum zur Fasnacht steht in Bad Dürrheim, ist dort im historischen Narrenschopf untergebracht. Hier wird das ganze Jahr über alles rund um dieses Brauchtum erklärt. Besonders gut kommen die vielen Original-Häser der 68 Mitgliedszünfte der Schwäbisch-Alemannischen Narrenvereinigung zur Geltung, die mit ihren kunstvollen Holzmasken, bemalten Gewändern und vielen närrischen Attributen den Besucher ins Staunen versetzen. An die 400 Figuren sind ausgestellt. Einfach stark!

Solemar
Das schönste Meer im Schwarzwald

Sole-Therme
Schwarzwald-Sauna
WellnessCenter
Totes-Meer-Salzgrotte

...und ganz viel Entspannung!

Wellness- und
Gesundheitszentrum
Solemar
Bad Dürrheim

Wellness- und Gesundheitszentrum Solemar
Huberstraße 8 │ 78073 Bad Dürrheim
Tel. +49 77 26 / 66 62 92 │ **www.solemar.de**

Jahr für Jahr ein Riesen-Event in Bad Dürrheim: das Ballonfestival.

Zeit für eine Tasse Kaffee und für ein Stückchen Kuchen.

schönsten und größten Reisemobil-häfen Deutschlands – alles da!

Neben Gesundheit und Wellness gibt es viele weitere Gründe, um in die Kurstadt zu kommen. Überall begegnet der Besucher den Spuren von Dürrheims salziger Geschichte Extra, Seite 118).

Auch im liebevoll gestalteten Heimatmuseum spielt das Salz eine zentrale Rolle. Oder wie wäre es mit einem Spaziergang durch den herrlichen Kurpark, einem Abstecher zum idyllisch gelegenen Salinensee,

einem Besuch des Hallenbades Minara und des dazugehörigen Freibades mit seiner 54-Meter-Rutsche? Oder einem Ausflug in die Welt der Schwäbisch-Alemannischen Fasnet Extra, Seite 112)? Vielleicht werfen Sie auch einen Blick auf den Hänslehof, in dem einst die Johanniter saßen, schauen sich die Bad Dürrheims Zentrum prägende katholische Kirche St. Johann mit ihren herrlichen Glasfenstern und auch die evangelische Kirche an. Sie wurde 1957 von Horst Linde konzipiert und be-

Highlight in Bad Dürrheim: das Wellness- und Gesundheitszentrum. Egal, ob im Solebecken oder beim Aufguss in der neuen Stollensauna – man fühlt sich hier ganz einfach wohl.

Das international preisgekrönte Gesundheits- und Wellnesszentrum Solemar setzt auf die starke Heilkraft der Natur – auf Sole aus Urzeitmeeren in 300 Meter Tiefe. Auf den Körper wirkt sie entlastend, befreiend und stärkend. 13 Innen- und Außenbecken mit bis zu 37 Grad warmer Sole, das MTT-Fitnesscenter, das Wellness-Vital-Center, die Totes-Meer-Salzgrotte und natürlich die Schwarzwaldsauna stellen ein prima Angebot dar.

Die Saunalandschaft wurde erst kürzlich erheblich um die Salinenwelt erweitert. Auf Schritt und Tritt begegnet uns hier das Thema Salz und damit auch Bad Dürrheims „salzige" Geschichte. Herzstück ist natürlich die neue Stollensauna mit Platz für bis zu 70 Personen. Durch die Anlage fließt die Stille Musel, was dem neuen Außenbereich mit seinen Kneipp- und Liegemöglichkeiten einen ganz besonderen Reiz gibt. Toll übrigens auch die neu angelegte Prädikatsallee im Kurpark, auf der man an unter anderem Bekanntschaft mit den verschiedenen Kneipp'schen Anwendungen machen kann.

Einmalig im Ländle ist das neue mächtige Gradierwerk, das sich durch Solemar und Kurpark zieht, von letzterem frei zugänglich ist und die gesunde Salzluft des Meeres auf großartige Weise auch nach Bad Dürrheim holt. Da heißt es tief durchatmen. Spüren Sie, wie gut das tut . . .?

Ein großes Event: der Rothaus-Riderman, der jedes Jahr im September stattfindet. Hier der Start.

eindruckt mit ihrer besonderen Architektur. Ganz abgesehen von den Gebäuden, die unmittelbar mit dem Salz zu tun hatten oder zu tun haben und die wir Ihnen in unserem „Extra" übers Salz etwas näher vorstellen.

Los ist ebenfalls jede Menge. Zu den Highlights gehören die SommerSINNfonie mit berühmten Künstlern oder das große Ballonfestival im September. Ein tolles Bild, wenn die Ballons zu ihren Fahrten aufsteigen oder wenn das Ballonglühen und das großes Feuerwerk Tausende von Besuchern entzücken.

Wenn dann im gleichen Monat die Rennräder surren, ist wieder Riderman-Zeit. Eine international bekannte Radsportveranstaltung, bei der immer weit über 1000 Starter dabei sind. Der Trachtenmarkt, die internationale Fachmesse für Fasnacht, Fasching und Karneval und der Stirnlampenlauf sind weitere Höhepunkte im Jahreslauf.

Biesingen

Mit knapp 450 Einwohnern ist Biesingen der kleinste der Stadtteile. Soll aber keiner sagen, dass die Biesinger nichts zu bieten hätten. Im Gegenteil: So kann das Dorf auf eine wunderbare neugotische Kirche

Die Bohrtürme: markantes Wahrzeichen für Dürrheims salzige Vergangenheit.

Der Abend des 25. Februar 1822: Wohl keiner der Männer dürfte sich bewusst sein, wie bahnbrechend die Entdeckung für das kleine badische Dorf sein wird, die sie soeben bei einer Probebohrung in 122 Meter Tiefe gemacht haben. Sie sind auf ein fünf Meter mächtiges, Millionen Jahre altes Salzlager bester Qualität gestoßen. Es ist der Anfang einer großartigen Erfolgsgeschichte.

Schon bald wird Speisesalz nach Württemberg, Bayern und vor allem in die Schweiz exportiert. Noch heute beherrscht das Ensemble der vom Weinbrennerschüler und Großherzoglich Badischen Baumeister Friedrich Arnold errichteten Soleanlage, in denen barocke Schloss-Architektur und technische Organisationsvorstellungen eine beeindruckende Symbiose eingehen.

In den Gebäuden haben heute Einrichtungen wie das „Haus des Gastes" oder das „Haus des Bürgers" ihr Plätzchen gefunden und das heutige Rathaus diente einst der Verwaltung der Bad Dürrheimer Salin als Unternehmenszentrale.

Ach ja: Wenn Sie sich die beiden schmucken halbrunden Rathausgebäude anschauen: Nicht gleich weitergehen – Ohren spitzen! Vielleicht haben Sie ja Glück. Gleich mehrmals am Tag ertönt ein wunderschönes Glockenspiel.

Doch zurück in die Salzgeschichte: Schon bald erkannte man, dass Salz nicht nur als Speisesalz ein wirtschaftlicher Faktor sein kann, sondern dass die Sole auch der Gesundheit gut tut. Bereits 1851 wurde die erste Solebadeanstalt eingerichtet, die ersten 384 Bäder verabreicht. 1913 waren es schon 82.933 Bäder und 1921 wurde die Stadt zum Sole-Heilbad ernannt.

Nicht so gut lief es dagegen mit der Saline. 1972 musste der Betrieb eingestellt werden. Er lohnte sich nicht mehr. Salzlose Zeiten brachen dennoch nicht an. Es wurde und wird weiter gebohrt und so letztlich die Sole gewonnen, mit der die Kliniken und das Solemar versorgt werden.

verweisen. Das evangelische Gotteshaus ist das Schmuckstück des
Ortes. Errichtet wurde es im Jahre
1902, nachdem die aus dem 17.
Jahrhundert stammende Vorgängerkirche abgebrannt war. Ja, und da
ist dann noch der mächtige Altvogts-
hof. „'s groß Hus" nennen die Biesinger schon fast liebevoll den markanten Bau von 1738 am hübschen
Dorfplatz. Zum dörflichen Charakter
Biesingens gehört auch das Back-
häusl. Das Mehl, das dort an den
Backtagen verwendet wird, kommt
natürlich aus dem Ort. Schließlich
gibt es hier bis heute eine kleine,
aber feine Mühle,

Für noch etwas ist Biesingen bekannt: Legt man die Einwohnerzahl
des Ortes zugrunde, mischen die
Biesinger im Vergleich der pro Einwohner erzeugten Solarenergie sogar
bundesweit ganz weit vorne mit.
Den Biesingern einfach mal aufs
Dach schauen. Sie werden staunen,

Seit 1883 plätschert dieser Brunnen im Biesinger Ortskern.

wie viele Solardächer es hier gibt!

Ganz schön alt ist der Ort auf der
Ostbaar auch. Er wurde erstmals
759 in einer Schenkungsurkunde
des Klosters St. Gallen erwähnt. Damit haben die Biesinger in Sachen
Alter in der heutigen Kur- und Bä-
derstadt die Nase vorne. Kein anderer Stadtteil wurde nämlich früher
urkundlich erwähnt. Am 1. September
1971 wurde Biesingen nach Bad
Dürrheim eingemeindet.

Im Zentrum Hochemmingens: die Kirche.

Hochemmingen

Auf den ersten Blick scheint Hochemmingen der jüngste der Dürrheimer Stadtteile zu sein. Immerhin dauerte es bis 1113, ehe er urkundlich erwähnt wurde. Damals überließ der Freiherr von Hochemmingen dem Kloster St. Blasien einen Fronhof. 1307 dann sorgte die Liebe – vielleicht war es aber auch nur pure Berechnung – dass der Hof durch eine Heirat an das Haus Fürstenberg fiel. Fortan hatte das Fürstenhaus hier das Sagen. Mit den napoleonischen Kriegen 1805 wurden die Hochemminger kurz mal württembergisch, um dann ins Badische zu wechseln. 1971 wurde der Ort nach Bad Dürrheim eingemeindet.

„Minderwertigkeitskomplexe" wegen der späten Beurkundung braucht man aber nicht zu haben, denn in Wahrheit ist Hochemmingen viel, viel älter. Die Spuren der frühen Besiedelung reichen bis in die Hallsteinzeit (750 bis 450 v. Chr.) zurück. Auf dem nahe gelegenen Türnleberg, der zum Teil auf Gemarkung Hochemmingen, zum Teil auf der von Schwenningen liegt, gab es gar eine keltische Fliehburg, die durch Gräben und Palisaden gesichert war.

Doch Hochemmingen war nicht nur in alten Zeiten „in", sondern hat sich in der jüngeren Vergangenheit mit seinen rund 1400 Einwohnern zum größten Dürrheimer Stadtteil gemausert. Zu den Highlights zählen sicherlich die Pfarrkirche St. Peter und Paul mit ihren drei barocken Altären und natürlich der stolze Fron-Vogtshof, der einst dem Kloster Amtenhausen gehörte.

Ja, und dann heißt es bei einem Besuch des Dorfes „Kopf hoch". Zumindest, wenn die Fernsicht gut ist. Man würde sonst die großartige Aussicht in Richtung Schwäbischer Alb verpassen. Bei klarer Sicht erspäht man von hier aus sogar die Burg Hohenzollern. Einfach mal „mitspähen".

Oberbaldingen

Wenn da nicht die Ortsschilder wären, würde wohl kaum merken, dass er jetzt plötzlich in Unter- statt in Oberbaldingen oder umgekehrt ist. Die Orte sind zusammengewachsen. Das ist alles andere als selbstverständlich, denn

die beiden Ostbaargemeinden hat in den vergangenen Jahrhunderten viel getrennt.

Dabei waren Ober- und Unterbaldingen bis ins 14. Jahrhundert hinein eine Gemeinde. 1302 tauchten dann die ersten Urkunden auf, die auf eine Teilung des Dorfes in ein oberes und ein unteres Baldingen deuten. Schließlich wurde Oberbaldingen württembergisch, während Unterbaldingen zum Hause Fürstenberg stieß.

Dies hatte in den Zeiten der Reformation zur Folge, dass Oberbaldingen 1534 evangelisch wurde und Unterbaldingen als Fürstenberg-Besitz katholisch blieb (siehe auch Unterbaldingen).

Dies blieb auch noch so, als in Unterbaldingen 1805 die fürstliche Herrschaft über den Ort 1805 endete und andererseits Oberbaldingen 1810 badisch wurde. An der Konfessionszugehörigkeit änderte dies zunächst nicht viel.

Selbst 1950 waren in Oberbaldingen immer noch 95,6 Prozent der Bevölkerung evangelisch und nur 4,3 Prozent katholisch, während in Unterbaldingen der Unterschied nicht ganz so krass war. Den dort 84,8 Prozent Katholiken standen 15,2 Prozent evangelische Christen ge-

Die Kirche in Oberbaldingen.

G´schichtle   Ein Schlimmer, dieser Graf

Oberbaldingens Burg, die einst in der Nähe der Kirche gestanden haben dürfte, gibt es zwar nicht mehr, dafür jedoch im Volksmund die Erinnerung an den letzten Grafen des Ortes. Orth soll er geheißen haben und kein Guter gewesen sein. Ein Leuteschinder, einer der mit dem Salzhandel Wucher betrieb und den Leuten selbst nach dem Tod keine Ruhe ließ. Bei seiner Beerdigung jedenfalls war damals einiges schief gelaufen. Ein fürchterlicher Schneesturm war aufgekommen, die Totenträger hatten den Sarg auf dem Totenwegle Richtung Öfingen Hals über Kopf fallen gelassen, sich in Sicherheit gebracht und den Herrn Grafen danach schlichtweg vergessen. Im Frühjahr dann, als die Schneeschmelze ihr Werk getan hatte, tauchte der Sarg wieder auf. Das Problem: Die Leiche war nicht mehr drin. Fort war der Graf. Allerdings nicht so richtig, denn die Überlieferung weiß zu berichten, dass er noch lange als Geist umherging und – wer weiß das schließlich so ganz genau – vielleicht auch heute noch geht.

Der staatlich anerkannte Erholungsort Öfingen ist das Ziel vieler Urlauber.

genüber. Inzwischen bewegen sich die Konfessionen zahlenmäßig etwas schneller aufeinander zu, die Mehrheitsverhältnisse sind aber nach wie vor klar.

Prägender Bau Oberbaldingens ist heute die Kirche, wobei in alten Zeiten die Lehensherren auf der Gemarkung sogar eine Burg errichtet hatten. Die ist zwar nicht mehr zu sehen, vergessen haben die Oberbaldinger sie aber nicht. Darauf weist der Flurnamen Burggraben hin (G'schichtle).

Öfingen

Der Kaiserstuhl ist für seine sonnenüberfluteten Hänge bekannt, an denen prächtige Weine gedeihen. Mit Wein kann der Bad Dürrheimer Stadtteil Öfingen wegen seiner Höhenlage zwar nicht aufwarten, doch wenn es um die jährlichen Sonnenstunden geht, stellt Öfingen die sonnenverwöhnten Kaiserstühler Gemeinden doch tatsächlich glatt in den Schatten. Die bringen es nämlich im Schnitt auf 1720 Stunden, währond dio Sonno über Öfingen stolze 1750 Stunden scheint.

Wenn alles herum im Nebel versinkt, ist das Dorf oft noch sonnenüberflutet. Das hat natürlich mit seiner Höhenlage zu tun. Höher hinaus wie in Öfingen geht es auf Dürrheimer Gemarkung nämlich nirgendwo. 850 Meter liegt es hoch, und der Hausberg, der Himmelberg, bringt es gar auf 941 Meter. An dessen Fuß findet jährlich an Himmelfahrt das weit in die Region hinaus bekannte Himmelbergfest statt. Für die einen ist Öfingen das „Dorf am Himmel", andere sprechen vom „sonnigen Dorf auf der Baar." Recht haben sie beide.

Mit noch einem Pfund können die Öfinger richtig wuchern – mit der Aussicht. Die ist einfach genial. Weit streift der Blick hinaus ins Land auf die großartige Landschaft der Baar, die Schwarzwaldberge mit dem bis lange ins Frühjahr hinein schneebedeckten Feldberg und die Schweizer Alpen. Wer das länger genießen

möchte: Der staatlich anerkannte Erholungsort hat ein großartiges Feriendorf in einer tollen Panoramalage. Dazu kommt noch, dass die schmucken Ferienhäuser für Kur und Familienurlaub gleichermaßen geeignet sind.

Öfingen wurde 973 erstmals urkundlich erwähnt. Es war der Herzog von Berchthold, der Öfingen damals dem Kloster Reichenau vermachte. 1377 wurde man württembergisch, 1555 protestantisch. Im Dorf findet sich ein gutes Beispiel einer mittelalterlichen Wehrkirche. Seit 1971 gehört Öfingen mit seinen 725 Einwohnern zu Bad Dürrheim.

Sunthausen

Das knapp 900 Einwohner zählende Sunthausen liegt in einer Mulde auf der Hochebene der Baar und ist seit 1972 Teil Bad Dürrheims. Von hier aus genießt man einen herrlichem Ausblick auf die Schwäbische Alb. Architektonisch interessant die

Idyllisches Fleckchen: der Sunthauser See. Auf der anderen Seite des Ufers gibt es eine Kurcamping-Anlage.

Wandern auf der Ostbaar – immer ein Erlebnis.

St. Mauritiuskirche mit einer schönen Kreuzigungsgruppe im alten Choreingang. Einen besonderen Reiz erhält das katholische Gotteshaus auch dadurch, dass bei seinem Neubau im neugotischen Stil im Jahre 1909 Langhaus und Chor der Vorgängerkirche als Querhaus übernommen wurden. So etwas sieht man nicht alle Tage.

Erstmals urkundlich erwähnt wurde das Dorf 895. In der Folgezeit ähnelt die Geschichte Sunthausens der von Ober- und Unterbaldingen, zumindest was die konfessionelle Trennung anbelangt. Die gab es nämlich auch hier.

Die Nordhälfte Sunthausens war über Jahrhunderte württembergisch und dadurch evangelisch, die Südhälfte gehörte zum Hause Fürstenberg und war damit katholisch. „Glaubensgrenze" war der kleine Fluss Kötach, der sich durch den Ort schlängelt. Schon ein bisschen verrückt, diese Geschichte.

Seit 1978 kann das Dorf sogar einen See sein Eigen nennen: den aufgestauten Sunthauser See, der von der Kötach gespeist wird, auch als Regenrückhaltebecken dient und im Sommer zum Baden lockt.

Nicht nur das: Auf dem See herrscht an vielen Tagen sogar reger Bootsverkehr. Fahren tun dort allerdings keine großen Pötte, sondern „nur" Modellschiffe. Am nordwestlichen Ufer gibt es eine hochmoderne Natur-Campinganlage.

Unterbaldingen

Einwohnermäßig kann Unterbaldingen mit seinem Nachbarn Oberbaldingen mit knapp 650 Einwohnern nicht ganz mithalten, aber wenn es um die Gemarkungsgröße geht, ist Unterbaldingen sogar der zweitgrößte Teilort Bad Dürrheims. Die erste urkundliche Erwähnung datiert wie die für Oberbaldingen – damals war man ja noch eins – aus dem Jahr 769 und berichtet von „Villa Baldinga" (siehe auch Oberbaldingen). Ein Schmuckstück ist die katholische St. Gallus-Kirche aus dem Jahre 1732. Besonders anziehend ist sie wegen ihrer noch vollständigen und unveränderten Ausstattung mit drei Altären aus der Werkstatt des Hofbildhauers F. X. Biecheler.

Darüber hinaus lohnen sich in dem Ort auch Blicke auf die Fachwerkzehntscheuer des ehemaligen Klosters Amtenhausen und den über 400 Jahre alte Baldinga Hof mit seinem für die Baar typischen Treppengiebel. Ein Wahrzeichen des Ortes.

Lohnenswert ist ein Abstecher ins nahe gelegene Naturschutzgebiet Unterhölzer Wald (Extra, Seite126) und der Aussicht wegen auch der Aufstieg zur Blatthaldenhütte, die rund 200 Meter über Unterbaldingen auf dem höchsten Punkt des Baldinger Bergs steht.

Der Unterhölzer Wald ist nicht nur für seinen Baumbestand, sondern auch für das viele Wild bekannt.

Das Naturschutzgebiet Unterhölzer Wald am Fuße des mächtigen Wartenbergs liegt mit seiner Größe von 633,9 Hektar zwar zum größten Teil auf der Gemarkung Geisingen und damit im Landkreis Tuttlingen, doch im Schwarzwald-Baar-Kreis haben auch Bad Dürrheim und Donaueschingen mit ihren Orten Unterbaldingen und Pfohren einen kleineren Anteil an dem Park, der Teil des Naturschutz-Großprojektes Baar ist und dem dadurch eine ganze besondere Beachtung zuteil wird.

In dem ehemaligen Wildpark beeindrucken vor allem die mächtigen, bis 400 Jahre alte Eichen. Und dies auf einer Fläche von rund 180 Hektar Einen größeren zusammenhängenden Eichenwald wird man so schnell nicht finden. Damit Sie im Park nicht allzu lange suchen müssen: Die beeindruckenden Eichen sind im Herzen des Parks, in der Gegend des Fürstlich Fürstenbergischen Jagdschlosses, daheim.

Auch Buchen und Lärchen sind im Unterhölzer Wald sehr verbreitet: Schließlich gibt es auch noch ein Flachmoorgebiet und den Unterhölzer Weiher, der mit seinem Röhricht aus Schilf und Rohrkolben ein traumhaftes Brutgebiet für zahlreiche Wasservögel ist. Hier legen auch viele Zugvögel auf ihrer weiten Reise gerne ein Päuschen ein. Apropos Tiere: Auch heute gibt es hier einen großen Bestand an Schwarz- und Damwild. Sogar der Waschbär ist inzwischen wieder aufgetaucht.

Die Zeiten des Wildparks sind indes schon seit Ende des Ersten Weltkriegs vorbei. In den letzten Kriegstagen schossen meuternde Truppen damals alles nieder, was sich bewegte. Der Tierbestand wurde komplett ausgelöscht, das Fürstenhaus verzichtete später darauf, den Wildpark in der alten Form wieder herzustellen.

Nicht das einzige Mal, dass der Unterhölzer Wald in kriegerischen Auseinandersetzungen eine Rolle spielte. Während der schlimmen Zeit der napoleonischen Kriege trieb die Bevölkerung nahezu 6000 Stück Vieh in den Wald, um es vor herumziehenden Truppen zu schützen. Erfolgreich. Allerdings vertilgten die Tiere den kompletten Jungwuchs. Daran wiederum hatte der Wald dann eine ganze Weile zu knabbern. Zuletzt setzte ihm 1999 Orkan Lothar mächtig zu.

Légère

Wohlfühlen – mit einem Hauch von Kohlensäure

BAD DÜRRHEIMER
Légère
Wohlfühlen – mit einem Hauch von Kohlensäure

Premium
Geschmack
AWARD

MEHRWEG
Innovations
Preis

www.bad-duerrheimer.de

*Weite Mündung,
spürbar besser zu öffnen.*

G´schichtle Schnell auf Rollen und Kufen

Vielleicht gehören Sie auch zu denjenigen, die schon mal auf der alten B27 mit dem Rad zwischen Bad Dürrheim und Donaueschingen unterwegs waren, als plötzlich ein junger Mann auf Inlinern vorbeirauschte und Sie förmlich stehen ließ. Wenn ja, dann könnte es gut sein, dass Sie gerade von einem der besten Speed-Inlinern der Welt überholt worden sind: von Matthias Schwierz. Der Weilersbacher beherrschte über Jahre die Speed-Inliner-Szene in Deutschland. Nicht nur das. Als Junior wurde er unter anderem Weltmeister und später als Aktiver Zweiter bei der EM. Nur knapp geschlagen vom damaligen Weltmeister. 2008 kam noch einmal eine Silbermedaille dazu.

Auch auf dem Eis war Schwierz schnell. Verdammt schnell sogar,

Matthias Schwierz beim Start in seiner sportlichen Heimat: der „arena Geisingen".

holte sich einen deutschen Meistertitel und startete für Deutschland auch im Weltcup. Mit dem Bau der „arena geisingen" verbesserten sich seine Trainingsbedingungen entscheidend. Dort finden Inliner – und nicht nur die – tolle Voraussetzung. Die Arena hat sich darüber hinaus zu einer gefragten Veranstaltungsarena entwickelt.

Auf den Himmelberg

Charakteristik: Bad Dürrheims höchstgelegener Stadtteil, Öfingen, gilt als „sonniges Dorf der Baar". Himmlische Aussichten über die Baar bis hin zum Feldberg und bei klarem Wetter sogar bis zu den Schweizer Alpen kombiniert mit naturnahen Strecken gibt es beim Genießerpfad Himmelberg-Runde. Der Aufstieg zum Gipfel des Himmelbergs (941 m) wird mit einer ebenfalls eindrucksvollen Aussicht belohnt.

Ausgangspunkt: Öfingen, Bushaltestelle Bühlstraße oder Feriendorf Öfingen
Streckenlänge: 10,3 Kilometer
Höhenmeter: 212
Schwierigkeitsgrad: leicht
Streckenverlauf: Öfingen, Bushaltestelle - Feriendorf (auch von hier aus ist der Toureinstieg natürlich möglich) - Himmelberg und zurück nach Öfingen.

Von Quelle zu Quelle

QUELLEN-ROUTE

Charakteristik: Die Tour hat in Bad Dürrheim, Villingen-Schwenningen, Brigachtal und Donaueschingen und mit der Neckar- und Donauquelle, dem Neckarursprung im Schwenninger Moos sowie dem Donauzufluss Brigach jede Menge reizvolle Ziele zu bieten.
Länge: 47,5 km
Gesamtanstieg: 250 Meter
Schwierigkeitsgrad: mittel

Ausgangspunkt: Bad Dürrheim an der Ecke Luisen-/ Bahnhofstraße
Streckenverlauf: Von unserem Ausgangspunkt führt die herrliche Strecke über Mühlhausen, Schwenningen, Villingen, Rietheim, Brigachtal, Grüningen, Donaueschingen, Aasen zurück nach Bad Dürrheim.

Spaziergang im Bad Dürrheimer Kurgarten.

Blick auf Blumberg.

BLUMBERG

Dass in Blumberg die Sau-
schwänzlebahn fährt, weiß (fast) jeder. Doch haben Sie schon mal was
von der Burg Blumberg oberhalb
des Wutachtals gehört? Nein? Kein
Wunder, denn das mittelalterliche
Gebäude wurde im 30-jährigen Krieg
zerstört. Dabei hätte sie das Über-
leben verdient gehabt. Schließlich
war sie die Keimzelle des heutigen
Blumbergs. Um sie herum siedelten
sich damals mehr und mehr Menschen an. Blumberg wuchs und zu
Beginn des 15. Jahrhunderts konnte
sich der Ort sogar mit dem Titel
Stadt schmücken.

1663 begann die große Bergbau-
zeit. Das erste Hüttenwerk zur Ei-
senerzgewinnung ging in Betrieb.
Rund 2600 Tonnen Eisenerz wurden
pro Jahr gefördert. Blumberg blühte
zunächst auf. Aber nur zeitweise.
Zu Beginn des 18. Jahrhunderts
wurde der Bergbau wegen mangeln-
der Rentabilität eingestellt. Die Berg-
bauarbeiter sagten Blumberg ade;
die Stadt wurde wieder zum kleinen,
fast nur bäuerlich geprägten Dorf.

Doch noch einmal sollte der Bergbau eine große Rolle spielen. 1934
wurde er mit Vehemenz wieder aufgenommen. Die Nationalsozialisten
brauchten das Material für die Waf-
fenproduktion. Binnen weniger Jahre
stieg die Zahl der Bevölkerung um

*Ein Plätzchen zum Wohlfühlen: das 2016
neu eröffnete Panoramabad.*

das Zehnfache an. Das war nun
wirklich nicht nur die reine Freude,
denn die Infrastruktur konnte mit der
Bevölkerungsexplosion längst nicht
mithalten. 1940 wurden 953.000 Tonnen Erz gefördert. Schon zwei Jahre
später war mit dem Bergbau in Blum-

Aus für den Bergbau Probleme. Riesige sogar. Gerade die Jahre nach Kriegsende waren schwer. Aber ein Blumberger gibt eben so schnell nicht auf. Nach und nach ging es auch ohne Bergbau wieder bergauf. Mit neuen Industrieansiedlungen, neuem Handel und Gewerbe und dem Fremdenverkehr. Zum Kernort stießen bei der Verwaltungsreform Anfang der 70er-Jahre des letzten Jahrhunderts eine ganze Reihe von Umlandgemeinden. Derzeit kratzt die Stadt einwohnermäßig sogar an der 10.000er-Marke. Bei der Weiterentwicklung der Kommune kommt dem Fremdenverkehr inzwischen eine ganz besondere Rolle zu. Natürlich verbinden viele mit dem Na-

berg wieder Schluss. Über Nacht! Ohne Vorwarnung! Die Nazis waren auf ihren Eroberungsfeldzügen auf Gebiete gestoßen, in denen sich das Erz leichter und kostengünstiger abbauen ließ. Es war das endgültige Ende einer jahrhundertelangen Bergbautradition, an die heute unter anderem noch das Stadtwappen und das Denkmal „Schwarzer Mann" erinnern.

Natürlich hatte die Stadt nach dem

Blumbergs „Höchster": der Turm der katholischen Kirche.

Das jährliche Street-Art-Festival in Blumberg gehört mit Sicherheit zu den kulturellen Highlights im Kreisgebiet.

men Blumberg die bereits erwähnte Sauschwänzlebahn (Extra, Seite 140). Ein richtiges touristisches Schwergewicht. Doch das ist beileibe nicht das einzige, was die Stadt mit ihren schmucken Dörfern in die Waagschale werfen kann.

Wie wäre es beispielsweise mit einem historischen Stadtrundgang oder einer Wanderung durch die Wutachschlucht, die Wutachflühen, oder zu den Schleifenbachwasserfällen? Das sind mit die schönsten Wanderungen in ganz Deutschland. Vielleicht zieht es Sie auch auf den Buchberg oder den Eichberg. Zugegeben, man muss zwar ganz schön schnaufen, bis man jeweils oben ist. Aber die Mühe lohnt sich. Die Aussicht ist jedenfalls herrlich und auf dem Eichberg können wir sogar Drachenflieger bei ihrem spektakulären Hobby beobachten. Ach ja: Selbst wenn Sie kein Drachenflieger sein sollten, können Sie in Blumberg abheben. Ganz gemütlich und ohne Vorkenntnisse, dafür mit einem erfahrenen Piloten, der für Sie den Schwarzwald-Copter fliegt. Natürlich sollten Sie auch mal eine Segwaytour machen. Ein völlig neues Gefühl der Fortbewegung auf zwei Rädern. Toll! Wer dann nach so viel Aktivitäten an heißen Tagen eine Abkühlung braucht – auch kein Problem. Schließlich gibt es in Blumberg das Panoramabad. Wohl mit eines der schönsten Freibäder in der Region. Ob schwimmen, rutschen, planschen, springen, spielen oder nur erholen: Hier kommen alle auf ihre Kosten. 2016 wurde das Bad neu eröffnet.

Achdorf

Das kleine, rund 560 Einwohner zählende Achdorf wurde erstmals 775 urkundlich erwähnt und kann sich in seiner Geschichte eines ganz besonderen Fans rühmen: des Dichterfürsten Victor von Scheffel, der Stammgast im Gasthaus Linde war. (G'schichtle, Seite 134). Sehenswert ist neben dem Gasthaus Scheffellinde in Achdorf auch die Pfarrkirche St. Nikolaus, die inmitten des ummauerten Friedhofes liegt. Das Pfarrhaus stammt aus dem 16. Jahrhundert und war früher Zehntscheuer.

Na so was — Wenn der Hund zur Messe bellt

Die katholische Stadtkirche Blumbergs ist ein stattliches Gebäude. Und noch relativ jung. Fertig gestellt wurde sie erst im Jahre 1951, nachdem man die zu klein gewordene bisherige Kirche an die evangelische Kirchengemeinde verkauft hatte. Allerdings: Als die Kirche 1951 eingeweiht wurde, fehlte dem Gotteshaus etwas, was Kirchen gemeinhin so auszeichnet: ein Turm mit Kirchenglocken. Für den, so ist zu vermuten, dürfte das Geld damals nicht gereicht haben. Kurzerhand nahmen die Blumberger in Neustadt das Glockengeläut der dortigen Kirche auf und installierten auf ihrem Kirchendach einen großen Lautsprecher. Bei der Neustädter Glockenpremiere in Blumberg gab es dann richtig was zu lachen. Die „Toningenieure" hatten in Neustadt nicht nur das Geläut aufgenommen, sondern auf der Aufnahme war auch noch lautes Hundegebell und Motorradgeknatter zu hören.

Ach ja, falls Sie den Hund mal hören wollen: Mit Bellen ist heutzutage (leider) nichts mehr. 1957 wurde der heutige Turm fertiggestellt und in dem steht denn auch kein Tonband, sondern hängen richtige Glocken. Läuten tut's übrigens wirklich schön.

Die Stadt Blumberg stellt sich vor:

Sauschwänzlebahn

Panoramabad

Schwarzwälder
Genießerpfad
„Sauschwänzle-Weg"

Historische
Stadtführungen

Street Art Festival

Historischer
Weihnachtsmarkt

Stadtverwaltung Blumberg
Hauptstr. 97 I 78176 Blumberg
Tel.: 07702 51-0

www.stadt-blumberg.de

Blumberg²
LEBEN ERLEBEN
Meine Stadt hoch zwei.

Der Name sagt es bereits: Die „Scheffellinde" zu Achdorf und Victor von Scheffel gehören sozusagen zusammen. Die Gaststätte war Scheffels „Ausruhnest".

Victor von Scheffel war eine echte literarische Größe seiner Zeit. Keiner verkaufte damals in deutschen Landen mehr Bücher wie er. Werke wie „Der Trompeter von Säckingen" oder der historische Roman „Ekkehard" waren, wie man heute sagen würde, Bestseller. Von 1857 bis 1859 arbeitete Scheffel als Fürstlich Fürstenbergischer Hofbibliothekar in Donaueschingen. In seiner freien Zeit besuchte er häufig Achdorf und dort das Gasthaus Linde. Hier hatten ihn nämlich nicht nur die Kochkünste der Wirtsleut' verzaubert, sondern vor allem auch die reizende Wirtstochter Josefine Meister. Nicht zuletzt wegen ihr durchzechte der berühmte Stammgast so manche Nacht. Ein Pärchen wurden die beiden indes nicht. Der „Von" heiratete standesgemäß eine Adelige, setzte aber der hübschen Josefine in seiner Novelle „Juniperus" und Achdorf als seinem „Ausruhnest" ein kleines literarisches Denkmal. Nach seinem Tod wurde die Linde ihm zu Ehren in „Scheffellinde" umbenannt. In den gemütlichen Gaststuben wird heute so manches Erinnerungsstück an den Dichterfürsten aufbewahrt. Nicht nur deshalb ist der Gasthof ein ganz besonderer. Ihn gibt es bereits 1543, wobei er inzwischen in der 19. Generation von der gleichen Familie betrieben wird. Rekordverdächtig!

Achdorf ist heute ein beliebtes Ausflugsziel. Schon der Dichter Victor von Scheffel „fuhr" auf den kleinen Ort ab.

Spektakulär: das Kommental-Viadukt der Sauschwänzlebahn, das Epfenhofen über-spannt.

Zu Achdorf zählen die Ortsteile Asel-fingen, Eschach, Opferdingen und Überachen, wobei Aselfingen wegen der großartigen Ammonitenfunde eine gewisse Berühmtheit genießt. Hübsch auch die St. Otmar-Kirche mit ihrem Hochaltar von 1735. In Eschach lohnt sich ein Blick in die Kapelle St. Arbogast. Besonders ori-ginell, wie hier Beichtstuhl und Kanzel kombiniert wurden.

Epfenhofen

Da steht man und ist beeindruckt. Was der gerade mal 320 Einwohner zählende, seit 1971 zu Blumberg gehörende Ort zu bieten hat, ist nun wirklich spektakulär. Der attraktivste Teil der Sauschwänzlebahn verläuft über seine Gemarkung. Beziehungs-weise drüber. Epfenhofen wird vom mächtigen Kommental-Viadukt über-spannt. 34 Meter ist die Brücke hoch und 264 Meter lang – Sauschwänz-lebahn-Rekord.

Erbaut wurde sie ab November 1888 in nur einem Jahr. Die Jungs hatten es damals eilig und echt was drauf. Und da ist gleich noch ein Viadukt der Bahn, das nicht nur über den Ort, sondern auch in einem gro-ßen Bogen mit einer großen Kehr-schleife um das Dorf führt – das Biesenbach-Viadukt. Eine imposante,

technisch anspruchsvolle, 252 Meter lange und 24 Meter hohe Bogen-brücke. Schließlich findet sich hier auch noch der berühmte Vierbah-nenblick (siehe Wandertipp). Hübsch die Epfenhofener St. Gallus-Kirche, die 1864 eingeweiht wurde. Der reiz-voll in einer Talmulde gelegene Ort wurde 1145 erstmals urkundlich er-wähnt. Älteste Siedlungsspuren rei-chen aber über 3200 Jahre zurück.

Fützen

Fützen, das seit 1975 zu Blumberg gehört, liegt am südlichsten Zipfel des Schwarzwald-Baar-Kreises nahe Schweizer Grenze und zählt knapp 800 Einwohner. Der Fützener Bahn-hof liegt fast genau in der Mitte der rund 25 Kilometer langen Strecke der Sauschwänzlebahn, die hier mit dem „Talübergang Fützen" ihre Tras-se von der linken auf die rechte Seite des Mühlbachtals wechselt. Die dafür notwendige Brücke ist 153 Meter lang und 28 Meter hoch.

Das Dorf, an dem früher die römi-sche Heerstraße von Zurzach nach Hüfingen vorbeiführte, wurde 1083 erstmals urkundlich erwähnt und war im Mittelalter Gerichts- und Markt-stätte. Darüber hinaus war es für seine großen Gipsvorkommen be-kannt. Noch heute zeugen rund 26

Postkartenidylle in Fützen.

Kilometer Stollen von jenem sehr speziellen Bergbau, der vom ausgehenden Mittelalter bis 1977 dauerte. Interessant ist die Kirche St. Vitus. Sie wurde 1734 erbaut. Der Kirchturm stammt noch vom Vorgängerbau. Reingehen lohnt sich. Der Innenraum erhielt nämlich erst in Jahren 2008 und 2009 eine neue, liturgische Ausstattung, die sich schön mit der bisherigen ergänzt.

Hondingen

Das herrlich am Fuße des Fürstenbergs gelegene Hondingen mit seinen über 500 Einwohnern gehört seit 1. April 1972 zu Blumberg. Malerisch thront die Pfarrkirche St. Martin über dem Ort. Sie gilt als eine der Urkirchen der Baar und war früher ein beliebter Wallfahrtsort. Sehenswert sind die frühromanischen Bogenfriese, das Rundportal, das aus dem 14. Jahrhundert stammende Gnadenbild der Jungfrau und der Hochaltar der Villinger Barockbildhauer Johann und Josef Anton Schupp. Das Naturschutzgebiet am Sissiberg ist für seine Küchenschellen und seltene Orchideen bekannt.

Kommingen

In Kommingen, seit 1971 Stadtteil von Blumberg, ist vor allem die Pfarrkirche St. Cyriakus, die einzige klassizistische Kirche der Baar bemerkenswert. Das idyllische Dorf, in dem knapp 300 Menschen leben, gilt als sehr guter Ausgangspunkt für Wanderungen. Schön auch die Sicht in Richtung Hegau, Bodensee und die Alpen.

Nordhalden

Urkundlich erstmals im Jahre 1167 erwähnt, wechselte Nordhalden häu-

Am Fuße des Fürstenbergs gelegen: Hondingen.

In seine Heimatkirche in Riedböhringen hat Kurienkardinal Bea seine letzte Ruhestätte gefunden.

Riedböhringen hat seine Bekanntheit vor allem einer Person zu verdanken: Kardinal Bea. Niemand ahnte wohl, dass der Junge, der 1881 in dem kleinen Dorf das Licht der Welt erblickte, einmal eine der großen Gestalten der katholischen Kirche des letzten Jahrhunderts werden sollte. Sein Herzensanliegen war die Annäherung der beiden großen christlichen Konfessionen. Nicht von ungefähr war Kardinal Bea beim bedeutenden zweiten vatikanischen Konzil für ökumenische Fragen zuständig. Darüber hinaus war er auch Beichtvater des Heiligen Vaters.

Trotz seiner intensiven Tätigkeit in Rom: Den Kontakt zu seiner Heimat ließ der Kardinal nie abreißen. Er kam regelmäßig in sein Riedböhringen und besuchte dort auch immer sein Geburtshaus. Heute ist dort ein wirklich sehenswertes Museum eingerichtet, das an Leben und Werk des großen Kirchenmannes erinnert. 1964, an einem schwülen und von heftigen Gewitter heimgesuchten Sommertag, weihte der Kardinal auf dem Fürstenberg die von ihm angeregte und durch das Fürstenhaus erstellte Augustinuskapelle ein (Extra, Seite 221).

Kardinal Bea, das war der Kardinal, der aus der Stille kam. Und in die Stille des dörflichen Gotteshauses in Riedböhringen kehrte er zurück. Am 16. November 1968 starb er in Rom, am 24. November 1968 wurde er seinem Wunsch entsprechend in dseiner Heimatkirche beigesetzt. Den Text auf der Grabplatte hatte er noch selbst entworfen. Die mahnende Bitte „Was ihr auch tut …" und „Dass alle eins seien…" fasst dort prägnant zusammen, wofür der Kardinal als „Wegbegleiter der Einheit" sein Leben lang mit aller Kraft gearbeitet hatte.

fig den Besitzer, gehörte mal den Herren von Tengen, den Klingenbergern, den Habsburgern oder der Deutschordenkommende Mainau. Seit 1971 ist das schmucke Dorf an der Schweizer Grenze zusammen mit seinem Ortsteil Neuhaus Teil Blumbergs und zählt 200 Einwohner.

Randen

Wer in dem direkt an der Schweizer Grenze gelegenen kleinen Ort Randen ein Rathaus oder einen Friedhof sucht, sucht vergebens. Randen war in seiner Geschichte nie selbstständig, sondern hat schon immer zu Blumberg gehört. Den Namen erhielt die Siedlung von dem Höhenrücken Randen, auf dem sie erbaut wurde.

Der Ort wird 1620 erstmals erwähnt. Gewannbezeichnungen wie Vogelherd oder Karresalbbuck erinnern daran, dass sich die Vorfahren einst vom Vogelfang und dem Herstellen von Wagenschmiere oder Karrensalbe ernährt haben.

So klein Randen auch sein mag, kennen tun es viele. Wer aus der Region in die Schweiz fährt oder aus der Schweiz zu uns kommt, der fährt nämlich „über den Randen". Und damit auch durch Randen.

hat (Menschen, Seite 137). Darüber hinaus gibt es in dem Gotteshaus eine ganz besondere Kostbarkeit: ein kleines Kreuz aus Bronze. Es ist das älteste Kreuz in der Baarlandschaft und dürfte um 1150 entstanden sein. Die gotische Kirche selbst wurde im 18. Jahrhundert barockisiert. Der prächtige Altar, ein schönes Deckenfresko und die großen in Farbe gestalteten Fenster machen das Gotteshaus zu einer sehenswerten Gebetsstätte.

Das Dorf zählt über 900 Einwohner und gehört seit 1972 zu Blumberg. Die frühesten Siedlungsspuren reichen bis 4200 - 1800 v. Chr. zurück.

Riedböhringen

Wer in der Region etwas bewandert ist, dem fällt beim Namen Riedböhringen vor allem Kardinal Bea ein, der in der Kirche des Dorfes seine letzte Ruhestätte gefunden

Riedöschingen

Riedöschingen wurde genau 1200 erstmals urkundlich erwähnt, aber los war hier schon vorher was. Wir wollen gar nicht davon reden, dass hier bereits die Kelten unterwegs

Riedöschingen ist hinter dem Kernort der zweitgrößte Ortsteil Blumbergs.

Einst Kultstätte, heute Ausflugsziel: der Blaue Stein auf Riedöschinger Gemarkung.

waren, doch die Spuren der Alemannen sollten wir uns dann doch näher ansehen. Schon 748 gab es hier eine Kirche. Zunächst eine aus Holz, der dann im 11. Jahrhundert eine aus Stein folgte. Der untere Teil des Turms des heutigen Gotteshauses, wird auf die Zeit um 1100 datiert. Zum interessanten Innenleben gehören auch ein Madonnenbild und ein Bild vom Heiligen Martin, die um 1500 bzw. 1530 entstanden sind. In einer Nische ruhen die Reliquien des heiligen Franz Xaver.

Noch viel, viel älter als die Kirche ist auf der Gemarkung der „Blaue Stein". Entstanden sind die bis zu zwölf Meter hohen bläulichen Basaltsäulen nämlich zur Zeit des Hegauvulkanismus. Einst waren sie Kultstätte, heute sind sie ein beliebtes Ausflugsziel. Ja, und da ist da noch die Straußenfarm „Steppacher Hof", wo sich die größten Vögel der Welt so richtig wohlzufühlen scheinen. Bis zu drei Meter können die „Tierchen" groß werden und bis zu 150 Kilo auf die Waage bringen, wobei die berühmten Straußeneier so groß

sind, dass man aus ihnen sogar Lampenschirme fertigen kann. Die in der Straußenfarm lebenden Tiere sind übrigens alle aus eigener Zucht. Die Farm ist ein beliebtes Ausflugsziel und begeistert vor allem auch Kinder, die dort nicht nur Tiere, sondern auch tolle Spielmöglichkeiten vorfinden. Zum Hof gehört auch eine Gastronomie und natürlich auch ein Hofladen.

Riedöschingen zählt knapp über 1000 Einwohner und ist damit hinter dem Kernort der größte Ortsteil Blumbergs. Wenn man nur die Gemarkungsfläche zugrunde legt, sind die Riedöschinger sogar die Nummer eins.

Zollhaus

Woher dieser Name kommt, ist klar. Zollhaus heißt Zollhaus wegen seiner bis weit ins 20. Jahrhundert hinein betriebenen Zollstation an der Schweizer Grenze.

Noch um 1900 verkehrte die Postkutsche auf der Strecke Donaueschingen - Zollhaus - Schaffhausen, wobei hier die Pferde gewechselt und die Post ausgetauscht wurde. Heute verkehrt hier zwar keine Postkutsche mehr, dafür aber ist die Sauschwänzlebahn unterwegs (Extra, Seite 140).

Berühmtestes Unternehmen im Ort ist der „Schwarzwaldhof", der mit seinem Schwarzwälder Schinken und anderen Schwarzwälder Spezialitäten verwöhnt.

Ausgangspunkt der Sauschwänzlebahn: der Bahnhof Zollhaus-Blumberg.

Eine Riesenattraktion im Kreis: die Sauschwänzlebahn.

Wissen Sie, woher die berühmte Sauschwänzlebahn ihren Namen hat? Nein? Schauen wir uns doch einmal den Streckenabschnitt im Bereich des Stockhaldetunnels an. Der Zug fährt im Tunnel sozusagen einmal im Kreis und überwindet dabei über 15 Höhenmeter. Weil dieser Streckenverlauf im Tunnel als Ganzes betrachtet an ein geringeltes Schweineschwänzchen erinnert, und das Schwein in unserer Gegend nun mal eben eine Sau ist, heißt die Bahnstrecke „Sauschwänzlebahn".

1890 war die Bahn nach dreijähriger Bauzeit eingeweiht worden. Für die ursprünglich gedachten militärische Einsätze wurde sie zum Glück nie gebraucht; für den Personenverkehr war sie letztlich zu langsam. Also wollte man die Strecke 1977 abreißen. Dem Einsatz vieler Fans dieser Eisenbahnlinie war es zu verdanken, dass die Abbruchpläne letztlich auf Eis gelegt wurden und die Strecke als Musemsbahn erhalten blieb.

Millionen sind seitdem mit ihr gefahren. Im Bimmelbahntempo kann der Gast in den alten Waggons – von einer qualmenden Dampflok gezogen – das wildromantische Wutachtal, das geologisch interessante Mühlbachtal, sensationelle Brücken, Kehrschleifen oder den einzigen Kreiskehrtunnel in ganz Deutschland erleben.

Die Bahn ist auch in die Filmgeschichte eingegangen. 1961 wurde hier der Spielfilm „Der Transport" gedreht. Er schildert, wie Häftlinge der Wehrmacht an die Front befördert werden. Regisseur war Jürgen Roland und als Darsteller wirkten Hannes Messemer und Inge Lange mit.

Seither sind ein paar Jährchen ins Land gegangen. Aber ein Filmstar ist die Museumsbahn geblieben. Tausende bannen sie Jahr für Jahr auf Video oder Foto. Interessant das Eisenbahnmuseum im ehemaligen Güterschuppen und das Stellwerk im Bereich des Bahnhofs Blumberg-Zollhaus.

Na so was   Hallo Barbastella babastellus...

„Gast" in den Tunnel der Sauschwänz-lebahn: die Mopsfeldermaus.

Sie kennen Barbastella barbastellus nicht? Nun, das sind Mopsfledermäuse. Mehr als 200 von ihnen haben sich in sechs Tunnels der Sauschwänzlebahn zum Überwintern eingenistet. Für die vor dem Aussterben bedrohte Tierart ist dies damit eines der größten Winterquartiere in Deutschland.

Das hatte Konsequenzen. Weil der Zugverkehr die Tiere stört, hatte ein Gericht ein Fahrverbot für die Bahn während der Wintermonate ausgesprochen. Und zwar jeweils vom 1. November bis 31. März. Die Betreiber der Bahn gingen in Sachen Mopsfledermäuse vor dem Verwaltungsgerichtshof in Berufung. Erfolgreich! Das Fahrverbot ist vom Tisch. Für immer? Wer weiß. Vielleicht legen die Mopsfeldermäuse gegen das Urteil ja Berufung ein.

     Genießerpfad Sauschwänzle-Weg

Charakteristik: Ein besonderes Naturerlebnis ist die Wanderung über den Sauschwänzle-Weg. Er führt über weite Strecken auf dem „Schluchtensteig Schwarzwald" durch Felder und Wiesen mit einzigartigem Panoramablick auf die Schweizer Alpen und die urwüchsige Naturlandschaft der Wutachflühen. Nach der Wanderung genießen wir die historische Dampfzugfahrt zurück zum Bahnhof Blumberg-Zollhaus.

Ausgangspunkt: Bahnhof Blumberg-Zollhaus
Streckenlänge: 10,5 km bis Lausheim-Blumegg
12,4 km bis Grimmelshofen
Höhenmeter: 310
Schwierigkeitsgrad: mittel
Streckenverlauf: Startpunkt ist am Bahnhof Blumberg-Zollhaus. Am Schwarzwaldhaus gibt es Infos über den Schwarzwälder Schinken. Die weiteren Stationen sind: Buchbergtunnel, Ottilien-höhe, Rastplatz „Bühl" und dann die Wutachflühen Diesen „Urwaldabschnitt" passiert man auf teils schmalen Pfaden. Wer nicht so trittsicher und nicht schwindelfrei ist, kann auch den unteren Flühenweg nutzen, der mit der Beschilderung „Alternative Sauschwänzle-Weg" ausgeschildert ist. Über den Steg geht es zum Haltepunkt Lausheim-Blumegg. Ab hier kann man mit der Sauschwänzlebahn zurück zum Bahnhof Blumberg-Zollhaus fahren (bitte Fahrplan beachten).

Beeindruckend: der Turm des Mühlentors, das als einziges Bräunlinger Stadttor erhalten geblieben ist.

BRÄUNLINGEN

Wer sich aufmacht, die Anfänge der Besiedelung der heutigen Gemarkung Bräunlingens zu erkunden, muss in der Geschichte weit, weit zurückgehen. Die ersten Funde stammen aus der Jungsteinzeit, sind runde 6000 Jahre alt. In der Folgezeit kamen die Kelten, Römer und Alemannen. Es war also schon längst was los in Bräunlingen, bevor das Kloster Reichenau 799 in Bräunlingen eine Pfarrei gründete.

Im 12. Jahrhundert gewannen die Herzöge von Zähringen in Süddeutschland und der Nordschweiz mehr und mehr an Einfluss. So wurde auch Bräunlingen zur Zähringerstadt, geschützt durch eine

STADT
Braunlingen

Natürlich auf der Höhe.

Jährliche Großveranstaltungen:

- Hist. Brauchtumsfasnet
- Schwarzwald-Marathon
- Straßenmusiksonntag
  (alle 2 Jahre, in den geraden Jahren)

Stadt mit Tradition und Zukunft

- staatlich anerkannter Erholungsort mit hohem Freizweitwert
- mit dem Ringzug erreichbar
- aufstrebende Stadt mit historischem Stadtbild
- Wandern / Radwandern / Gauchachschlucht / Kirnbergsee
- interessanter Gewerbestandort mit 2.300 Arbeitsplätzen
- gute Gastronomie und Tagescafes
- 5.900 Einwohner
- Großes Betreuungsangebot: Kleinkindbetreuung, Kindergarten, Grundschule, Schulkindbetreuung, Kinder- und Jugendreferat, Mensa Infos: www.bibb-braeunlingen
- Ihr Raum für Ihre Veranstaltung: www.stadthalle-braeunlingen.de

Mehr Informationen gibt es bei:

**Stadtverwaltung Bräunlingen,
Kirchstraße 10,
78199 Bräunlingen
Telefon: 0771 603-0,
Telefax: 0771 603-169
oder einfach im Internet unter
www.braeunlingen.de**

Stadtanlage mit vier Toren, Mauer, Graben und Wall. Die Kürnburg, deren Spuren heute am Kirnbergsee, am Ende der Staumauer bei der Treppe noch erkennbar sind, war einst ein Stützpunkt der Zähringer.

1305 wird Bräunlingen erstmals urkundlich „Stadt" genannt; im gleichen Jahr wird es österreichisch. Eine österreichische Enklave mitten im Herzen des fürstenbergischen Gebiets. Wen wundert's, dass das bei den Landgrafen der Baar dann doch die eine oder andere „Herz-Rhythmus-Störung" auslöste. Der Ärger war jedenfalls vorprogrammiert. Und er kam auch. Bräunlingen wurde immer wieder zum Zankapfel zwischen den Fürstenbergern und den Österreichern. Das Städtchen war schließlich nicht ohne. Es hatte einen riesigen, 2000 Hektar großen Stadtwald. So was bedeutete Wohlstand und Arbeit und weckte deshalb Begehrlichkeiten bei den Fürstenbergern.

1685 eskalierte die Geschichte und die Bräunlinger hätten ihren Wald fast an den Nachbarn verloren. Nur das beherzte Eingreifen ihres Oberschultheißen Johann Konrad Gumpp, der seinen Einfluss auf Kai-

Der Bräunlinger Narrenbrunnen gilt als einer der schönsten im ganzen Ländle.

ser Leopold geltend machen konnte, rettete den Waldbesitz der Stadt vor dem Zugriff des großen Nachbarn. Der Kaiser schickte ein Regiment in den Wald, das die fürstenbergischen Soldaten aus der vorderösterreichischen Enklave vertrieb. 1806 war es mit der Zugehörigkeit zu Österreich vorbei. Napoleon hatte mit Hilfe seiner Truppen in Europa die Karten neu gemischt. Bräunlingen wurde badisch.

Zu den Sehenswürdigkeiten im Ort gehört das Mühlentor. Es war

Das Bräunlinger Rathaus mit dem Gumpp-Brunnen im Vordergrund.

Stolz sitzt der Löwe auf dem Kreisel bei der Löwenbrauerei.

Ein Gotteshaus mit einem imposanten Turm: die Stadtkirche.

zwar als einziges der vier Tore im 19. Jahrhundert nicht abgerissen worden, 1903 aber durch einen erweiterten Neubau ersetzt worden. Auch Teile der Stadtmauer sind noch erhalten und der mittelalterliche Stadtgrundriss ist nach wie vor gut erkennbar.

Immer wieder staunen Besucher wie einfühlsam das Städtchen saniert wurde. Besonders bemerkenswert: die St. Remigiuskirche. Die uralte Stadtkirche ist vom Friedhof umgeben und eine der Mutterkirchen der Baar. Der Turm als ältestes erhaltenes Bauteil entstand um das Jahr 1000. Der spätgotische Flügelaltar ist der einzige seiner Art in der ganzen Region, der noch an seinem originalen Standort erhalten ist. Doch auch die mächtige, in den Jahren 1881 bis 1889 erbaute Stadtkirche

in der Innenstadt macht Eindruck. Unbedingt besichtigen sollte man auch das Museum im alten, mächtigen Reichenauer Kelnhof, wo auf 800 Quadratmeter Ausstellungsfläche die Kulturgeschichte der Stadt in all ihren Facetten gezeigt wird.

Zur Bräunlinger Museumslandschaft zählt auch das Waldmuseum beim alten Schützenhaus am Triberg und natürlich das Fasnachtsmuseum der örtlichen Narrenzunft. Apropos Fasnet: Seit 2004 hat man einen großartigen Narrenbrunnen, geschaffen vom Hüfinger Bildhauer Bernhard Wintermantel.

Bräunlingen ist ein reizvolles Städtchen, das zusammen mit seinen Stadtteilen Bruggen, Döggingen, Mistelbrunn, Waldhausen und Unterbränd nicht nur seinen rund 6000 Einwohnern, sondern auch seinen Gästen jede Menge bietet. Vor allem versteht man es hier auch vortrefflich Feste zu feiern.

Egal, ob es nun die alemannische Fasnet, der berühmte Straßenmusiksonntag, der alle zwei Jahre am letzten Augustwochenende stattfindet, der Schwarzwaldmarathon am zweiten Oktoberwochenende mit der wohl schönsten Strecke in ganz Deutschland oder die weit über die Ortsgrenze hinaus bekannte Bräunlinger Kilbig am dritten Oktoberwochenende ist. Das Dabeisein lohnt lohnt sich auf jeden Fall.

Im mächtigen Kelnhof (links) ist heute das Museum untergebracht, doch nicht nur der Kelnhof, sondern das gesamte Areal ist ein städtebaulicher Glanzpunkt Bräunlingens.

Na so was

*Kling, Glöckchen,
klingelingeling!
Kling, Glöckchen, kling!
Lasst mich ein, ihr Kinder!
Ist so kalt der Winter!
Öffnet mir die Türen!
Lasst mich nicht erfrieren!
Kling, Glöckchen,
klingelingeling!
Kling, Glöckchen, kling!*

Wer kennt es nicht, das obige Weihnachtslied, das laut einer Umfrage nach „Stille Nacht" und „Oh du Fröhliche" das drittbeliebteste Weihnachtslied der Deutschen überhaupt ist? Doch wussten Sie, dass

Kling, Glöckchen, kling…

dieses Lied von Benedikt Widmann (Foto) stammt, der 1820 in Bräunlingen geboren wurde?

Widmann wirkte in Frankfurt als Verfasser verschiedener musiktheoretischer Schriften, als Herausgeber von Musik barocker Meister und als Liederkomponist. Darunter auch das obige berühmte Weihnachtslied. Der Bräunlinger starb 1910 in Frankfurt.

Bruggen

Der kleine Stadtteil Bruggen gehört bereits seit 1939 zur Stadt Bräunlingen. Im idyllischen Dörfchen an der Breg, das ursprünglich aus vier Höfen, einer Burg und der 1308 erstmals erwähnten Kapelle bestand, leben heute rund 90 Einwohner. Die neogotische Antoniuskapelle wurde

1874 erbaut. Das Geläute mit den drei kleinen Glocken ist bei Windstille weithin hörbar.

Klein ist der schmucke Ort, aber er hat einen richtigen Promi hervorgebracht. Der heißt Hermann Ohlicher. Er wurde 1949 hier geboren und machte eine große Karriere als Fußballer beim VfB Stuttgart (siehe Menschen).

Menschen   Der VfB-Star aus Bruggen

Der im Bräunlinger Stadtteil Bruggen geborene Hermann Ohlicher begann seine Profikarriere als Fußballer 1973 beim VfB Stuttgart als Stürmer und beendete sie als Mittelfeldorganisator und Mannschaftskapitän 1985 beim gleichen Verein. 1984 wurde er mit dem VfB deutscher Meister, wobei Ohlicher in der Partie in Bremen am 33. Spieltag in der 83. Minute den 2:1-Siegtreffer schoss, was dem VfB vorzeitig die Meisterschaft sicherte. Der Bruggener brachte es während seiner Zeit beim VfB in 389 Spielen auf 126 Tore. In Stuttgart ist Ohlicher

In seinen Glanzzeiten kaum zu bremsen: Hermann Ohlicher.

heute noch ein Begriff. Heute lebt er in Esslingen.

Ein beeindruckendes Bauwerk: die Gauchachtalbrücke bei Döggingen.

Döggingen

Der Ort liegt am Westrand der Baar und am Ostrand des Schwarzwaldes, hat eine Höhenlage zwischen 650 und 830 Meter und ist eingebettet in Wälder, grüne Wiesen und umgeben von Äckern. Wenn wir jetzt noch sagen, dass es den längsten Tunnel im Kreis und die wohl spektakulärste Brücke auf seiner Gemarkung hat, dann weiß wohl jeder, der sich auch nur ein bisschen auskennt, dass hier von Döggingen die Rede ist. Mit seinen nahezu 1100 Einwohnern ist das 1123 erstmals urkundlich erwähnte Dorf der größte Stadtteil Bräunlingens, zu dem es seit 1971 gehört.

Döggingen ist das natürliche Eingangsportal in die Gauchach- und Wutachschlucht und den Schluchtensteig und bietet damit traumhafte Wandermöglichkeiten. Die Natur-, Landschafts- und Vogelschutzgebiete auf der Gemarkung lassen das Herz jedes Naturfreundes höher schlagen. Durch den Ort verläuft auch die europäische Wasserscheide zwischen Donau und Rhein. Wenn wir schon bei der Natur sind: In Döggingen ist es mal nicht der Storch, der den Turm der Kirche dauerhaft in Beschlag genommen hat, sondern eine Kolonie seltener Fledermäuse, die sich hier richtig wohlfühlen.

Zwei Daten, die mit dem Verkehr zu tun haben, haben Döggingen ent-

G`schichtle — Ein Denkmal für den Kaiser

Wenn Oberschultheiß Gumpp und der österreichische Kaiser Leopold nicht gewesen wären, dann hätten die Bräunlinger heute wohl keinen Stadtwald mehr. Dankbar erinnerten sich die Bürger und errichteten 1904 dort, wo der Stadtwald beginnt, an der Straße nach Unterbränd, dem Kaiser ein Denkmal, den „Leopoldstein" mit der Inschrift „Dem Beschützer ihres Waldes Kaiser Leopold I. Die Stadt Bräunlingen". Und Gumpp? Er musste ein bisschen länger warten, aber 1955 bekam auch er sein Denkmal, den Gumpp-

brunnen gegenüber dem Rathaus. Was den Konflikt mit den Grafen und späteren Fürsten zu Fürstenberg betrifft: Mit den Donaueschingern kommen die Bräunlinger inzwischen schon zurecht, aber nach wie vor soll es in den Mauern Bräunlingens Bürger geben, die sich standhaft weigern, das in der Nachbarschaft gebraute weithin bekannte Bier auch nur anzurühren, zumal man in Bräunlingen mit der Löwenbrauerei der Familie Kalb ja eine eigene, zwar kleine, aber traditionsreiche, wirklich feine Brauerei hat.

scheidend mit geprägt. Das erste ist schon ein Weilchen her. Am 19. August 1901 wurde der der weiterführende Streckenabschnitt der Höllentalbahn von Neustadt nach Donaueschingen feierlich vom Badischen Großherzog in Betrieb genommen. Von diesem Tag an hatte Döggingen einen Bahnhof und deutlich bessere Entwicklungschancen.

101 Jahre später, am 23. Juli 2002, wurde mittags um zwölf die B31 aus dem Ort verbannt. Dies mit Hilfe der neuen, 791 Meter langen und 40 Meter hohen Gauchachtalbrücke und eines 1000 Meter langen Tunnels, die zusammen für die neue Ortsumfahrung sorgten. Die Brücke kostete 16,8 Millionen, der Tunnel 40,3 Millionen Euro. Ein Segen für

Bekannt für ihre kostbaren Fresken: die Kapelle in Mistelbrunn.

den Ort, der bis dahin schwer unter den erheblichen Belastungen gelitten hatte, die der Durchgangsverkehr der Bundesstraße mit sich gebracht hatte.

Mistelbrunn

Mistelbrunn sollte man nicht verlassen, ohne vorher die dem heiligen Markus geweihte Kapelle gesehen zu haben. Sie zählt zu den ganz frühen Zeugen christlicher Baukunst auf der Baar. In ihr wurden 1970 bedeutenden Fresken aus der Zeit um 1225 bis 1250 freigelegt, die u. a. die Schöpfungsgeschichte darstellen. Die ehemals selbstständige Gemeinde, die 1145 urkundlich erstmals erwähnt wurde, gehört seit 1972 zu Bräunlingen. Mit 900 Metern ist sie – umgeben von Natur pur – der höchst gelegene und mit seinen nur rund 80 Einwohnern der kleinste Stadtteil zugleich. Von Mistelbrunn genießt man eine herrliche Aussicht auf die Baar, den schwäbischen Jura und die Alpen.

Unterbränd

Unterbränd ist an schönen Tagen Ziel vieler, vieler Ausflügler. Das Dorf, das heute zu Bräunlingen gehört, hat nämlich einen See vor der Haustür: den Kirnbergsee. Er gilt als der wärmste Badesee im gesamten Schwarzwald. Seit am See Badestege gebaut wurden, macht das Baden noch viel mehr Spaß. Der See wurde 1922 von der Stadt Bräunlingen als Stausee zur Energiegewinnung angelegt (siehe Waldhausen) und dient auch dem Hochwasserschutz. Einige Daten gefällig? Die Staumauer ist 15 Meter hoch, hat eine Kronenlänge von 130 Meter. Die Wasseroberfläche des Sees beträgt 35 Hektar, seine Speicherfähigkeit liegt bei 1,6 Millionen Kubikmetern.

Unterbränd hat sich längst ganz auf seine Gäste eingerichtet, verfügt über einen Campingplatz und mit dem See über ein ideales Gewässer zum Surfen, Bootfahren, Schwimmen oder Angeln. Im Ort gibt es die notwendige Infrastruktur und attraktive gastronomische Angebote. Der im Naturschutzgebiet liegende See bezaubert auch mit seiner großartigen Artenvielfalt an Fauna und Flora. Auf dem Granitfelsen, der heute zusammen mit einer Staumauer den Brändbach zum See aufstaut, stand früher die Kürnburg der Zähringer.

Energie verbindet

Zweckverband Gasfernversorgung Baar

www.zvb-erdgas.de

In einem Meer von Grün gelegen: der Kirnbergsee.

Sie wurde gegen Ende des 12. Jahrhunderts erbaut und 1416 während der Fürstenbergisch-Lupfischen Fehde zerstört. Am besten entdeckt man die Schönheit der Landschaft bei einem Spaziergang rund um den See. 2,5 Kilometer ist der Weg lang.

Waldhausen

Der Name ist Programm: Der kleine Erholungsort Waldhausen liegt in einem Meer von Grün, unweit vom Kirnbergsee. Zusammen mit Mistelbrunn, Hubertshofen, Wolterdingen und Tannheim bildet er geologisch die Grenze zwischen Schwarzwald und Baar. Der wäldertragende Buntsandstein geht ostwärts in von Muschelkalk überlagertes Gestein über, auf dem Städte wie Villingen-Schwenningen, Bräunlingen oder Donaueschingen stehen. In Waldhausen gibt es seit 1922 ein Kraftwerk, das vom Kirnbergsee gespeist wird. Die 2,8 Kilometer lange Leitung überwindet einen Höhenunterschied von 65 Metern. Die Leistung des Wasserkraftwerks liegt bei 300 kW. Das Dorf gehört seit dem 1. April 1972 zu Bräunlingen und zählt rund 240 Einwohner.

 Erlebnis Gauchachrunde

Charakteristik: Wir erleben auf dieser Paradiestour den letzten ungezähmten deutschen Wildfluss der deutschen Mittelgebirge und erkunden dabei die wild-romantische Gauchachschlucht!
Ausgangspunkt: Döggingen, Wanderparkplatz Gauchachschule
Streckenlänge: 7,3 Kilometer
Höhenmeter: 200
Schwierigkeitsgrad: schwer
Streckenverlauf: Die Strecke ist mit den Schildern der Paradiestour hervorragend beschildert, sodass sich eine genaue Wegbeschreibung erübrigt.
Vom Ausgangspunkt über die Gauchachstraße zur Gauchachschlucht. Über die Gauchenhütte, die ehemalige Lochmühle und die Grünburg weiter zur Guggenmühle und über den Kupferbrunnen zurück zum Ausgangspunkt in Döggingen.

Blick auf Brigachtals schmucke Mitte mit dem Behördenzentrum und der Allerheiligen-kirche.

BRIGACHTAL

Es war schon spannend, was sich da im letzten Jahrhundert Ende der 60er-, Anfang der 70er-Jahre abspielte. In Baden-Württemberg war die Verwaltungsreform angesagt. Ziel war es, leistungsstärkere, größere kommunale Einheiten zu schaffen. So brach im ganzen Ländle die „Fusionitis" aus. Auch hier im Kreis war das so.

Neue Gemeinden und Städte entstanden. Manchmal freiwillig, manchmal auch unfreiwillig. Zu denen, die es freiwillig machten, gehörten Villingen und Schwenningen. Natürlich wollte die neue Doppelstadt, dass möglichst viele der umliegenden Gemeinden sich ihrem neuen Gebilde anschließen.

Manche taten's, manche aber auch nicht. Wie Überauchen, Kirchdorf und Klengen zum Beispiel. Alles Dörfer vor den Toren Villingens. Die drei zeigten VS die kalte Schulter, gingen ihren eigenen Weg, bildeten am 1. Oktober 1974 zusammen eine neue, eigene Gemeinde: Brigachtal. Benannt nach einem der beiden Quellflüsse der Donau, der sich hier durchs Tal nach Donaueschingen schlängelt, um sich dort mit der Breg zur Donau zu vereinen.

In Brigachtal packte man die mit der Fusion verbundene Jahrhundertchance in den nächsten Jahren beim Schopf. Auf Kirchdorfer Gemarkung entstand das völlig neue Ortszentrum der Gesamtgemeinde. Ein neues Rathaus und die 1982 fertig gestellte, moderne Allerheiligenkirche bilden das Gemeindezentrum, dazu Dienstleistungen, Wohnbebauung und Gastronomie. Beeindruckend. Im Gesamtort leben heute rund 5050 Menschen.

Kirchdorf

Der Name ist eigentlich Programm. War es zumindest früher. Das kleine Kirchdorf war nämlich einst einer der bekanntesten Kirchenstandorte zwischen Bodensee und Schwarzwald. Nicht ohne Stolz verweisen die Kirchdorfer noch heute auf ihre St.-Martins-Kirche. Ausgrabungen des Landesdenkmalamtes in den Jahren 1978 bis 1982 haben ergeben, dass dort bereits um das Jahr 600 eine Vorgängerkirche gestanden

G'schichtle — „Scheee" war's im Spiegelsaal

Schon mal was vom Spiegelsaal gehört? Nein, nicht von dem in Versailles natürlich, sondern dem in Beckhofen. Leider gibt es letzteren seit über 20 Jahre nicht mehr. Für die älteren Semester indes ist er schon fast eine Legende, Kult, noch heute noch in allerbester Erinnerung. Fast jedes Wochenende strömten damals die Besucher in Massen. Nicht nur aus der Region kamen sie, sondern weit darüber hinaus. Und dann wurde im Spiegelsaal gefeiert, was das Zeug hielt.

Irgendwann müssen wir jetzt natürlich auch noch verraten, warum der Saal der Gaststätte Spiegelsaal hieß. Wir tun's, auch wenn's ein bisschen peinlich wird. Ganz bestimmt nicht, weil alles blitzblank war! Das Gegenteil war der Fall. Schmuddelig war's und wie. Und gerade weil sich hier nun wirklich gar nichts gespiegelt hat, nannte man den Saal eben Spiegelsaal. Sauberer wurde es dadurch zwar auch nicht, aber vielleicht war es ja gerade deshalb dort so „scheee"…

Der Ochsen in Beckhofen: einst eine Kult-Kneipe. Heute erinnert nur noch die Inschrift an die alten Zeiten.

Gemeinde **attraktiv**er leben **Brigachtal**

Ganz nach dem Motto „attraktiver leben" bietet Brigachtal neben einer sehr guten Infrastruktur ein tolles Wohnklima für jede Altersgruppe und Lebenslage. Hier leben Menschen miteinander im Einklang mit der Natur. Zudem bieten viele Vereine ein abwechslungsreiches Freizeit- und Kulturangebot. Auf eine qualifizierte Jugend- und Seniorenarbeit wird besonderes Augenmerk gelegt. Ein neues Seniorenzentrum, drei Kindertagesstätten mit flexiblem Betreuungsangebot, eine Grundschule mit Ganztagsbetrieb und ein ausgebautes Glasfasernetz bietet die Gemeinde ihren Bürgern. Beliebt und bekannt ist Brigachtal auch für seine anerkannt gute Gastronomie.

Wir freuen uns auf Ihren Besuch.

Mehr Infos unter www.brigachtal.de

haben muss. Über eine frühmittelalterliche Kapelle wurde dann eine einfache Saalkirche erstellt, wie sie in der Nordostschweiz im 8 und 9. Jahrhundert verbreitet waren.

Im Laufe der Jahrhunderte gab es immer wieder Bautätigkeiten. Aus dem Hochmittelalter stammen noch wesentliche Bauteile der heutigen Kirche. Die Innenwände wurden zu Beginn des 17. Jahrhunderts mit Szenen aus der Heilsgeschichte und dem Totentanz sowie den zwölf Aposteln geschmückt. Teile dieser bemerkenswerten Malereien sind noch heute zu sehen.

Die Kirche wurde 1985 bis 1991 restauriert und dient heute als Gotteshaus für besondere Gottesdienste wie Hochzeiten und Veranstaltungen wie den „Kulturellen Herbst Brigachtal." Eine Veranstaltungsreihe, die sich weit über die Ortsgrenzen hinaus eine hohe Anerkennung erworben hat.

Klengen

Man schreibt den 26. April 1893. Seit Wochen hat es nicht mehr geregnet. Alles ist trocken. Es ist mittags um halb zwölf. In einer Scheune zündeln zwei vierjährige Kinder. Plötzlich werden die Einwohner durch den Ruf „Feuer" aufgeschreckt. Zu spät. Mit rasender Geschwindigkeit verbreitet sich der Brand. Die Katastrophe nimmt ihren Lauf. In Windeseile wird ein Haus nach dem anderem ein Opfer der Flammen. 122 Gebäude, fast die ganze Ortsmitte, werden ganz oder teilweise zerstört, 330 Personen obdachlos.

Vergessen hat man in Klengen das Unglück nicht. 1993, also 100 Jahre später, wird an der St. Blasiuskirche eine Gedenktafel enthüllt, die an die Brandkatastrophe erinnert. Nicht alle dürften wissen, dass die heutige Kirche, das Schulhaus und so gut wie alle Gebäude im Ortskern

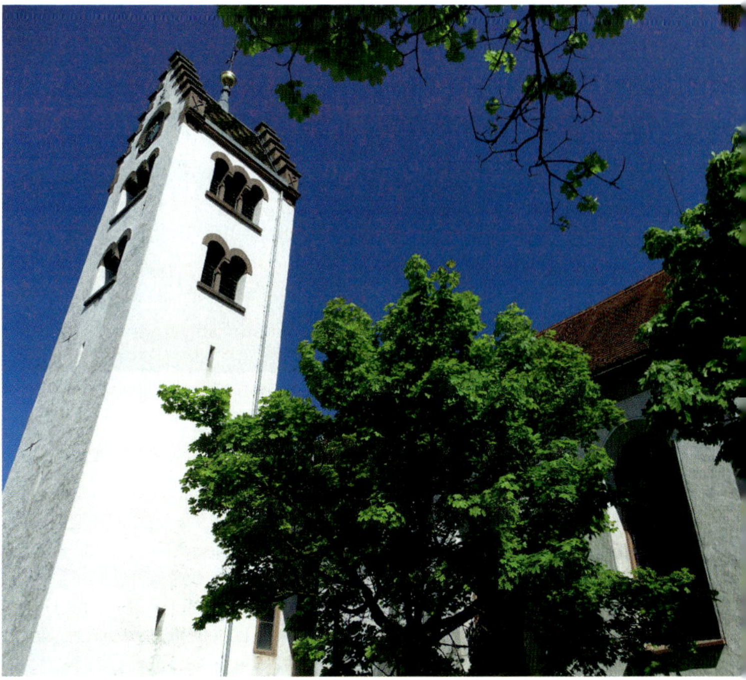

Der Stolz der Kirchdorfer: die St. Martins-Kirche.

Extra – Wenn Brigachtal zur Waffe greift

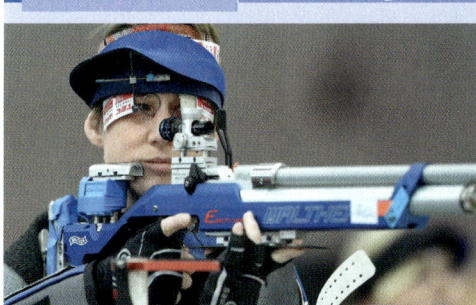

Die Bundesligaschützen des Schützenvereins Brigachtal gehören zu den sportlichen Aushängeschilder im Kreis. Unser Bild zeigt Silvia Guignard in Aktion.

Gleich mehrere Teams aus dem Kreis mischen in der deutschen Sportszene ganz oben mit. Denken wir nur an die Schwenninger Wild Wings im Eishockey oder an die Ringer aus Triberg. Beide sind in ihrer jeweiligen Sportart in der Bundesliga. Die Wild Wings in der ersten, die Triberger Ringer im Moment in der zweiten.

Ganz oben mischt auch ein Verein aus dem kleinen Brigachtal mit. Und zwar im Schießen. Seit 2000 sind dessen Sportschützen in der obersten deutschen Liga und wurden 2013 sogar deutscher Mannschafts-Vizemeister. Gehen Sie mal zu einem der Heimkämpfe der Brigachtäler, die in der Bad Dürrheimer Sporthalle ausgetragen werden. Was Sie erwartet? Toller Sport, tolle Stimmung, ein oft volles Haus und Brigachtaler Schützen, die (meistens) sehr gut drauf sind.

Hat sich zu einer attrativen Wohngemeinde entwickelt: Brigachtal. Unser Bild zeigt einen Blick auf die Ortsteile von Kirchdorf und Klengen.

aus der Zeit des Wiederaufbaus stammen, den die so schlimm heimgesuchten Klengener mit großem Engagement vorantrieben. Ein Schmuckstück besonderer Art stellt dabei das alte Schulhaus von 1893 dar. Es wurde im Jahr 1989 in ein Werk- und Vereinshaus umgebaut und prägt im Zusammenspiel mit der Kirche den Ort.

Die große Zeit Klengens kam nach dem Zweiten Weltkrieg. Plötzlich war der Ort in. Neue Baugebiete wurden erschlossen und förderten so den raschen Wandel vom reinen Bauerndorf zu einer attraktiven Wohngemeinde im Grünen. Das Dorf verdreifachte seine Einwohnerzahl. Klen-

---

Elmar Weißer, der Bartweltmeister aus Brigachtal.

Nach etwas aussehen muss er. So wie zum Beispiel der von Weißer, als er bei der WM im norwegischen Trondheim, in der Wettbewerbskategorie „Vollbart-Freistil" antrat und ihm seine Schwester am Morgen vor dem Wettbewerb in mehrstündiger Arbeit einen Elch und die norwegische Flagge in den Bart zauberte. Die Jury war hin und weg. Das Publikum auch. Weißer wurde Weltmeister. Es war einer von vier WM-Titel, die der Mann aus Brigachtal bis heute geholt hat.

Wer hat den schönsten Bart der Welt? Na klar, Elmar Weißer aus Brigachtal natürlich! Nein, Bart-Weltmeister wird man nicht einfach so. Da reicht es auch längst nicht, einen möglichst langen Bart zu haben.

Sie wollen Weißer kennenlernen? Kein Problem, in Klengen betreibt er ein Friseurgeschäft. Dort können Sie sich übrigens nicht nur die Haare, sondern auch den Bart schneiden lassen. Vom Weltmeister persönlich.

gen ist der größte der drei Brigachtaler Ortsteile. Und der älteste wohl auch. Funde auf Klengener Gemarkung reichen bis in die Jungsteinzeit zurück und die war 2000 vor Christus. Die erste urkundliche Erwähnung datiert aus dem Jahre 765. Auf dem sehr informativen Geschichtspfad entlang des Rad- und Spazierweges kommen wir von der Klengener Mühle nach Beckhofen, einem kleinem Weiler. „Ein hochgiebeliges Bauernhaus, daran wie ein Schwalbennest hineingelegt eine Fachwerkveranda und zwischen Haus und Scheuer geduckt ein spielzeugkleines Kapellchen". Schon fast liebevoll beschrieb der aus Donaueschingen stammenden Schriftsteller Max Rieple einst Beckhofen. 793 wurde der Ort erstmals erwähnt. Bis heute besteht er nur aus vier Häusern. Eines davon war früher das Domizil des Gasthaus Ochsen (G'schichtle, Seite 153). Doch das hat inzwischen längst geschlossen. Noch da ist dagegen das schmucke Kirchlein, das 1717 erbaut wurde. Bis 1924 war Beckhofen eine selbstständige Gemeinde, ehe der Flecken zu Klengen kam.

Idyllisch: die Brigach bei Brigachtal.

Überauchen

Überauchen ist der kleinste der drei Ortsteile von Brigachtal. Das soll aber nicht heißen, dass die Überaucher nichts zu bieten hätten. Im Gegenteil. Hier ist es gelungen, den alten Ortskern mit den Neubaugebieten zu verbinden. Mit der aktuellen Ortskernsanierung soll die Ortsmitte in neuem Glanz erstrahlen.

Das alte Schulhaus ist hier wieder zu Ehren gekommen. Mit beispielhaftem Engagement hat die Gesellschaft für Altertums- und Brauchtumspflege mit dem Heimatmuseum ein Kleinod eingerichtet. Einfach stark, wie hier die Geschichte der Gemeinde mit großartigen Exponaten dokumentiert wird. Auszustellen gibt es jede Menge, schließlich reicht die Siedlungsvergangenheit bis in

Das Kirchlein St. Nikolaus in Überauchen.

die Zeit der Kelten, Alemannen und Römer zurück.

Erstmals urkundlich erwähnt wurde Überauchen 1078. Damals noch als „Ubrach", was nichts anderes als „Über dem Wasser" bedeutet. Mit dem Wasser ist natürlich die Brigach gemeint.

Lädt zum Besuch: das Heimatmuseum in Überauchen.

Herrlich in einem „Meer" von Grün gelegen: die Gemeinde Dauchingen.

DAUCHINGEN

Geographisch liegt Dauchingen auf der nach Osten abflachenden Baarhochfläche, die östlich des Ortes steil ins obere Neckartal abfällt. Dass es sich auf dieser Gemarkung gut leben lässt, wussten offenbar schon die Römer. Im Gewann Riesenburg jedenfalls wurden Münzen aus den Jahren 88 bis 138 n. Chr. entdeckt, die auf eine „villa rustica" und damit eine römische Besiedlung hinweisen. Nach den Römern kamen die Alemannen, die sich um 270 dort ansiedelten.

Ja, und dann war es soweit: 1094 wurde die im dritten Jahrhundert entstandene Siedlung als „Taichingen" und „Töchingen" in Gründungsberichten des Klosters St. Georgen erstmals urkundlich erwähnt. Sogar eine Burg hatte der Ort damals. Hoch über der tief im Neckartäle gelegenen Talmühle gibt es von ihr heute sogar noch Spuren. Zerfallen

ist sie im 15. Jahrhundert. Nicht durch kriegerischen Akte, sondern weil das System der Wohnburgen im ländlichen Raum mit dem Aufblühen der Städte sich vielerorts selbst überlebt hatte, die Besitzer kein sonderliches Interesse mehr an Burgen dieser Art hatten.

Nach wechselvoller Geschichte vom 11. bis 15. Jahrhundert mit unterschiedlichen Herrschaftsverhältnissen (Zähringer, Fürstenberger und Hohenzollern) wurde Dauchingen in den Jahren 1479 bis 1803 Bruderschaftsstandort der Reichstadt Rottweil und kam damit zu Württemberg. 1810 wurde es mit weiteren Orte der Umgebung dem Großherzogtum Baden zugeteilt.

Ende der 60er-, Anfang der 70er-Jahre des letzten Jahrhunderts kämpften die Dauchinger im Zuge der Verwaltungsreform schließlich erfolgreich gegen alle Pläne, sie nach Villingen-Schwenningen einzugemeinden. Man blieb selbststän-

Nein, zu übersehen ist Dauchingen nicht. Schon von weitem grüßt der Kirchturm der Pfarrkirche St. Cäcilia (oben). Das untere Bild zeigt die Kirche dann von Nahem in einer einmal etwas anderen Perspektive.

Ein Zierde des Ortes: das repräsentative Dauchinger Rathaus.

dig. In „VS" war man darüber alles andere als glücklich. Ausgerechnet von dem kleinen, vor den „Toren" Schwenningens gelegenen Ort holte man sich einen Korb ab. Daran hatten die VS-ler dann doch kräftig zu knabbern.

Für die Dauchinger indes ging es auch im Alleingang richtig bergauf. Etwas mehr als 1800 Einwohner zählte das Dorf in jenen Jahren, als die neu entstehende Doppelstadt ein Auge auf das Dorf geworfen hatte. Heute sind es über 3000. So einen Zuwachs schafft man – auch in Dauchinger nicht – aus-

schließlich nur durch Geburten, sondern vor allem auch durch Zuzüge.

Die Gemeinde wurde gerade für Menschen aus ihrer Nachbarschaft zur beliebten neuen Wohnadresse. Vor allem auch für Schwenninger. So mancher ging hier an den Wo-

Aus der einstigen Heimat des Dorfbullen, dem Farrenstall, ist inzwischen ein schmuckes Bürgerzentrum geworden.

chcncndon nicht nur in den „Schwarzwälder Hof" zum Essen, sondern baute sein Häuschen dort und nahm sogar manchmal gleich seine ganze Firma mit.

Das Dauchingen von heute ist ein modernes Gemeinwesen mit Industrie, Handwerk, Handel und Landwirtschaft, einer prima Infrastruktur also und einem intakten Vereinsleben. Ein ganz besonderes Gebäude ist dabei das 1909 erbaute und zwischenzeitlich sanierte und ausgebaute Rathaus. Ein repräsentativer Bau, der vom Stolz auf das eigenen Gemeinwesen zeugt, eine Zierde des Ortes mit einem herrlichen Staffelgiebel und einem großartigen Erker. Sehenswert!

Noch ein Gebäude sollte man nicht übersehen – den Farrenstall. Nein, die Zeiten in denen hier der Gemeindebulle sein Dasein fristete und seinen Beitrag dazu leistete, dass den Dauchingern die Rinder nicht ausgingen, sind vorbei. Heute ist aus dem Stall ein modernes Begegnungszentrum für die Bürgerinnen und Bürger geworden.

Wer sich dem Ort nähert, dem fällt allerdings zunächst die Kirche ins Auge. Weithin sichtbar überragt die 1844 bis 1847 erbaute katholische Pfarrkirche St. Cäcilia mit ihrem 42 Meter hohen Turm und ihrem 27 Meter langen und 19,5 Meter hohen Kirchenschiff die Silhouette Dauchingens. So, als wollte sie sagen: „Schaut mich an. Es lohnt sich zu kommen. Gerade, was mich anbetrifft."

Lohnen tut es sich in der Tat. In dem Gotteshaus steht nämlich eines der bedeutendsten mittelalterlichen Kunstwerke im gesamten Schwarzwald-Baar-Kreis, ja in ganz Süddeutschland: eine große steinerne Marienfigur, die um 1280/1290 von einem unbekannten Straßburger Meister, der beim Wiederaufbau des

1271 brandgeschädigten Villinger Münster beschäftigt war, geschaffen worden sein dürfte. Die 1,95 Meter hohe Figur aus gelbgrauem Sandstein, die stilistisch stark den Figuren am rechten Seitenportal des Straßburger Münsters gleicht, war vom langjährigen Dauchinger Pfarrer Nepomuk Oberle von den Villingern angekauft worden. Das war dann doch etwas ganz besonders. So manche rätseln noch heute ein bisschen, wie das der Pfarrer einst geschafft hat, die Maria von den Villingern loszueisen. Schließlich war sie nicht irgendeine Madonna, sondern einst eine Hauptfigur des Villinger Hochaltars. Oberle, der nicht nur Pfarrer, sondern auch leidenschaftlicher Kunstsammler war, holte darüber hinaus auch die weit bekannten Rosenkranzmedaillons der Kirche von Villingen nach Dauchingen. Ein Villinger schmunzelnd: „Wenigstens ließ er das Münster dort."

Wenn gerade kurz von einem Kirchenbrand in Villingen die Rede war: Von einem solchen

Eines der bedeutensten Kunstwerke im Kreis: die Dauchinger Madonna.

Gotteshaus im Schwarzwald-Stil: die evangelische Kirche in Dauchingen.

blieb auch Dauchingen nicht verschont. Am 9. Oktober 1981 wurde die erst 1967 erbaute evangelische Kirche ein Raub der Flammen. Brandursache: ein Defekt in der Elektrik. Die Hitzeentwicklung war so groß, dass selbst die Glocke dahinschmolz.

Bereits zwei Jahre später, am 30. Oktober 1983, stand die neue Kirche, ein beeindruckendes Bauwerk, ein Gotteshaus im Schwarzwaldstil.

Es wurde so konzipiert, dass es den vielfältigen Nutzungsbedürfnissen einer modernen Kirchengemeinde gerecht wird.

Menschen — Die Dauchinger Fußballstars

Die Brüder Daniel und Marco Caligiuri haben es geschafft, spielen in der ersten bzw. zweiten Fußball-Bundesliga.

In Dauchingen sind sie groß geworden und hier lebt bis heute ihre Familie, die sie bei jeder sich bietenden Gelegenheit besuchen: Die Rede ist von Marco und Daniel Caligiuri. Beide haben den gleichen Job, einen von dem viele Jugendliche träumen: Fußballbundesliga-Profi.

In der Familie sind die beiden nicht die einzigen, denen der Sprung ins bezahlte Fußballgeschäft gelun-

gen ist. Da gibt es den Onkel Karl-Heinz Wöhrlin, der bereits in den 1980er-Jahren in der Bundesliga dem runden Leder nachjagte. Der ältere der Brüder, Marco, kam über die Jugend des VfB Stuttgart, Daniel über die Nachwuchsschule des SC Freiburg zu den Profis. Beide lieferten sich in der Bundesliga Bruderduelle, erstmals im Jahr 2010 als Marco beim FSV Mainz und Daniel bei den Freiburgern aktiv war. Daniel spielt inzwischen beim VfL Wolfsburg, ist dort einer der Leistungsträger.

Marco ist beim Zweitligisten Spvgg. Greuther Fürth unter Vertrag und will natürlich ebenfalls ganz rasch wieder nach oben. Beide sind übrigens bekennende Fans der Schwenninger Wild Wings. So lassen sie sich bei ihren Besuchen zu Hause einen Besuch in der Helios-Arena fast nie nehmen. Dort entstand auch unser Bild.

Auf ins wildromantische Neckartäle!

Im Neckartäle bei Dauchingen.

Wer im Herzen Dauchingen steht, der kommt auf den ersten Blick wirklich nicht auf die Idee, dass das Dorf am Neckar liegt. Aber es stimmt. Dies sogar an einem seiner schönsten Streckenabschnitte. Ein ganzes Stück verläuft das weithin bekannte, landschaftlich reizvolle Neckartäle nämlich auch auf Dauchinger Gemarkung. Hier hat sich der noch junge Neckar schluchtenartig sein Bett durch den oberen Muschelkalk geschaffen. Ursprüngliche, wildromantische Natur pur.

Man erreicht das Neckartäle entlang der Kreisstraße (K 5705) in Richtung Deißlingen und zweigt vor der Neckarbrücke (Kreisgrenze) nach links dem Hinweisschild „Wanderparkplatz" folgend ab. Hier finden Sie auch Wandervorschläge.

Noch ein Tipp: Zum Ziel besonders vieler Wanderer wird das Neckartäle jedes Jahr an Christi Himmelfahrt (Vatertag), wenn der Dauchinger Musikverein zu seinem großen Neckartälefest einlädt. Also nichts wie hin.

Arbeiterwohlfahrt
**Kreisverband
Schwarzwald-Baar e.V.**

AWO – Pflege mit Herz

Wir bieten einen Rundum-Service der alle wichtigen Bereiche des täglichen Lebens umfasst.

- **Ambulante Pflege & Beratung**
- **Nachbarschaftshilfe**
- **Essen auf Rädern**
- **Notruf für zu Hause & unterwegs**

- **Ihre zentrale AWO-Hotline:**
  # 07721/9866-0

Unsere Dienstleistungen erhalten Sie zuverlässig und pünktlich in den Raumschaften Villingen-Schwenningen, St. Georgen, Donaueschingen Bräunlingen und Blumberg.

**Klinikstraße 3 • 78052 Villingen-Schwenningen
Tel. 07721/9866-0 • www.awo-schwarzwald-baar.de**

Donaueschingen
Die Stadt an der Donauquelle

Dort, wo die Reise der Donau beginnt, liegt der Erholungsort Donaueschingen – eine lebendige Verbindung aus Tradition und Fortschritt. Einerseits Kulturstadt und Fürstensitz, andererseits moderner Lebensraum für aktive Menschen. Dazu tragen unter anderem die Donauquelle im Fürstlichen Schlosspark, die Donaueschinger Musiktage sowie das Internationale Reitturnier bei.

Kultur erleben

Donauquelle • Fürstlich Fürstenbergisches Schloss • Innenstadt mit Jugendstilensemble und Residenzbereich • Fürstliche Sammlungen • Museum Art.Plus • Zunft-Museum • Kinder- und Jugendmuseum • Fürstenberg Brauerei • traditionsreische Veranstaltungen

Erlebnisführung „Geschichte und Gegenwart" ganzjährig Sa. 10:30 Uhr, Erlebnisführung „Die Donauquelle" Mai - September So. 10:30 Uhr

Natur genießen

abwechslungsreiche Baarlandschaft • Donauzusammenfluss • Fürstliche Parkanlage • Riedseen • Geologischer Garten

Aktiv sein

abwechslungsreiches Rad- und Wanderwegenetz • Beginn des Donau-Radweges • 45-Loch-Golfanlage • Minigolfanlage • Loipennetz • Schwimm- und Strandbad

Tourist-Information
Karlstraße 58 • 78166 Donaueschingen
Telefon: +49 771 857-221
tourist.info@donaueschingen.de
www.donaueschingen.de

DONAUESCHINGEN
Die Quelle und mehr

Neuer Glanz an der Donauquelle

„Mutter Baar" weist an der Quelle in Donaueschingen der jungen Donau den Weg ins Schwarze Meer. Im Hintergrund die Kirche St. Johann.

DONAUESCHINGEN

Was verbinden Sie mit Donaueschingen? Die Donauquelle? Den Ort, wo Brigach und Breg die Donau zuweg bringen? Das Schloss? Die Heimat der Fürstlich Fürstenbergischen Brauerei? Die Musiktage? Das Reitturnier? Schon diese Aufzählung zeigt: Es lohnt sich, mit dieser zweitgrößten Stadt im Schwarzwald-Baar-Kreis Bekanntschaft zu machen.

Urkundlich taucht Donaueschingen im Jahr 889 auf, was aber beileibe nicht heißen soll, dass hier nicht schon vorher was los war. Kelten, Römer und Alemannen hinterließen so manche Spuren, wobei man sich an das Jahr 15 v. Chr. in Donaueschingen besonders gerne. Damals entdeckte nämlich Tiberius die Donauquelle.

Über Jahrhunderte hinweg war der Ort ein Dorf wie viele andere. Die Wende kam 1723. Plötzlich wur-

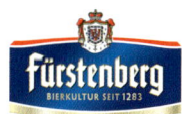

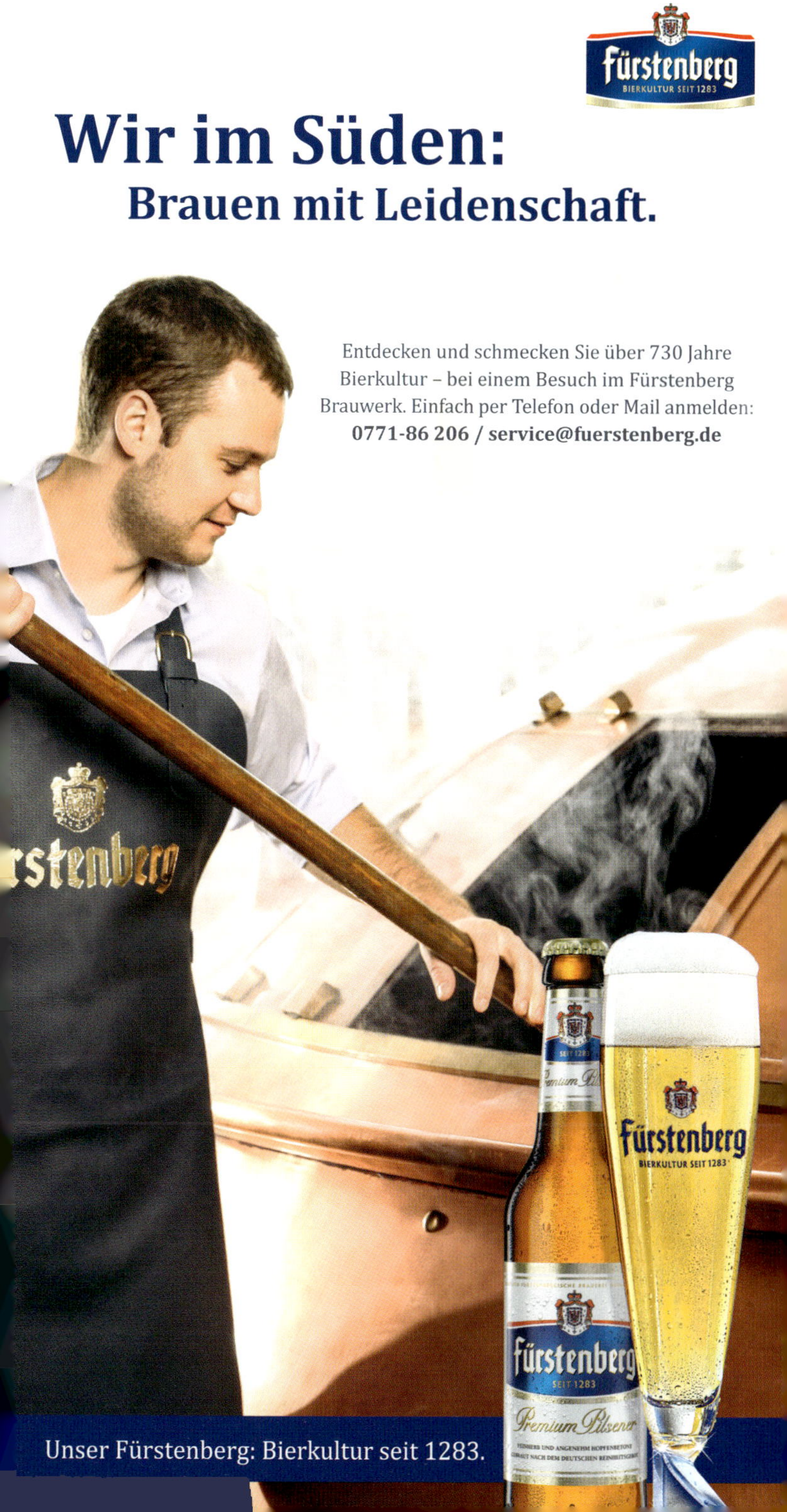
Fürstenberg
BIERKULTUR SEIT 1283
Wir im Süden:
Brauen mit Leidenschaft.
Entdecken und schmecken Sie über 730 Jahre
Bierkultur – bei einem Besuch im Fürstenberg
Brauwerk. Einfach per Telefon oder Mail anmelden:
0771-86 206 / service@fuerstenberg.de
Fürstenberg
SEIT 1283
Premium Pilsener
Fürstenberg
BIERKULTUR SEIT 1283
Unser Fürstenberg: Bierkultur seit 1283.

Kostbar: die Innenausstattung der St. Johann-Kirche.

de Donaueschingen richtig bedeutend. Es war das Jahr, in dem Fürst Josef Wilhelm Ernst zu Fürstenberg seine Residenz von Stühlingen hierher verlegte. Zeitgleich legte er den Grundstein zu einem Barockschloss, das standesgemäßer Mittelpunkt eines der größten Staatswesen des deutschen Südwestens werden sollte (Extra, Seite 176).

Donaueschingen, das zu jener Zeit schon längst zum Hause Fürstenberg gehörte, war sozusagen über Nacht „Hauptstadt" eines richtigen Staatswesens geworden. Rund 85.000 Menschen lebten damals unter der Fürstenbergischen Herrschaft.

1806 war es dann aber für den Fürst mit dem Regieren vorbei. Napoleons Truppen hatten in Europa für grundlegende Veränderungen gesorgt, die auch das Haus Fürstenberg zu spüren bekam. Das Territorium des Fürstenhauses wurde zum Großteil dem Großherzogtum Baden zugeschlagen. 1810 wurde Donaueschingen zur Stadt erhoben, fünf Jahre später hier das Badische Bezirksamt Donaueschingen eingerichtet. 1939 wurde der Ort „Hauptstadt" des Kreises Donaueschingen. Das blieb man bis zur Verwaltungsreform 1972.

Dann war es vorbei mit dem Kreis Donaueschingen, aber auch mit dem Nachbarkreis Villingen-Schwenningen. „Aus zwei mach eins" war das Motto. Das neue Gebilde hieß Schwarzwald-Baar-Kreis. Neue Kreishauptstadt wurde Villingen-Schwenningen. Es gab so gut wie niemand in der Donaustadt, dem diese Entwicklung gepasst hätte. Vergebens hatte man darum gekämpft, Sitz eines Kreises zu bleiben.

Doch Donaueschingen hat die Entscheidung von damals „überlebt", hat sich selbstbewusst auch unter den neuen Gegebenheiten kontinuierlich weiterentwickelt. 1993 wurde es Große Kreisstadt. Heute leben

---

G'schichtle   **Vernarrt in Bissula**

Es war blond und es hatte blaue Augen, das alemannische Mädchen Bissula, das Kaiser Valentinian als letztem römischen Feldherrn bei seinem Vorstoß zur Donauquelle 368 als Kriegsbeute in die Hände fiel.

Woher wir das alles wissen? Nun, sein Kriegsberichterstatter und Hofdichter, Decimus Magnus Ausonius (310-390 n. Chr.) verliebte sich in den stürmischen Tagen Hals über Kopf in die „Ur-Donaueschingerin." Der Kaiser schenkte sie ihm. Ausonius nahm sich Bissula zur Frau und widmete ihr Liebesgedichte, die bis heute überliefert sind: „Bissula, kundig gar wohl des Donaustroms, wo er entspringt..." Bei den Gedichten handelt es sich übrigens um das erste, was von der Baar schriftlich überliefert ist.

Fürstenbergsammlungen -
Museum mit vielen Glanzpunkten

Kunstsammlung

Zu sehen sind wichtige Teile der fürstlichen Kunstsammlung. Der Bogen spannt sich dabei von mittelalterlichen Tafelgemälden und Skulpturen bis hin zum modernen Kunstwerk eines Anselm Kiefer.

Geschichte des Hauses Fürstenberg

Kleider und Uniformen, Miniaturen und Photos, Kelche und Pokale aus Gold und Elfenbein lassen den fürstlichen Glanz vergangener Zeiten lebendig werden. Wer aber würde Napoleons Reiseurinal oder seinen silbernen Essteller in den Donaueschinger Sammlungen vermuten?

Naturkundliche Sammlungen

Mit ihrer überwältigenden Fülle von Fossilien, Mineralien, Gesteinen und zoologischen Exponaten dokumentieren die naturkundlichen Sammlungen des Hauses Fürstenberg den besonderen Flair eines fürstlichen Residenzmuseums des 19. Jahrhunderts und ein einzigartiges Stück deutscher Museumsgeschichte.

„Fürstenberg Zeitgenössisch"

Jungen Künstlern der neuen Generation ist mit „Fürstenberg Zeitgenössisch" in den Sammlungen eine eigene Abteilung gewidmet.

ÖFFNUNGSZEITEN

April bis November
Dienstag bis Samstag
von 10-13 und 14-17 Uhr
Sonn- und Feiertage
von 10-17 Uhr

*Von Dezember bis
März geschlossen*

INFO

Fürstlich Fürstenbergische
Sammlungen Donaueschingen
Am Karlsplatz 7
78166 Donaueschingen
Tel.: 0771 229677563
a.wilts@fuerstenberg-gv.de
www.fuerstenberg-kultur.de

Wenn es ums Heiraten geht ist das Blaue Rathaus ein beliebtes Plätzchen.

in der Stadt über 20.000 Einwohner.

Zu den „Promis" Donaueschingens gehört die „Mutter der Baar". Die ist zwar nicht aus Fleisch und Blut, sondern aus Stein, aber jeder kennt sie. Dabei handelt es sich um die von Adolf Herr geschaffene Skulptur, die seit 1898 die Donauquelle ziert und dort ihrer Tochter, der jungen Donau, den 2480 Kilometer langen Weg zum Schwarzen Meer weist. Bei einem Besuch der Stadt ist diese Quelle ein absolutes Muss. Gerade jetzt, wo sie erst jetzt von Grund auf saniert wurde. Der Zugang ist nun sogar mit einem Aufzug möglich. Unmittelbar neben der Quelle steht die Schlosskirche St. Johann. Mit ihren doppelten Zwiebeltürmen ist das im böhmischen Barockstil erbaute Gotteshaus das Wahrzeichen der Stadt. Erbauen ließ es Fürst Joseph Wilhelm Ernst zu Fürstenberg in den Jahren 1724 bis 1747.

Von der Kirche mit ihrer schönen

Innenausstattung sind es nur ein paar Schritte bis in die Innenstadt. Das heutige Gesicht Donaueschingens hat viel mit dem Jahr 1908 zu tun. Damals vernichtete ein verheerender Stadtbrand weite Teile der Stadt. 125 Wohnhäuser und 158 Nebengebäude wurden ein Raub der Flammen, 221 Familien wurden obdachlos. Schaden: rund 2,5 Millionen Goldmark. Es war der letzte große Stadtbrand Deutschlands in Friedenszeiten.

Die Donaueschinger packten an, bauten ihre Stadt wieder auf. Mit viel Gefühl für das Schöne. Beim Gang durch die Karlstraße zum Rathausplatz fallen an zahlreichen Gebäuden Jugendstilelemente auf. Die schmiedeeisernen Balkone sind mit Blumenornamenten versehen. Hohe, schmale Fenster sowie in Gold gehaltene Verzierungen schmücken die Erker. Beeindruckend: das Rathaus mit seinem Musikantenbrunnen auf dem Vorplatz.

Auch an Museen hat die Stadt Stolzes zu bieten. Die berühmten

Na so was — Versiegt nie: der Quellenstreit

Ein Fluss, zwei Quellen: die Donauquelle im Schlosspark von Donaueschingen (links) und die bei der Martinskapelle (rechts).

Für die Donaueschinger ist klar: „Die historische Donauquelle ist bei uns." Und dann verweist man auf den Geograph Strabon. Der schreibt: „Der römische Feldherr und spätere Kaiser Tiberius ritt vom Bodensee 'gen Norden und fand dort nach einer Tagesreise die Quelle der Donau." Entdeckt hat er sie da, wo sie heute noch ist.

Doch in Furtwangen legt man sich auch nach über 2000 Jahren noch immer mit dem Kaiser an. Mit Vehemenz wird dort darauf verwiesen, dass die bei der Martinskapelle entspringende Breg mit ihren 45,43 Kilometern der längste Quellfluss der Donau sei und damit auch ihre eigentliche Quelle. Ganze wissenschaftliche Abhandlungen wurden zu dieser Frage erstellt. Mit unterschiedlichen Ergebnissen natürlich.

So geht der Streit um die Donauquelle zwischen Donaueschingen und Furtwangen denn auch munter weiter. Mal mehr und mal weniger heftig. Und man wird sich wohl – da braucht man nun wirklich kein Prophet zu sein – auch in 1000 Jahren nicht einig sein. Warum auch? Ein Gericht hat sogar davor gewarnt, den Streit zu beenden und sich geweigert ein Urteil zu sprechen. Der Streit – so die Richter – sei schließlich zu schön, um durch ein Urteil für alle Zeiten beendet zu werden. Ach ja, bei dem Gericht handelte es sich um das berühmte „hohe und grobgünstige" Narrengericht zu Stockach." Behandelt hat es den Fall 1984. An der Fasnacht natürlich.

Fürstenbergsammlungen zum Beispiel. Sie zeigen wichtige Teile der fürstlichen Kunstsammlung und erlesene Ausstellungsstücke zur Geschichte und Kultur des Hauses Fürstenberg. Das eigens für Museumszwecke errichtete Gebäude beherbergt eine reiche kunstgeschichtliche Sammlung. Zu ihren Besonderheiten zählen die prunkvollen Objekte der fürstlichen Kunstkammer. Mit Anselm Kiefer, einem gebürtigen

Extra · Das Fürstenhaus und das Schloss

Imposant: das Schloss in Donaueschingen.

Seine Existenz verdankt das Schloss der Erhebung Donaueschingens zur Fürstlich Fürstenbergischen Residenzstadt im Jahre 1723. Im gleichen Jahr noch legte Fürst Josef Wilhelm Ernst den Grundstein zu einem Barockschloss. Rings um das Schloss entstand zur gleichen Zeit ein ganzer Kranz herrschaftlicher Funktions- und Repräsentativbauten. Noch heute prägt dieses anmutige Ensemble den Charakter der Stadt Donaueschingen.

Das Schloss ist allerdings nicht unverändert im Barock stehen geblieben, sondern wurde fortlaufend den gewandelten Ansprüchen an Wohnkomfort und Repräsentation angepasst. Seine heutige Gestalt erhielt es durch einen grundlegenden Umbau in den Jahren 1892 bis1896. Eine erneute Wiedergeburt erlebte es schließlich im Jahre 2002. Damals zogen S.D. Fürst Heinrich und seine Familie in das Gebäude ein. Das Fürstenhaus leitete Sanierungsmaßnahmen ein, die 2007 abgeschlossen wurden. Ihnen ist es zu verdanken, dass die fürstliche Residenz heute wieder zu den eindrucksvollsten und besterhaltenen Schlössern in ganz Baden-Württemberg gehört. Die prächtigen Empfangs- und Repräsentationsräume können bei kunsthistorischen Führungen besichtigt werden.

Für noch etwas sollten Sie unbedingt Zeit finden: für einen Spaziergang durch den zum Schloss gehörenden großzügigen Park. Der um 1820 im französischen und englischen Stil angelegte Park beeindruckt mit seinem alten Baumbestand, seinen Teichen und Wasserläufen und einer ganzen Reihe historischer Denkmäler.

Donaueschinger (Menschen, Seite 179), ist hier einer der bedeutendsten Künstler unserer Zeit vertreten.

Kleider und Uniformen, Miniaturen und Fotos, Kelche und Pokale aus Gold und Elfenbein lassen den fürstlichen Glanz vergangener Zeiten lebendig werden. Unter den Exponaten gibt es auch einige ziemlich „verrückte" Stücke. Oder würden Sie Napoleons Reiseurinal oder seinen silbernen Essteller unbedingt in den Donaueschinger Sammlungen vermuten? Nein? Da sind sie trotzdem!

Eine besondere Attraktion sind auch die naturkundlichen Abteilungen. Hier stammt die Präsentation noch aus der Zeit, als Fürst Karl Egon III. 1868 das Museum einrichten ließ. Ein Museum im Museum sozusagen. Ausgestopfte Tiere aus aller Herren Länder: Bären, Tiger und Gürteltiere, Paradiesvögel und Adler, in Spiritus eingelegte Reptilien, Knochen von Mammuts und Sauriern, lassen den Rundgang für jedermann zum Erlebnis werden.

Seit 2011 sind die Fürstenbergsammlungen um eine weitere Attraktion reicher. In jenem Jahr gründeten Erbprinz und Erbprinzessin Christian und Jeannette „Fürstenberg Zeitgenössisch" Das Ziel ist die Vermittlung von Gegenwartskunst, wobei sich die Aktivitäten der Institution in die Vergabe von Stipendien an junge Künstler, den Aufbau einer Kunstsammlung sowie die Ausrichtung von Ausstellungen gliedern.

Dann das Museum Art.Plus. Schon dessen Gebäude ist ein Hit. Das aus dem Jahr 1841 stammende klassizistische Haus wurde mit großer Sorgfalt komplett saniert und erweitert. In strenger Schlichtheit gehalten überzeugt es nicht nur durch die helle, freundliche Fassade, sondern vor allem durch zahlreiche durchdachte Details im Inneren. Schauen Sie sich den Spiegelsaal an. Wetten, dass auch Sie hin und weg sind? Im Fokus des Museums steht die zeitgenössische Kunst. Dabei bietet das Museum mit seinen Ausstellungen einen abwechslungsreichen Einblick in das zeitgenössische Kunstgeschehen auf internationalem Niveau ohne dabei aber das qualitätsvolle regionale Kunstschaffen zu vergessen.

Auch ein Kinder- und Jugendmuseum gibt es inzwischen in der Stadt. In den Räumen der ehemaligen Hofbibliothek des Hauses Fürstenberg

Die Heimat der Fürstenberg-Brauerei.

Jahr für Jahr ein Top-Ereignis: das Reitturnier in Donaueschingen im Fürstlichen Park.

hat der Nachwuchs die Möglichkeit, als Forscher und Entdecker die Welt aktiv zu begreifen. Die Narrenzunft Frohsinn schließlich lädt zum Besuch ihres Narrenmuseums ein, das auf über 200 Quadratmetern rund um das närrische Geschehen in der Stadt und über historische und aktuelle Fasnachtsfiguren und Trachten auf der Baar informiert.

Den absoluten kulturellen Knüller haben wir noch gar nicht erwähnt: die Donaueschinger Musiktage. Sie sind weltweit das älteste und traditionsreichste Festival für Neue Musik. 1921 unter fürstlicher Protektion begründet, steht es auch heute noch für alle neuen experimentellen Formen auf dem Gebiet aktueller Musik und Klangkunst. Hier in Donaueschingen wurde und wird Musikgeschichte geschrieben.

Sie sehen, hier ist viel Kultur zu Hause. Und nicht nur die. Die Fürstlich Fürstenbergische Brauerei braut

Menschen

Ein Künstler mit Weltruf

Wussten Sie, dass einer der bekanntesten und erfolgreichsten Künstler Deutschlands nach dem Zweiten Weltkrieg aus Donaueschingen kommt? Hier wurde am 8. März 1945, kurz vor dem Ende des Zweiten Weltkriegs, im Luftschutzkeller des Donaueschinger Krankenhauses Anselm Kiefer als Sohn des Kunstpädagogen Albert Kiefer und seiner Frau Cilly geboren. Der Donaueschinger sollte einer der bekanntesten und erfolgreichsten Künstler Deutschlands nach dem Krieg werden. Als Maler und Bildhauer brachte er es zu Weltruhm. Seine Werke wurden und werden auf den bedeutendsten internationalen Kunstausstellungen und in vielen Museen Europas, Japans und der USA ausgestellt. Kiefer wurde mit einer ganzen Serie von Auszeichnungen be-

dacht. Auf der Frankfurter Buchmesse 2008 wurde ihm als erstem bildenden Künstler überhaupt der Friedenspreis des Deutschen Buchhandels verliehen. Er habe eine Bildsprache entwickelt, „die aus einem Betrachter auch einen Leser macht." Gelobt wurde von der Jury seine „expressive und texturreiche Malerei", durch die er seine Zeitgenossen immer wieder mit dem „Ruinösen und Vergänglichen" konfrontiert habe.

Wer in Donaueschingen mehr über Kiefer erfahren möchte, dem legen wir die Fürstenbergsammlungen ans Herz.

in Donaueschingen eines der besten Biere der Welt. Das ist kein Selbstlob, sondern ein kaiserliches. Der Spruch stammt nämlich vom letzten deutschen Kaiser, Wilhelm II., unter dem das Bier aus Donaueschingen zum Tafelgetränk Seiner Majestät avancierte. Die Geburtsstunde des Fürstenberg-Biers hatte bereits im 1283 geschlagen, als der damalige Graf Heinrich I. von Fürstenberg von König Rudolf I. von Habsburg die Landgrafenrechte und die Landgrafschaft Baar mit Tunôeschingen – dem heutigen Donaueschingen – als Lehen erhalten hatte. Mit dem Lehen waren auch die Braurechte verbunden. Gebraut wird in Donaueschingen immer noch. Mehr denn je sogar. Den Brauern kann man hier sogar über die Schulter schauen. Sie sind herzlich zu einer Brauereiführung eingeladen. Diese Einladung gilt natürlich auch fürs jährliche Brauereifest, eine der ganz großen

Der Dianabrunnen vor der Fürstenberg-Brauerei.

Jugendstilfassaden sind prägende Elemente der Donaueschinger Innenstadt.

Feten in der Stadt.

Berühmt ist die Stadt an der Donau auch für ihr Reitturnier. Jahr für Jahr gibt sich im Fürstlich Fürstenbergischen Park die Weltelite des Reitsports die Ehre. Sei es nun im Springreiten, in der Dressur oder im Ge-

Immer was los: Windhundrennen im Fürstlichen Park.

Extra   Ein Kaiser als Fan

Kaiser Wilhelm II., Deutschlands letzter Kaiser, hatte eine ganz besondere Beziehung zum Fürstenhaus und damit auch zur Stadt Donaueschingen. Ja, er war sozusagen ein richtiger Fan der Stadt. 13 Mal besuchte er sie während seiner Amtszeit. Fürst Max Egon galt damals als einer der engsten Freunde des Kaiser. Zusammen gingen sie hier auf die Jagd.

Wilhelm II. hinterließ Spuren, die wir heute noch sehen. Er persönlich fertigte den Entwurf für den 1904 errichteten Dianabrunnen auf dem Postplatz und auch der Donautempel im Schlosspark geht auf seine Initiative zurück.

Der Tempel in antik-griechischem Stil wurde 1910 nach den Vorstellungen des Kaiser unter der Leitung von dessen Baurat Franz Schwech-

ten ganz in Marmor ausgeführt. Er entstand in Erinnerung an die häufigen Besuche des Monarchen am Fürstenbergischen Hof und steht genau an der Stelle, an der sich der Donaubach, der das Wasser der

Stammgast in Donaueschingen: Kaiser Wilhelm II.

Donauquelle führt, mit der Brigach vereinigt.

Für noch etwas entwickelte der deutsche Kaiser damals eine große Leidenschaft: fürs Bier der Fürstlich Fürstenbergischen Brauerei. Es wurde zu seinem Tafelgetränk.

Immer einen Besuch wert: das Fürstenberg-Brauwerk in Donaueschingen.

Wer künftig die Fürstenberg Brauerei in Donaueschingen bei einer der beliebten Führungen besucht, kann den Brauern direkt über die Schulter schauen und den Brauprozess hautnah erleben. Möglich macht dies das neue Fürstenberg Brauwerk. Hier interpretieren die Braumeister die von alters her überlieferten Fürstenberg-Rezepte neu. Mit handwerklichem Können, ausgewählten Rohstoffen aus der Region und viel Passion komponieren sie die Brauwerk-Spezialitäten.

Ein Beispiel dafür: Zu Ehren des 500-jährigen Reinheitsgebots und der großen Fürstenberg Pils-Tradition präsentierte Braumeister Tristan Hoffmann 2016 das „Bohemia" (Foto) – eine Neuinterpretation des Fürstenberg Ur-Pilseners, das der damalige Braumeister Josef Munz schon im Jahre 1896 in der Donaueschinger Brauerei kreierte.

Seit dem Jahr 1283 steht der Name Fürstenberg für die hohe Kunst des Bierbrauens. Die Brauerei ist damit die traditionsreichste Baden-Württembergs. Deshalb werden von den Brauwerk-Spezialitäten jeweils nur 1.283 Flaschen abgefüllt. Jede Flasche ist nummeriert und vom verantwortlichen Brauer persönlich signiert. So entstehen Unikate bester Braukunst, die es nur bei wenigen ausgewählten Partnern, direkt in der Brauerei und im Fürstenberg Online-Shop gibt.

Das Brauwerk ist indes nicht nur für Braumeister gedacht, auch die Besucher können hier selbst prüfen, schmecken und Hand anlegen. Lassen Sie sich bei einem Brauerei-Rundgang von der technischen Ausstattung und der stilvollen Besucherlounge überraschen. Mit den original belassenen Wänden und Fußböden bleibt der Industriecharakter des Brauwerks erhalten. Weitere liebevolle Details runden das Gesamtbild einer traditionellen Brauhandwerksstätte ab.

Schule und Kirche: zwei Gebäude, die Aasen prägen.

spannfahren. Das ist Pferdesport vom Feinsten, der Zehntausende in seinen Bann zieht. Dann die packenden Poloturniere des Fürstenhauses im Fürstlichen Park, die Windhundtage, der fürstliche Weihnachtsmarkt im Marstall und, und, und… Soll noch jemand sagen, hier sei nichts los.

Aasen

Der schön gelegene Donaueschinger Ortsteil Aasen ist heute vor allem wegen des auf seiner Gemarkung liegenden Öschberghofs ein Begriff. Doch er hat auch sonst einiges zu bieten. Natürlich fällt da zunächst die hübsche Kirche mit ihrem typischen Treppengiebel und dem schönen Turm ins Auge. Ferner finden wir in dem 973 erstmals erwähnten Dorf einige sehr alte Häuser aus dem 15. und 16. Jahrhundert. Das „Klösterle" zum Beispiel, das einst zum Kloster St. Georgen gehörte oder das imposante spätgotische „s'Friedel's Huus". Wirklich schmuck ist auch das blau gestrichene, in Kirchennähe stehende Gebäude, in dem Schule und Rathaus untergebracht sind.

Vielleicht finden Sie bei einem Besuch Aasens auch ein bisschen Zeit für ein stilles Gedenken und lenken Ihre Schritte auf den Friedhof. Dort sind die Gräber von 55 deutschen Soldaten, die wenige Tage vor Ende des Krieges ihr Leben verloren, als die Gemeinde bei Kämpfen mit den Franzosen zum schrecklichen Kriegsschauplatz wurde. Auch drei Einwohner Aasens starben damals.

Heute ist das Dorf mit seinen über 1000 Einwohnern wegen seiner reizvolle Lage eine der bevorzugten Wohngemeinden der Gesamtstadt Donaueschingen. Das „Öko-Dorf" ist geprägt von seiner Naturlandschaft, seinen Baumalleen und Streuobstwiesen. Feiern kann man in Aasen übrigens auch. Das Dorffest Anfang September ist in der ganzen Region bekannt.

Allmendshofen

Direkt an der Breg, die es von hier nicht mehr weit hat, bis sie zusammen mit der Brigach die Donau zuweg bringt, liegt Allmendshofen mit seinem alten, malerisch wirkenden Ortskern, der von der dem heiligen Jakobus geweihten Kirche überragt wird. Das Gotteshaus liegt am Jakobs-Pilgerweg Neckar-Baar und hat im Innern eine Statue des Heiligen. Im Ort entspringt die Juniperusquelle, eine starke Karstquelle, deren Bach den nahe gelegenen Schlosspark durchquert.

So klein der Ort auch ist, auf eine richtige Berühmtheit kann auch verweisen: auf die „Selige Ruchtraud von Allmendshofen. Für Josef Viktor von Scheffel war sie historischer Hintergrund für seinen Roman „Juniperus" (G'schichtle, Seite 188).

Ohne Karl Albrecht, das ist sicher, gebe es weder das Aldi-Auslieferungslager in Donaueschingen und schon gar nicht den Öschberghof. Den Golfplatz nicht und auch das Hotel nicht. Projekte, die er hier realisiert und finanziert hat.

Zusammen mit seinem Bruder Theo hatte er Aldi gegründet und nach der Trennung in Aldi Nord und Aldi Süd für den Süden verantwortlich gezeichnet. Es war eine einzigartige Erfolgsgeschichte, die ihn zum reichsten Deutschen machte. Auf runde 18 Milliarden wurde sein Vermögen geschätzt, als er 2014 starb.

Schon lange vorher waren beiden Brüder Legenden. Zurückhaltend waren sie schon immer, hielten sich im Hintergrund. Als Theo Albrecht 1971 entführt wurde und erst nach einer Zahlung von sieben Millionen Mark wieder freikam, schotteten sich die Brüder gänzlich ab. Keine Interviews, keine Bilder, keine öffentlichen Auftritte. Die Aldi-Brüder wurden fast zum Phantom. Immer wieder gab es Rätselraten darüber, wo die Brüder denn nun lebten.

Karl jedenfalls war sehr häufig in Donaueschingen. Er hatte ein Faible für die Landschaft hier und seinen Öschberghof, auf dessen Areal er sich sein eigenes, schwer gesichertes Domizil errichten ließ. Hier fand er die Abgeschiedenheit und die Ruhe, die er suchte, konnte neben der Orchideenzucht seiner zweiten ganz großen Leidenschaft frönen, dem Golf. Selbst im fortgeschrittenen Alter war er noch mit dem Schläger unterwegs.

Natürlich kannten ihn einige, wussten welcher „Promi" da in ihrer Nähe war, doch niemand hing das an die große Glocke. So konnte der strenggläubige Katholik sonntags auch völlig unbehelligt in die Aasener Kirche gehen und sich nach dem Gottesdienst nicht nur einmal zu den Einheimischen an den Stammtisch setzen.

Noch eine Besonderheit hat Allmendshofen: das Belvedere auf dem Schützenberg. Anfang des 19. Jahrhunderts errichtet, diente es vermutlich als Lusthaus zum Verweilen und Genießen der Aussicht auf`s Schloss samt Parklandschaft. Nach der Sanierung wird es heute wieder für kleinere Veranstaltungen genutzt. Das kleine Belvedere hat es sogar schon mal zum „Denkmal des Monats" des Landes gebracht.

Aufen

Landschaftlich schön gelegen schmiegt sich Aufen im unteren Brigachtal an den Hang und hat sich zu einer beliebten Wohngemeinde entwickelt. Bereits 1935 war es nach Donaueschingen eingemeindet worden.

Hübsch ist die Kirche St. Vitus mit ihrem hörenswerten Geläut. Urkundlich wurde Aufen 1138 erstmals

UNSER

DONAUBUS

ESCHINGEN

FÄHRT

EIN

Freuen wir uns auf unser
neues Stadtbussystem:
Drei Linien, ein Takt, ab Herbst 2017

Sie war fromm, so fromm, dass ihr die Besuche in der heimischen Kapelle in Allemendshofen nicht reichten. Die Rede ist von Ruchtraud von Allmendshofen, einer Jungfrau aus dem Hause des örtlichen Rittergeschlechts.

So brach Ruchtraud Tag für Tag nach Mitternacht auf, um zu Fuß durch die damals fast unzugänglichen Wälder die drei Stunden bis nach Mistelbrunn (Seite 149) zu pilgern, um dort dem Frühgottesdienst

Dieses Bild in der Mistelbrunner Kirche erzählt die Geschichte der frommen Ruchtraud.

Kirchlein beizuwohnen. Dabei wurde sie immer von einem Hirsch begleitet, an dessen zwölf Geweihenden Lichtlein flackerten, die ihr den schaurigen Weg ausleuchteten. Als auch für sie schließlich irgendwann die Zeit zum Sterben gekommen war, war es ihr letzter Wunsch dort begraben zu werden, wo es Gottes Wille sei. Doch wie bekommt man

so etwas heraus? Nun, ihre Familie legte die Tote auf einen Wagen und ließ diesen ohne zu lenken durch zwei Stiere ziehen. Die ganze Gemeinde folgte dem Wagen. Und siehe da: Die Tiere zogen den Wagen zum Kirchhof in Mistelbrunn. In dem immer noch stehenden Kirchlein findet sich heute eine Votivtafel, die an diese Geschehnisse erinnert.

---

erwähnt. Ein beliebter Wohnplatz war Aufen aber schon viel früher. Dies beweisen Grabfunde aus alten Zeiten. Der Ort gehört bereits seit 1935 zu Donaueschingen.

Grüningen

Man kann sie ganz einfach nicht übersehen. Ganz oben auf dem höchsten Punkt des Ortes steht die Mauritiuskirche, weithin sichtbarer Blickfang und das mit Abstand älteste und bedeutendste Gebäude Grüningens. Bekannt ist das unter Denkmalschutz stehende Gotteshaus vor allem für seine wertvollen Fresken, die zu Beginn des 14. Jahrhunderts entstanden sein dürften und die in einem Zyklus vom Leben des Heiligen Mauritius und der Heiligen Katharina erzählen. Solche Zyklen waren hier, wie auch in anderen Kirchen, in jenen Zeiten als „Lesestoff" für

die zahlreichen Leseunkundigen gedacht, denen so biblische Geschichten vermittelt wurden.

Urkundlich erstmals erwähnt wurde Grüningen 1109. Einen seiner schwärzesten Tage erlebte das Dorf am 12. September 1911, als ein verheerender Brand 19 Gebäude des historischen Dorfkerns vernichteten. Seit 1972 gehört Grüningen nun zu Donaueschingen und hat in den letzten Jahrzehnten einen starken Wandel vom reinen Bauerndorf hin zu einer beliebten Wohngemeinde vollzogen.

Heidenhofen

Heidenhofen ist der kleinste Donaueschinger Ortsteil. Aber einer, den es sich anzusehen lohnt. Schon die Aussicht von dem hoch oben gelegenen Dorf ist ein Gedicht. Die Baar, die Schwäbische Alb, den

G schichtle — Grüninger Wein...

Weinanbau auf 700 Meter Höhe? Ja, Sie lesen richtig. Eher ungewöhnlich, aber soll es tatsächlich gegeben haben. Und zwar im Mittelalter in Grüningen. Das Gewann Rebberg erinnert noch heute daran. Die durstigen Mönche vom Kloster St. Georgen waren es, die die örtlichen Bauern dazu verdonnert haben sollen, trotz der Höhenlage Wein anzubauen. Wie der Tropfen vom Grüninger Südhang gemundet hat, wissen wir natürlich nicht. Wie lange angebaut wurde, auch nicht. Aber vieles deutet darauf hin, dass schon bald wieder Schluss war. Angeblich sollen die cleveren Grüninger „Winzer" nur die sauren Trauben nach St. Georgen geschickt und die „Guten" für sich selbst verwendet haben. Wer es genau wissen will, fragt am besten bei der örtlichen Zunft der Rebberghexen nach. Die kennen nämlich die genaue, die wahre Geschichte...

Schwarzwald oder die Schweizer Alpen – von hier aus sieht man sie bei guter Fernsicht alle. Dann der Ort selbst: 760 erstmals urkundlich erwähnt, weist er gleich einige Besonderheiten auf.

Zuvorderst die dem Heiligen Hilarius geweihte Kirche. Weit grüßt der stolze Turm hinaus ins Land. Am Eingang steht eine mächtige Linde. Nicht irgendeine, sondern die älteste im gesamten Schwarzwald-Baar-Kreis. Um 1670 wurde sie gepflanzt. Mit ihrem Durchhaltevermögen hat sie es zum Wahrzeichen des Dorfes gebracht.

Auch im Kircheninnern kommen wir ins Staunen. Die reich ausge-

G`schichtle — Die Strafe folgte auf dem Pferd

Wer in Heidenhofen ist, kann ganz einfach nicht wieder gehen, ohne sich das Bettelhansekreuz angeschaut zu haben. Um dieses aus Buntsandstein gefertigte Kreuz gibt es gleich mehrere Sagen. Die geläufigste erzählt, dass hier während des 30-jährigen Kriegs ein vorbeireitender Schwede den Gekreuzigten als Bettelhans verspottet haben soll. Unmittelbar darauf soll er zur Strafe vom Pferd gefallen sein und sich beide Beine gebrochen haben.

Ebenfalls mit dem Pferd, aber auch mit dem notwendigen Respekt, kam 1905 dann ein anderer – der deutsche Kaiser Wilhelm II. Dies nicht allein, sondern mit seinem engsten Freund und Jagdgenossen Max Egon zu Fürstenberg.

Hier, am Bettelhansekreuz, empfingen die Heidenhofener mit „großem Bahnhof" den hohen Gast. Der bekam dabei ganz sicher auch die Geschichte zu hören, die mit dem Kreuz verbunden ist.

stattete Kanzel aus dem Jahr 1698, der Bruderschaftsaltar von 1730, die älteste bespielbare Orgel der gesamten Baar, die 1733 gefertigt wurde und eine großartige barocke Monstranz machen diese Kirche zu einem richtigen kleinen Juwel in der Kirchenlandschaft des Schwarzwald-Baar-Kreises. Am Ortsrand steht das sagenumwobene Bettelhansekreuz (G'schichte, Seite 189).

Ach ja, Pferde gibt es in dem Ort auch. Jede Menge sogar. Runde 50 sind es und das bei gerade mal 250 Einwohnern, womit jetzt auch klar ist, warum Heidenhofen von manchen auch das „Pferdedorf" genannt wird.

Hubertshofen

Hubertshofen wurde 1352 urkundlich erstmals erwähnt und war in seiner Geschichte eigentlich immer mit der Stadt Bräunlingen verbunden. Doch als in Baden-Württemberg die Gemeindereform anstand, entschieden sich die Hubertshofer für einen Anschluss an Donaueschingen, zu dem sie seit 1972 gehören.

Der Ort, der heute rund 375 Einwohner zählt, liegt über 800 Meter hoch und ist bereits dem Schwarzwald zuzurechnen. An klaren Tagen bietet sich von hier ein überwältigender Blick von der Schwäbischen Alb im Nordosten bis hin zu der Gebirgskette der Schweizer Alpen im Süden. Noch heute ist Hubertshofen vor allem land- und forstwirtschaftlich geprägt. Die ausgedehnten Wälder laden zum Wandern und Spazierengehen ein, im Winter führen drei Loipen der Hubertusspur durch eine idyllische Winterlandschaft. Damit ist Hubertshofen sozusagen das „Skidorf" Donaueschingens.

Neudingen

Alt ist Neudingen, uralt sogar. Ein Landwirt fand auf der Gemarkung

---

Extra — Die Geschichte einer Orgel

In der Hubertshofener Sankt-Sebastians-Kirche steht eine kulturgeschichtliche Rarität, eine ganz besondere Orgel (Foto). Eine, was möglicherweise so viele nicht wissen dürften, mit jüdischer Vergangenheit. Sie stammt aus der ehemaligen Konstanzer Synagoge und zählt heute zu den ganz wenigen, weitgehend original erhaltenen Synagogenorgeln in Deutschland, die während des Dritten Reiches nicht zerstört worden sind.

Wie die Hubertshofener zu der Orgel gekommen sind? In den 20er-Jahren des letzten Jahrhunderts kauften sie die Orgel der jüdischen Synagoge Konstanz ab. Die Konstanzer wollten eine größere und die Hubertshofener waren gerade auf der Suche nach einer und hatten einen entsprechenden Tipp erhalten. Schnell wurde man sich damals handelseinig.

Steinwerkzeuge, die über 5000 Jahre alt sind. Nicht nur das. 1978 wurde im Gewann „Auf Löbern" ein alemannisches Reihengrab mit sensationellen Funden entdeckt. Darunter ein zu einem Webstuhl gehörendes Holzteil mit Schriftzeichen.

Neudingen hatte in alten Zeiten auch als gräfliche Pfalz und kaiserlicher Ruhesitz immense Bedeutung, war sozusagen eine richtig große Nummer. So verbrachte hier Kaiser Karl der Dicke bis zu seinem Tod im Jahre 888 seine letzten Lebensjahre. Um den Tod des Kaisers gibt es bis heute Rätsel, rankt sich so manche Geschichte. Einige glauben zu wissen, dass der Kaiser ermordet wurde. Wieder andere behaupten, dass er in den Sümpfen des Donaurieds erstickt ist. Vielleicht ist er aber auch „nur" eines ganz „normalen" Todes gestorben. Begraben ist er auf jeden Fall im Markusmünster auf der Reichenau.

Die Gruftkapelle der Fürsten zu Fürstenberg in Neudingen.

Im 13. Jahrhundert wurde in Neudingen ein Kloster gegründet, das 1803 säkularisiert wurde. 1852 brannte die ehemalige Klosteranlage ab. An der Stelle steht nun die 1850 erbaute Gruftkapelle der Fürsten zu Fürstenberg mit ihrem weithin sichtbaren Kuppelbau im Neo-Renaissancestil. Leider ist sie die meiste Zeit geschlossen. Im Park mit seinen mächtigen Bäumen entdecken wir die zum Teil beeindruckenden Grabmale der Mitglieder des Fürstenhauses.

Dann die Pfarrkirche St. Andreas im Herzen des Dorfes. Sie ist vor allem wegen ihres Grundrisses mit ihrem Querschiff einer der interessantesten Sakralbauten im ganzen Kreisgebiet. Es gibt Hinweise darauf, dass die Kirche einst Teil einer deutlich größeren Anlage gewesen sein könnte.

Das Neudingen von heute ist jedenfalls ein dörfliches Idyll, ein beliebter Wohnort für rund 650 Menschen. Hier sind Störche und Biber daheim, sucht sich die junge Donau ihren Weg, breiten sich Wiesen aus – einfach schön hier.

Pfohren

Wer an Pfohren denkt, dem fallen mit ziemlicher Sicherheit drei Dinge ein: die Entenburg, der Riedsee und natürlich die Störche. Die Entenburg ist das mächtige Wahrzeichen des Dorfes. Sie wurde 1471 vom Grafen Heinrich von Fürstenberg erbaut. In ihrer Geschichte hatte sie sogar kaiserlichen Besuch. Maximilian I. war es, der 1507 und 1510 zum Jagen da war und der Burg mit ihren vier Ecktürmen und bis 1,50 Meter dicken Mauern den Namen „Entenburg" gegeben haben soll. Heute ist sie in Privatbesitz.

Noch mehr Menschen als zur Entenburg strömen in Pfohren zumindest in den Sommermonaten an den Riedsee der inzwischen zu einem großartigen Freizeitzentrum für Gäste

Eines der markantesten und ältesten Gebäude im Schwarzwald-Baar-Kreis: die Entenburg in Pfohren.

Auf dem Kirchturm zu Pfohren ist der Storch seit Jahren Stammgast.

aus nah und fern geworden ist. Entstanden ist der See auf dem 50 Hektar großen Areal durch die Kiesgewinnung im Donauried. Heute gibt es dort tolle Bademöglichkeiten, einen hervorragend ausgestatteten Campingplatz, Tennisplätze und vieles mehr. Noch eine Besonderheit hat Pfohren aufzuweisen: Jahr für Jahr darf man sich hier über den Besuch von Weißstörchen freuen. Sie kommen schon seit Menschengedenken und haben dafür gesorgt, dass das erste Dorf an der jungen Donau auch als „Storchendorf" bezeichnet wird.

Zu Pfohren zählen auch die oberhalb des Dorfes gelegenen Immenhöfe, die in der Region insbesondere wegen ihres jährlichen großen Reitsportturniers bekannt sind. Nach dem Reitturnier im Fürstlichen Park ist das das zweite ganz große Reit-

Na so was Der Pfohrener Altersrekord

Vielleicht hat der eine oder andere schon davon gehört, dass Rottweil die älteste Stadt Baden-Württembergs ist. Über einen solchen Titel können Pfohrener dann doch eher nur schmunzeln. Die Pfohrener leben nämlich im ältesten Dorf. Und das nicht nur von ganz Baden-Württemberg, sondern von Deutsch-

land. Zumindest, wenn es sich bei der vom griechischen Historiker Herodot erwähnten keltischen Siedlung Pyrene tatsächlich um Pfohren handeln sollte. Die Anzeichen dafür sollen sich in der Forschung jedenfalls verstärkt haben. Damit wäre Pfohren die älteste schriftlich erwähnte Ortschaft Deutschlands.

Nein, nein, der Eindruck täuscht. Nicht immer ist es hier so ruhig. Im Sommer ist am Riedsee jede Menge los, kommen die Badefans zuhauf.

sportevent der Stadt. Nur mal so ganz am Rande: Keine andere deutschen Stadt kann mit gleich zwei solch herausragende Pferdesportereignissen aufwarten, wie Donaueschingen.

Wolterdingen

Nein, die Wolterdinger hatten es nicht einfach in ihrer Geschichte. So wurde der Ort in den Jahren 1856, 1901 und 1923 von schwersten Brandkatastrophen heimgesucht und kurz vor Ende des Zweiten Weltkrieges gab es am 22. Februar 1945 einen schweren Luftangriff auf das kleine Dorf, bei dem 28 Menschen getötet und 18 Häuser zerstört wurden. Darunter auch die Kirche St. Kilian. Sie ist es, die geradezu sinnbildlich für den Behauptungswillen der Wolterdinger steht. Bei den Katastrophen wurde nämlich immer

wieder auch das Gotteshaus schwer in Mitleidenschaft gezogen oder gar ganz vernichtet und immer wieder bauten es die Wolterdinger wieder auf. So überragt der stolze neogotische Bau bis heute das Ortsbild.

771 wurde Wolterdinger erstmals erwähnt, gehörte zunächst zu den Zähringern und dann ein halbes Jahrtausend zu Fürstenberg. Zur Zeit des Bauernkrieges zerstörten aufständischen Bauern 1525 die auf einem Bergsporn über der Breg gelegene Burg Zindelstein. 1806 wurde der Ort badisch und kam 1971 zu Donaueschingen. Heute ist es mit 1700 Einwohnern dessen größter Stadtteil.

Geprägt wird das am Übergang von der Baar zum Schwarzwald liegende Dorf natürlich auch von der Breg, die sich mal als lieblicher Bach, mal als reißender Fluss präsentiert und im Ort von einer unter Denk-

Extra   Kampf dem Hochwasser

Nein, so etwas wie 1990 soll sich nie wieder wiederholen. Donau, Brigach, Breg und viele weitere, an für sich kleinere Zuflüsse hatten sich zu reißenden Fluten entwickelt und weite Landstriche zum Teil meterhoch überschwemmt. Viele Städte und Gemeinden standen unter Wasser. Die Folge: mehrere Toten und Millionen von Schäden.

Seit dem 29. Juni 2012 können sich die Menschen sicherer fühlen. Viel sicherer sogar. In Wolterdingen wurde der neue Hochwasserstaudamm eingeweiht. 23 Millionen wurden in das Rückhaltebecken investiert, das als Trockenbecken konzeptioniert ist und erst ab einem fünfjährlichen Hochwasserereignis eingestaut wird.

Der Staudamm hat eine Kronenlänge von 460 Meter und eine maximale Höhe von 18 Metern. 4,7 Millionen Kubikmeter Wasser können so zurückgehalten werden. Damit ist die Hochwassergefahr nicht nur im Bereich der Oberen Donau entscheidend gemindert worden, sondern die Maßnahme soll sich selbst bis Ulm hinunter auswirken und auch dort noch eine Katastrophe bei einem 100-jährlichen Hochwasser verhindern. Gebraucht hat man den Staudamm außer bei einer Probestauung in den Anfangstagen bis 2016 noch nicht.

Inzwischen ist die Anlage zu einem richtigen Ausflugsziel geworden. Ein Spaziergang auf der Dammkrone oder unten im Becken mit den drei Durchläufen der Breg macht wirklich was her, ist sogar richtig spannend.

malschutz stehenden, beeindruckenden über 100 Jahre alten Steinbrücke gequert wird.

Die Hochwassergefahr ist indes entscheidend geringer worden, seit es den neue Hochwasserdamm gibt (Extra Seite 194). Besonders stolz sind die Wolterdinger auf ihr schmuckes Freibad, das Dank des großartigen Einsatz des Fördervereins Schwimmsportfreunde erhalten werden konnte.

Die Brücke über die Breg in Wolterdingen steht unter Denkmalschutz. Im Hintergrund der Turm der schmucken Kirche.

Traumhafte Ausblicke, wie hier auf der Fürsten-Route vom Magdalenenberg aus, genießen wir auf den beiden Touren, die wir Ihnen auf dieser Seite vorstellen.

Auf der Spur der Fürsten

FÜRSTEN-ROUTE

Charakteristik: Diese abwechslungsreiche, landschaftlich überaus reizvolle Tour startet und endet in der Fürstenstadt Donaueschingen und führt durch viele kleine, schöne Orte auf der Baar und im Schwarzwald. Unter anderem kommen wir auch am keltischen Fürstengrab am Magdalenenberg, dem größten keltischen Grabhügel Mitteleuropas, vorbei.
Länge: 38 km

Gesamtanstieg: 400 Meter
Schwierigkeitsgrad: leicht
Ausgangspunkt: Donaueschingen, Bahnhof
Streckenverlauf: Vom Donaueschingen Bahnhof radeln wir über Kirchdorf, Marbach, Pfaffenweiler und Tannheim nach Wolterdingen und von dort zurück nach Donaueschingen. Die Strecke ist als Fürsten-Tour ausgeschildert.

Schauen und genießen

BAARBLICK-ROUTE

Charakteristik: Der Name der Tour ist Programm. Sie startet in Donaueschingen und führt über das Hochplateau der Baar mit tollen Fernblicken in den südlichsten Teil des Rad-Paradieses bis an die Schweizer Grenze. Durch den Naturpark Südschwarzwald geht es über Hüfingen mit seiner einladenden Altstadt zurück nach Donaueschingen.
Länge: 48,5 km
Gesamtanstieg: 721 Meter
Schwierigkeitsgrad: mittel
Ausgangspunkt: Donaueschingen, Bahnhof
Streckenverlauf: Vom Donaueschinger Bahnhof geht es zunächst auf dem Donau-Radweg nach Pfohren, dort diesen verlassend nach Sumpfohren, Fürstenberg, Hondingen, Blumberg-Zollhaus, Fützen, Achdorf, Eschach, Opferdingen, Hausen vor Wald und Hüfingen zurück nach Donaueschingen. Die Tour ist hervorragend als Baar-Blick-Route ausgeschildert.

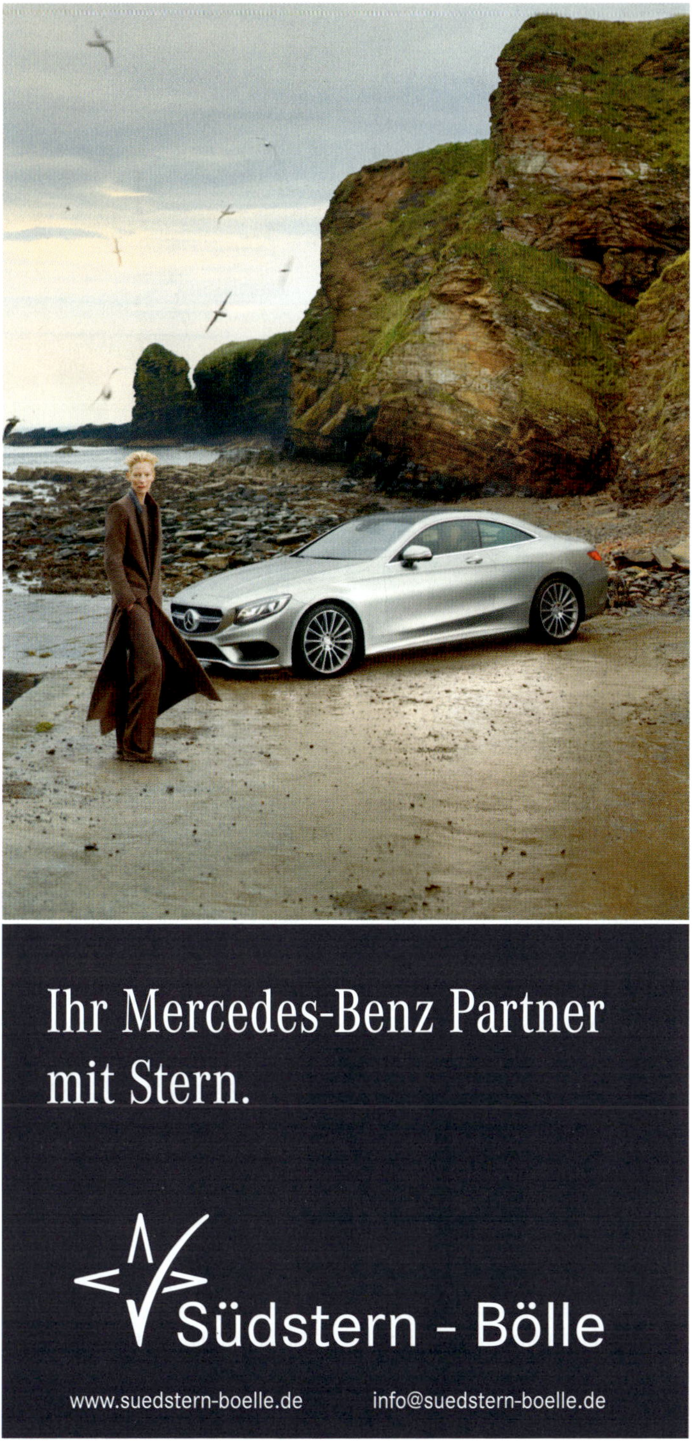
Ihr Mercedes-Benz Partner
mit Stern.
Südstern - Bölle
www.suedstern-boelle.de
info@suedstern-boelle.de

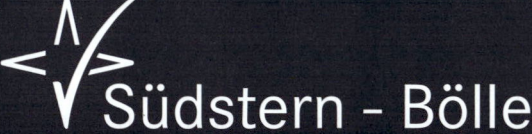

Wichtig für den Kreis und die gesamte Region: die Hochschule Furtwangen University. Hier ein Blick auf den Standort Furtwangen.

FURTWANGEN

Furtwangen ist wirklich was Besonderes. Eine Kommune mit Superlativen. Es die mit Meßstetten höchst gelegene Stadt in ganz Baden-Württemberg, die schneereichste zudem und – so haben es jedenfalls Statistiker ausgerechnet – die Stadt in Deutschland, in der es im Verhältnis zur Einwohnerzahl die meisten Studenten gibt. Das ist noch nicht alles. Hier ist das größte deutsche Uhrenmuseum beheimatet; hier findet Jahr für Jahr der schwerste deutsche Bike-Marathon statt; hier werden am Skiinternat Schüler zu absoluten Spitzensportler ausgebildet – nicht selten sogar zu Olympiasiegern – und hier kann man sich im Sommer in einem der höchst gelegenen Freibäder Deutschlands, dem Bregtalbad, erfrischen.

Man sieht, dieses lebendige Schwarzwaldstädtchen ist in vielerlei Hinsicht Spitze, und dass ein Bauernhof im Ortsteil Neukirch seit 1994 auch noch Drehort der berühmten Schwarzwaldserie „Die Fallers" ist, wollen wir natürlich auch nicht vergessen.

Nicht zuletzt entspringt hoch oben bei der Martinskapelle die Breg, der längste Quellfluss der Donau und damit ist dort – da beißt für die Furtwanger die Maus keinen Faden ab – die eigentliche Donauquelle. Doch in Donaueschingen sieht man das alles natürlich ganz, ganz anders (G'schichtle Seite 175). Anschauen sollte man sich die Quelle bei der Martinskapelle auf jeden Fall. Von hier aus sind es, wie auf einer Tafel unter der Überschrift „Donauquelle" zu lesen ist, genau 2888 Flusskilometer bis zum Schwarzen Meer.

Rund um die Martinskapelle gibt es im Winter traumhafte Langlaufmöglichkeiten. Dies mit Loipen in Richtung Brend, Rohrhardsberg und

zu weiteren bekannten Punkten. Zu den anderen Jahreszeiten ist die Gegend ein wahres Wanderparadies. Die Kapelle selbst wird in ihren Anfängen bis zurück ins 16. Jahrhundert datiert. So genau lässt sich dies bis heute nicht feststellen.

Von einem anderen Gotteshaus weiß man das. Von dem in Furtwangen selbst. Die dreischiffige Kirche wurde in den Jahren 1859 bis 1861 im neoromanischen Stil errichtet. Mit ihrem 52 Meter hohen, schlanken Turm ist die Pfarrkirche der architektonische Mittelpunkt und das Wahrzeichen der Stadt. Im Innern beeindruckt besonders der große Christus links neben dem Eingang. Ein hervorragendes Werk der Bildhauerkunst, vermutlich aus der Werkstatt der Winterhalders in Vöhrenbach. Der Neubau war notwendig geworden, nachdem das bisherige

Architektonischer Mittelpunkt und Wahrzeichen der Stadt Furtwangen: die Pfarrkirche St. Cyriak.

Beliebtes Ausflugsziel mit toller Fernsicht: der Brendturm bei Furtwangen.

Gotteshaus bei der großen Brandkatastrophe am 23. Juni 1857 samt dem Turm in Schutt und Asche lag. Das gesamte Inventar, Glocken, Turmuhr und vor allem die Orgel des Meisters Martin Blessing wurden ein Raub der Flammen. Wie übrigens nahezu der komplette Ortskern Furtwangens.

Furtwangen wurde 1179 erstmals erwähnt. In der Urkunde wurde dem Kloster St. Georgen damals der Besitz des Orts bestätigt. Schließlich war Furtwangen Teil der Herrschaft Triberg, die 1355 zu Österreich kam und 1806 an Baden fiel. 1873 wurde es zur Stadt erhoben.

Als Furtwangen Stadt wurde, war es längst zu einem Zentrum der Uhrenherstellung im Schwarzwald geworden. Schon im 17. Jahrhundert, als alles anfing, war man in Furtwangen vorne dabei. Und man blieb es. Ein Mann setzte dabei ganz entscheidende Pflöcke: Robert Gerwig, der vielen hauptsächlich als Erbauer der Schwarzwaldbahn ein Begriff sein dürfte (Menschen, Seite 204). Er drängte auf die Gründung einer Uhrmacherschule und wurde 1850 auch deren erster Rektor. Nach einer zunächst großartigen Entwicklung häuften sich gerade im letzten Viertel des letzten Jahrhunderts die Probleme. Viele der einstigen Schwarzwälder Uhrenfabriken mussten nicht nur in Furtwangen die Segel streichen. Der Druck auf dem Weltmarkt war zu groß geworden. Firmen waren gezwungen umzusatteln. Wer es nicht tat, starb. Weg von der Uhr, hin zur Feinmechanik, zum Apparatebau und Elektroindustrie. Viele schafften den Sprung gerade auch wegen der hervorragend ausgebildeten Arbeitskräfte. Viele, aber nicht alle. Aber es gab auch viele Neugründungen. Die Stadt steht heute gut da.

Aus der Uhrmacherschule von einst entwickelte sich die heutige Hochschule Furtwangen University. Ein großartiges Erfolgsmodell. Eine Hochschule mit rund 6500 Studenten; 3500 davon am Hauptstandort Furtwangen. 2400 Studierende an der Außenstelle in Schwenningen und 500 in Tuttlingen. Eine Abteilung der Hochschule ist übrigens das Deutsche Uhrenmuseum (Extra, Seite 202), das 1852 ebenfalls von Gerwig gegründet wurde.

Linach

1299 wurde Linach erstmals urkundlich erwähnt. Mit gerade mal 140 Einwohnern ist es der kleinste der Furtwanger Ortsteile. Mit seiner Höhenlage von rund 1000 Meter dafür eine der höchst gelegenen Ortschaften im Schwarzwald-Baar-Kreis. Linach war einwohnermäßig schon einmal fast doppelt so groß wie heute. Das war vor rund 150 Jahren, als auch hier das Uhrmacherhandwerk eine Blüte erlebte. Ein paar Zahlen unterstreichen dies. Im Dorf gab es 1865 20 Uhrmacher, drei Schildmaler, fünf Uhrenschilddreher und zahlreiche Dienstboten. Zum Vergleich: 1905 waren es gerade noch zwei Uhrmacher.

Das hübsch gelegene kleine Dorf

Herzlich willkommen in Furtwangen im Schwarzwald

Die am höchst gelegene Stadt in Baden-Württemberg

Furtwangen ist die am höchst gelegene Stadt in ganz Baden-Württemberg und die Vermittlung von Tradition und Moderne funktioniert hier tadellos. Durch die weitentwickelte industrielle Situation, die Hochschule Furtwangen und das bekannte Ski-Internat, steht die Stadt nie still und bietet gerade für junge Menschen eine gute Perspektive.

Die sympathische Schwarzwald-Stadt

Auch mit Tradition und Heimatliebe kann die sympathische Schwarzwald-Stadt dienen. Das Deutsche Uhrenmuseum, die Hexenlochmühle und natürlich der Ursprung der Donau am Kolmenhof sind nur wenige Sachen, die Furtwangen für Besucher und Einheimische zu bieten hat.

Furtwangen
an der Quelle

Stadt Furtwangen im Schwarzwald
Stadtverwaltung, Markplatz 4, 78120 Furtwangen
Telefon 07723/ 9 39-0, Fax 9 39-199, stadt@furtwangen.de, www.furtwangen.de
Sprechzeiten im Rathaus : Montag bis Freitag 9 Uhr bis 12.30 Uhr

Eines der prägenden Gebäude in Furtwangen: das Rathaus.

hat seit 1608 ein eigenes Kirchlein, die Wendelins-Kapelle. Und es hat seit dem Jahr 1911 noch etwas: eine Laienspielgruppe, die seit vielen Jahren zahlreiche Menschen begeistert, ihnen Freude macht. Ihren absoluten Höhepunkt erlebte sie 2008 und dann nochmals 2011, als sie unterhalb der sanierten Linach-Staumauer ein Theaterstück über den Bau der Staumauer aufführte. Man muss sich vorstellen: Rund 100 Akteure waren

Extra — Das Deutsche Uhrenmuseum

Wenn es um Uhren geht, kommt an dieses Museum kein anderes ran. Nicht von ungefähr ist es eben nicht „nur" ein Uhrenmuseum, sondern es ist das (!) Deutsche Uhrenmuseum. Mit rund 8000 Zeitmessern, von denen über 1000 zu sehen sind, beherbergt es die größte Uhrensammlung Deutschlands. 60.000 Besucher kommen im Jahr. Damit gehört das Museum zu den großen touristischen Attraktionen im Kreis. Es zeigt nicht nur eine beeindruckende Sammlung alter Schwarzwälder Holz- und Kuckucksuhren, sondern bietet darüber hinaus einen enzyklopädischen Überblick über die Geschichte der Zeit, wobei das Spektrum von der Sonnenuhr bis zur Atomuhr reicht und ein Fokus auf der handwerklichen und industriellen Uhrenherstellung im Schwarzwald liegt.

Kuckucksuhr mit Jagdmotiven, Schwarzwald um 1900. Zu sehen ist dieses Prachtexemplar im Deutschen Uhrenmuseum in Furtwangen, in dem es übrigens weit mehr als „nur" Kuckucksuhren zu sehen gibt.

Die Namen klingen wie das „Who is Who" des Nordischen Wintersports: Martin Schmitt (Skispringen), Thorsten Schmitt (Nordische Kombination), Simone Hauswald (Biathlon), Stefanie Böhler (Langlauf), Simon Schempp (Biathlon), Benedikt Doll (Biathlon), Fabian Rießle (Nordische Kombination), Carina Vogt (Skispringen), Alexander Herr (Skispringen), Sven Hannawald (Skispringen) und Georg Hettich (Nordische Kombination). Die Liste ließe sich noch um eine ganze Reihe erfolgreicher Sportler fortsetzen.

Was die genannten Sportler gemeinsam haben? Nun, zunächst einmal sind sie absolute Weltklasse in ihrer Sportart. Manchen von ihnen sogar Weltmeister oder Olympiasieger.

Doch da ist neben den Erfolgen und der Freude am Sport noch etwas, was sie verbindet. Sie alle sind Absolventen des Skiinternats Furtwangen, kurz SKIF genannt. Sie sehen: Furtwangen ist die Stadt, in der der Erfolg zu Hause ist. Hier werden Sieger ausgebildet. Weltmeister sogar. Seit über 30 Jahren ist das SKIF eine Kaderschmiede für Wintersportler. Ideengeber dieser Einrichtung war der badische Sportfunktionär und Ehrenvorsitzende des Schwarzwälder Skiverbandes Fredy Stober. Das SKIF war von Beginn an im früheren Don-Bosco-Heim der Salesianer Don Boscos untergebracht. Seit 2010 ist die Skiinternat Furtwangen Baden-Württemberg GmbH Eigentümerin des Gebäudes, wo derzeit 34 junge Sportlerinnen und Sportler intensiv betreut und trainiert werden.

Der Internationale Bund (IB), welcher Mitgesellschafter in der GmbH ist, ist gleichzeitig auch zuständig für die Unterbringung, Verpflegung und pädagogische Betreuung der Jugendlichen. Ergänzt wird die professionelle Arbeit durch zwei Eliteschulen des Sports.

Sowohl am Otto-Hahn-Gymnasium mit Realschule, als auch am beruflichen Schulzentrum der Robert-Gerwig-Schule wird den jungen Sportlerinnen und Sportlern die Möglichkeit gegeben, einen Realschulabschluss, das Abitur oder Fachabitur, die Fachhochschulreife oder aber Abschlüsse von beruflichen Schulen und verschiedene Berufsausbildungen zu erreichen. Verbindungslehrer an den Schulen, sowie Schülerinnen und Schüler sorgen dafür, dass den Athleten der Lernstoff in den Trainings- und Wettkampfphasen nicht ausgeht.

So sehen Sieger aus: die Schüler des Skiinternats Furtwangen beim Gruppenfoto.

Danke, Robert Gerwig

Er gilt als eine Art Universalgenie, war Straßen- und Bahnbauer, Schulgründer und Politiker und in vielen weiteren Bereichen tätig. Die Rede ist von Robert Gerwig, der 1820 in Karlsruhe geboren wurde. Gerade die Menschen hier im Schwarzwald-Baar-Kreis haben ihm jede Menge zu verdanken.

Robert Gerwig arbeitete nach seinem Studium zuerst im Straßenbau. Er plante neue Straßen in schwierigem Gelände. Wie zum Beispiel die von Gütenbach nach Furtwangen oder die von Vöhrenbach nach Unterkirnach. 1850 gründete er in Furtwangen die erste deutsche Uhrmacherschule, um die Uhrenproduktion in diesem, wie er sagte, „Armenhaus Baden" anzukurbeln.

Gerwig leitete die Schule bis 1857. Aus der Uhrmacherschule entwickelte sich die heutige Hochschule Furtwangen University. 1852 begann er damit, an der Schule eine Uhrensammlung zusammenzutragen. Es war der Anfang des heutigen Deutschen Uhrenmuseums in Furtwangen.

Ab 1857 war er vor allem mit dem Bau von Eisenbahnen beschäftigt. Zu seinen „Spezialitäten" gehörte es große Steigungen durch großzügige Schleifen und Kehrtunnel zu vermeiden. So, wie er dies beispielsweise auch bei der Schwarzwaldbahn umsetzte, die zwischen 1863 und 1873 nach seinen Plänen gebaut wurde. Für unsere Region ein Segen, denn sie erschloss den Schwarzwald verkehrsmäßig, war für deren wirtschaftliche Entwicklung Gold wert.

Es war übrigens nicht die einzige Bahn, die nach seinen Plänen gebaut wurden. Auch die Badische Hauptbahn im Abschnitt Waldshut-Schaffhausen - Singen - Konstanz und die Höllentalbahn zwischen Freiburg und Neustadt gehen auf ihn zurück.

Politisch saß Gerwig als Abgeordneter der Nationalliberalen im Badischen Landtag und später im Reichstag, wo er dann auch wesentlich am Bau des Reichstagsgebäudes in Berlin beteiligt war. Er wurde zum außerordentlichen Mitglied der Königlich Preußischen Akademie des Bauwesens in Berlin ernannt. Gerwig starb 1885.

dabei. Nahezu ganz Linach stand auf der Bühne oder mischte hinter den Kulissen mit. Die Freiluftkulisse am Originalschauplatz war großartig, die Schauspieler famos und das Publikum hellauf begeistert. Tausende strömten zu den verschiedenen Aufführungen. Toll!

Neukirch

Jetzt heißt es aber tief durchatmen! Schließlich sind wir in Neukirch, einem Luftkurort. Der einzige Ortsteil von Furtwangen übrigens, der in Richtung Rhein entwässert und der Donau damit doch glatt die kalte

Schultor zeigt. In alten Zeiten gehörte die Gegend zur Grundherrschaft des Klosters St. Peter, die vermutlich um 1200 hier die „Neue Kirche" baute, die dem „Meiertum ze der Newen Küchen" (1356) den Namen gab. 1435 wurde ein neues Gotteshaus erbaut, 1729 kam ein Langhaus hinzu. Der Turm ist bis heute erhalten. 19 Höfe gab es einst in dem Ort, von denen 16 noch immer bewirtschaftet werden. Dies zum Teil seit über 400 oder gar 500 Jahren von den gleichen Familien.

Namensgeber des Ortes: die Kirche in Neukirch.

Eine wirtschaftliche Besonderheit Neukirchs im 18. Jahrhundert war die Herstellung hölzerner Uhren, die vom Kloster sehr gefördert wurde. 1808 waren von 702 Einwohner 95 Uhrmacher. Neukirch war zu einem richtigen Uhrmacherdorf geworden. Hier wurde von Johann Wehrle1770 auch die erste Schwarzwälder Spieluhr entwickelt. Ab 1840 ging es dann mit der Uhrmacherei und den damit verbundenen Berufen bergab.

Heute spielt in Neukirch der Fremdenverkehr eine immer größere Rolle. Dies im Sommer wie im Winter. In letzterem finden hier Jahr für Jahr die Skilangläufe „Rund um Neukirch" statt. Übrigens eine der traditionsreichsten Wintersportveranstaltungen im gesamten Schwarzwald. Top-Sehenswürdigkeit auf der Gemarkung ist die Hexenlochmühle, tief unten im „Loch". (G'schichtle, Seite 207). In Neukirch lockt auch einen spannender historischer Lehrpfad.

Rohrbach

Das im Bregtal gelegene Dorf mit seinen über 500 Einwohnern wurde 1316 erstmals erwähnt. Bis in das 18. Jahrhundert hinein bestand es ausschließlich aus Höfen, von denen viele bis heute noch bewirtschaftet werden.

Im 18. Jahrhundert dann nahm Rohrbach eine ähnliche Entwicklung

wie andere Dörfer in der Region. Dem spürbarer Aufschwung des Handwerks und des Uhrenhandels folgte ab der zweiten Hälfte des 19. Jahrhunderts im Zuge der einsetzenden Industrialisierung der Uhrenherstellung der Abstieg. Die Not war groß. Viele Menschen wussten sich schließlich nicht mehr anders zu helfen, als nach Amerika auszuwandern.

Für etwas war Rohrbach übrigens unter Naturfans bekannt – für seinen Ahornbaum, der in der Nähe der Grundhof-Kapelle steht. Dem über 600 Jahre alten Baum eilte der Ruf voraus, einst das mächtigste Ahorn Deutschlands gewesen zu sein. Zu sehen ist davon allerdings heutzutage nicht mehr viel. Der Zahn der Zeit hat ganz gewaltig an dem einst so stolzen Baum genagt. Natürlich hat auch Rohrbach seine Kirche. Eine schöne dazu. Gebaut wurde sie 1843 bis 1846.

Schönenbach

Schön ist es hier in Schönenbach im oberen Bregtal. So neu ist diese Erkenntnis zugegebenermaßen dann allerdings auch nicht. Der Meinung waren nämlich bereits die Menschen, die um 1080 mit Hilfe des Klosters

St. Georgen damit begannen, hier die ersten Höfe zu errichten. Sie bezeichneten den Flecken schon damals als „Schöne Au". 1221 wurde der Ort schließlich urkundlich erstmals erwähnt. Die zähringerische Erbschaftsmasse der Fürstenberger sorgte in der Folge dafür, dafür, dass der links und rechts der Breg gelegene Ort über Jahrhunderte zum Hause Fürstenberg gehörte. Bis man 1806 badisch und schließlich 1971 ein Ortsteil von Furtwangen wurde.

Einen richtigen Aufschwung gab es in dem bis dato ausschließlich von der Landwirtschaft geprägten Ort im 19. Jahrhundert. Strohflechterei und das Uhrengewerbe sorgten für Arbeitsplätze, doch mit der fortschreitenden Industrialisierung gin-gen die auch relativ bald wieder verloren.

Viele, aber zum Glück nicht alle. Zwei, die geblieben sind, sind die Firma AMS, das einzige Unternehmen Furtwangens, in dem heute Uhren industriell gefertigt werden und natürlich auch die Firma Wehrle, einer der größten Arbeitgeber Furtwangens, die allerdings keine Uhren mehr, sondern Wasserzähler produziert.

Eine zunehmende Rolle spielt in dem Ort in zwischen auch der Fremdenverkehr. Vorzuweisen hat man nicht nur ein schönes Tal, durch das sich die Breg auf einer Länge von 4,5 Kilometer über Schönenbacher Gemarkung schlängelt und es prägt. Immer ein Besuch wert ist natürlich

Na so was   127 Stufen bis zum Mont Blanc

Schon lange nicht mehr den Mont Blanc gesehen? Zu weit weg? Aber nein! Sie brauchen nur zum Stöcklewaldturm zu gehen. Wenn Sie unten sind, trennen Sie gerade mal noch 25 Höhenmeter und 127 Stufen vom Blick auf den mit 4810 Metern höchsten Berg der Alpen. Schön ist auf dem Turm. Der Blick schweift über den Schwarzwald, die Schwäbische Alb und die gesamte Alpenkette – phantastisch.

Der Turm steht auf 1069 Meter Höhe und gehört zum Furtwanger Ortsteil Rohrbach. Erbaut wurde er von der Ortsgruppe des Triberger Schwarzwaldvereins 1894. Gekostet hat das Bauwerk damals 8000 Goldmark. Mit seinem bewirtschafteten Wanderheim gehört der Turm zu den beliebten Ausflugszielen in der Region.

Ein fester Begriff ist der Stöcklewaldturm bei den Amateurfunkern. Das 1100 Meter hoch gelegene Stöcklewaldrelais ist das zweithöchste in Deutschland und fängt die Funksprüche der Amateurfunker auf, um diese dann mit stärkerer Leistung weiter zu senden.

Nichts wie hoch! Vom Stöcklewaldturm genießt man eine fantastische Aussicht.

G'schichtle — Wo es gleich zweimal klappert

Eines der beliebtesten Fotomotive im gesamten Schwarzwald: die Hexenlochmühle.

„Es steht eine Mühle im Schwarzwälder Tal, die klappert so leise vor sich hin..." heißt es in einem alten Volkslied. Wir indes haben eine Mühle entdeckt, bei der es tatsächlich gleich doppelt klappert – die Hexenlochmühle beim Furtwanger Ortsteil Neukirch. Und das ist dann doch etwas ganz Besonderes. Sie ist nämlich die einzige Mühle im gesamten Schwarzwald, die gleich von zwei Mühlrädern angetrieben wird. Erbaut wurde sie im Jahr 1825 und seit 1839 ist sie im Besitz der gleichen Familie. Angetrieben werden die Räder vom Wasser des Mühlbachs. Die Hexenlochmühle macht dabei richtig Eindruck. Nicht von ungefähr gehört sie mit zu den am meist fotografierten Motiven im gesamten Schwarzwald.

Von Neukirch führt ein Sträßchen zur Mühle hinunter. Zu ihr gehören auch ein Restaurant und Souveniergeschäfte.

die 1723 eingeweihte Kirche St. Nikolaus, die mit ihrem spitzen Kirchturm das Wahrzeichen des Ortes ist, wobei Teile des Chors noch aus der Vorgängerkirche stammen dürften, die bis 1221 zurückzuverfolgen ist. Highlight der wunderbaren Innenausstattung ist die gotische Madonna mit dem Jesuskind auf dem Arm. Eine steinerne Figur, die um 1280 gefertigt worden sein dürfte. Unbedingt vorbeischauen sollte man auch auf dem Rotenhof. Nicht nur weil der Hof unter Denkmalschutz steht, sondern weil es dort auch eine Obstbrennerei gibt. Bei Führungen lässt sich die Familie Ritter gerne über die Schulter schauen. 14 verschiedene Destillate werden dort hergestellt. Vom Zwetschgen- bis zum Kirschwasser. Weithin bekannt das „Zibärtle". Doch was sollen wir noch lange reden? Einfach mal versuchen...

Schmiegt sich an die Hänge des Schwarzwalds: die Gemeinde Gütenbach.

GÜTENBACH

Es ist schon ein ganz besonderer Ort, dieses Gütenbach. Einer mit Superlativen! Es ist nicht nur die westlichste Gemeinde im Schwarzwald-Baar-Kreis und mit derzeit rund 1250 Einwohnern auch dessen kleinste, sondern es ist auch die mit dem mit größten Höhenunterschied im gesamten Kreisgebiet. Die Höhenlage reicht von 530 Meter am tiefsten bis zu 1120 Metern am höchsten Punkt. Ja, und da ist noch etwas: Auf Gütenbacher Gemarkung steht wohl eines der größten – wenn nicht gar das größte – „Bauunternehmen" der ganzen Welt. Oder kennen Sie eine Baufirma, die Jahr für Jahr 1,2 Millionen Häuser baut? Wohl kaum! Doch davon später mehr.

Erst der Reihe nach: Es dauerte anfangs schon ein bisschen, bis Gütenbach urkundlich das Licht der Welt erblickte. Und zwar bis 1360. Das Maragrethenstift, ein adeliges Frauenkloster aus Waldkirch, zeichnete für die Gründung verantwortlich, wobei mit der Besiedelung aber bereits im 12. Jahrhundert begonnen worden war.

Bei der ersten Nennung 1260 hieß Gütenbach noch Wuotenbach, was wohl eine Referenz an den wütend zu Tal stürzenden Deichenbach war. Über Jahrhunderte war Gütenbach dann ein landwirtschaftlich geprägtes Dorf, das immer wieder auch unter kriegerischen Auseinandersetzungen zu leiden hatte. Und unter dem „Schwarzen Tod" – der Pest. Allein zwischen 1634 und 1636 raffte sie 135 Menschen dahin.

Im 17. Jahrhundert setzte dann aber eine Entwicklung ein, der Gütenbach später die Bezeichnung „Uhrendorf" zu verdanken haben sollte. Anfangs waren es Holzräderuhren, die die Bauern an den langen Winterabenden auf den Höfen zusammenbauten. Schon bald weitete sich die Produktion immer mehr aus. Zuletzt tickte es fast im ganzen Dorf.

Auch neue Techniken hielten Einzug. Bald gab es nicht mehr „nur" Uhrmacher, sondern auch Leute, die Werkzeuge für den Uhrenbau herstellten oder Uhrenträger, die auf ihren Uhrenkrätzen die Uhren des Dorfes hinaus in die Welt trugen. Richtige Spezialisten waren Gütenbacher auch beim Bau von Spieluhren. Schnell galten sie hier als führend. Gütenbach boomte.

Dass damals Geld im Dorf war, zeigte sich auch an einem ganz besonderen Gebäude – der Kirche. 1729 und 1742 waren die Jahre, in denen die spätbarocke Pfarrkirche

St. Katharina errichtet wurde. Auc gestattet mit herrlichen Werken des Klosterbildhauers Mathias Faller.

Zu sehen ist davon allerdings nichts mehr. Das Gotteshaus wurde 1963 abgerissen und durch einen Neubau ersetzt. Auch die Kunstwerke sind weg. In Gütenbach wollte man sie damals nicht mehr. Nach einem „Umweg" übers Kloster St. Peter stehen die barocken Altäre jetzt in der Pfarrkirche von Schallstadt bei Freiburg. Trost für die Gütenbacher von heute: Auch das neue Gotteshaus kann sich durchaus sehen lassen.

Doch zurück zur Uhr. Im 19. Jahrhundert vollzog sich in dem Dorf nach und nach ein riesiger Strukturwandel. Weg von der traditionellen handwerklichen Herstellung hin zur industriellen Fertigung. In Gütenbach entstanden die ersten Fabriken.

Die beiden Kriege und die Weltwirtschaftskrise gingen in der Folge nicht spurlos an dem Ort vorbei, doch zum Glück gab es da ja noch die Brüder Faller. 1946 begannen sie mit der Spielwarenproduktion. Es war der Beginn einer faszinierenden Erfolgsgeschichte. Wohl jeder, der zu Hause eine Modelleisenbahn hatte, hatte seine Anlage mit Häuschen aus dem Hause Faller bestückt. Mit Bahnhöfen zum Bei-

Sehenswert: die historische Mühle in Gütenbach.

Gütenbach - im „Wilden Westen" des Schwarzwaldes

Schroffe Felsen, sanfte Höhen oder atemberaubende Ausblicke: die intakte Natur um Gütenbach bietet das alles! Vom Höhenrücken des Schwarzwalds auf über 1100 m bis hinunter ins Simonswäldertal kann der Wanderer seine Seele baumeln lassen und weit blicken: in wildromantische Schluchten, grüne Täler, zum Kandelmassiv oder auch zum Feldberggipfel.

Vesperstuben und gut bürgerliche Gaststätten rings um Gütenbach laden ebenso zum Besuch ein, wie die berühmten FALLER Miniaturwelten, das Dorf- und Uhrenmuseum, das Hanhart-Museum oder der „Balzer Herrgott".

Tourist-Info: 07723 / 930611 - www.guetenbach.de

Wer kennt sie nicht, „Die Fallers"? Schließlich ist es die bekannteste Fernsehserie des SWR. Leben tun die Fallers im Schwarzwald. Und zwar im Schwarzwald-Baar-Kreis auf dem Fallerhof, den wir hier auf dem Bild sehen. In Wahrheit heißt der Hof indes „Unterfallengrundhof". Seit 1994 dient er den Filmemachern als Kulisse für die berühmte. Serie. Auf der nebenan beschriebenen Wanderung können wir den Hof sehen.

spiel, die originalgetreu nachgebildet wurden. 500 Beschäftigte zählte das Unternehmen zu den besten Zeiten. Der Ort war plötzlich als „Faller-Stadt" in vieler Munde.

1970 zählte Gütenbach 1754 Einwohner. Heute sind es noch rund 1250. Ein doch starker Rückgang. Was war passiert? Rückschläge kamen, Uhrenbetriebe wie Schatz oder King stellten ihren Betrieb ein, erlitten gegen Ende des letzten Jahrhunderts damit das gleiche Schicksal wie viele Unternehmen der deutschen Uhrenindustrie.

Selbst die Modellbaufirma Faller schlitterte in eine tiefe Krise. Doch dieses Unternehmen hat überlebt. Wenn auch mit deutlich weniger Personal. Rund 90 Personen sind dort noch beschäftigt. Die aber lassen es dafür richtig krachen, produzieren heutzutage 1,2 Millionen Häuser pro Jahr. Erinnern Sie sich noch an die Feststellung zu Beginn, dass hier wohl eines der weltweit größten „Bauunternehmen" zu Hause ist? Stimmt doch! Oder? In den Ausstellungsräumen des Unternehmens kann man sich in die bezaubernde Welt der Faller-Miniaturen entführen lassen. Ein echtes Erlebnis.

Von der einstigen Uhrenindustrie hat als größerer Hersteller nur noch Hanhart überlebt Für seine Stoppuhren war Hanhart weltberühmt. Bei den größten Wettkämpfen der Welt kamen sie zum Einsatz. Ein Sportler aus Gütenbach hat es bis heute noch nicht zu Olympischen Spielen geschafft. Uhren aus den Dorf dagegen sehr wohl. In seinem Museum informiert das Unternehmen über seine lange Geschichte, aber auch über Hanhart von heute. In einem Teil des Firmenareals hat sich „hanhart", ein Kunstprojekt mit Ausstellungen, Kunstfesten, Theater, Kabarett und Konzerten etabliert. Wer sich für Gütenbachs Geschichte interessiert, sollte ins Dorf- und Uhrenmuseum im ehemaligen Schulgebäude gehen, wo auch eine alte Uhrmacherwerkstatt zu sehen ist. Die berühmteste Sehenswürdigkeit auf Gütenbacher Gemarkung ist indes der Balzer Herrgott (Extra, Seite 211), eine in eine Weidbuche eingewachsene steinerne Christusfigur. Nicht zuletzt gibt es im Hintertal, am Eingang zum Hübschental, die Mühle des Bühlhofs, die man an manchen Tagen in voll funktionsfähigem Zustand bewundern kann.

G'schichtle — Die Rätsel um den Balzer Herrgott

Der Balzer Herrgott ist eine in eine rund 300 Jahre alte Buche eingewachsene steinerne Christusfigur. Zwischen 1870 und 1880 dürfte sie an dem Baum befestigt worden sein. Wie die Figur, der Arme und Beine fehlen, dahin gekommen ist und woher sie stammt, weiß so recht niemand, was natürlich jede Menge Spekulationen und Sagen zur Folge hat.

Haben die Figur tatsächlich, wie manche glauben, französische Hugenotten bei ihrer Flucht aus Frankreich hier abgelegt.

Eine der ganz großen Sehenswürdigkeiten im Schwarzwald-Baar-Kreis: der Balzer Herrgott.

Oder waren es vielleicht Royalisten aus dem gleichen Land bei ihrer Flucht vor der französischen Revolution? Oder stammt sie vielleicht doch aus der Region? War sie – was viele glauben – doch Teil des Hofkreuzes des Königenhofs im nahe gelegenen Wagnertal? Als der 1844 durch eine verheerende Schneelawine vollständig zerstört wurde, sollen dabei Arme und Beine der Figur abgebrochen sein.

Genau werden wir das wohl nie erfahren. Tatsache ist indes, dass der Balzer Herrgott heute ein beliebtes Ausflugsziel ist und zu den meist fotografierten Objekten im gesamten Schwarzwald gehört. Immer wieder mal muss der Mensch mit sorgfältigen Restaurierungsarbeiten nachhelfen, damit die berühmte Figur nicht gänzlich zuwächst.

Balzer Herrgott Runde

Charakteristik: Der Balzer Herrgott und die Hexenlochmühle: Zwei der berühmtesten Fotomotive des Schwarzwaldes sind auf dieser Wanderung vereint. Zusammen mit den tiefen Schluchten der Wilden Gutach und ihrer Seitentäler zeigt sich hier die ganze Schönheit des Schwarzwalds. Auch der Unterfallengrundhof, Drehort der berühmten SWR-Fernsehserie „Die Fallers", liegt an der Strecke.

Streckenlänge: 16,7 Kilometer
Höhenmeter: 697

Schwierigkeitsgrad: mittel bis schwer

Ausgangspunkt: Gütenbach, Felsenkeller

Streckenverlauf: Die Rundtour ist hervorragend ausgeschildert, führt von Gütenbach über den Balzer Herrgott und dann mit einem kleinen Abstecher zur bekannten Hexenlochmühle. Anschließend weiter über den Rappenfelsen, Friedrichfelsen und die Lochmühle zurück nach Gütenbach.

Die Altstadt von Hüfingen wird vom Turm der Kirche St. Verena und Gallus überragt.

HÜFINGEN

Hüfingen ist ein schmuckes Städtchen. Malerisch und idyllisch liegt der staatlich anerkannte Erholungsort mit seinen fünf Stadtteilen Behla, Fürstenberg, Hausen vor Wald, Mundelfingen und Sumpfohren auf der Hochebene der Baar am Rande des Südschwarzwalds. Rund 7600 Einwohner zählt das Hüfingen von heute. Etwa 5200 davon leben in der Kernstadt.

Doch schon vor nahezu 3000 Jahren siedelten hier Menschen. Dies beweisen Grabfunde aus der Urnenfeldzeit. Vor rund 2000 Jahren gab es auf dem Galgenberg eine keltische Siedlung. Ja, und dann kamen sie, die Römer. Sie bauten ab

etwa 40 n. Chr. die einstige keltische Siedlung zu einer militärischen Anlage aus. Brigobannis hieß das Kastell, das den westlichen Abschluss des Donaulimes bildete. Um das Jahr 70 errichteten die Römer hier eine Badanlage, die sie mehrfach erweiterten. Sie sehen, die alten Römer standen unserem heutigen Bedürfnis nach Wellness in nichts nach.

Wer heute die ausgegrabene, sorgfältig restaurierte und als Museum aufbereitete Anlage in Hüfingen – übrigens eines der ältesten Kastellbäder nördlich der Alpen – besichtigt, staunt, mit welcher Raffinesse dieses Bad ausgestattet war. Selbst eine Sauna hatten die Römer bereits.

Da können die Hüfinger von heute

Stadt **H**üfingen

Ökologie
Geschichte
Kunst

Das Erholungsort Hüfingen liegt malerisch, durchflossen von der Breg, am Rande des Südschwarzwaldes. Wer durch die historische und denkmalgeschützte Altstadt schlendert oder seine Gedanken bei einem Spaziergang entlang des idyllischen Mühlenkanals baumeln lässt, wird feststellen, dass Hüfingen eine sehr liebenswerte Stadt ist.

Römische Badruine – eine Zeitreise zu den alten Römern •

Erlebnisführungen durch Hüfingen •

gut ausgebautes Rad- und Wanderwegenetz •

Schulmuseum – 100 Jahre Schulgeschichte •

Stadtmuseum für Kunst und Geschichte •

Genießerpfad Gauchachschlucht • Kräuterlehrpfad •

Paradiestour Fürstenberg Runde •

Historischer Pfad Fürstenberg • Orchideenlehrpfad •

Aquari-Familienbad mit Sauna • Fronleichnam

Stadtverwaltung Hüfingen • Tourismus und Kultur
Hauptstraße 16/18 • 78183 Hüfingen
Telefon 0771 6009 24
tourismus-kultur@huefingen.de
www.huefingen.de

natürlich nicht zurückstehen. Tun sie auch nicht! Im „aquari", taucht der Besucher in eine großartige Welt der Entspannung und des Wohlbefindens ein. Verschiedene Schwimmbecken, eine rasante 52 Meter lange Rutsche mit Strömungskanal und eine großzügige Saunalandschaft warten darauf entdeckt zu werden.

Hüfingen, das 1083 erstmals erwähnt wurde, gehörte in seiner Geschichte den Zähringern, den Schellenbergern, den Herren von Blumberg und natürlich auch dem benachbarten Fürstenhaus.

Welch ein Glück, dass aus den alten Zeiten noch vieles erhalten ist. So steht heute steht die liebevoll sanierte Altstadt von Hüfingen komplett unter Denkmalschutz. Romantische Gässchen, verwinkelte Plätze und das plätschernde Stadtbächle geben dem an der Breg gelegenen Hüfingen einen ganz besonderen Reiz.

Anschauen sollten Sie sich unter anderem die Pfarrkirche St. Verena und Gallus, die 1553 vergrößert und Anfang dieses Jahrhunderts restauriert wurde. Besonders bemerkenswert der alte gotische Turm mit seinen Wasserspeiern und seinem Helm mit den grünen Ziegeln, der 1600 aufgesetzt wurde. Beeindruckend auch das ehemalige Schloss, in dem heute ein Altenpflegeheim untergebracht ist und natürlich der mittelalterliche Wehrturm am „Süßen Winkel", der einst Teil der mittelalterlichen Stadtbefestigung war. Um nur einmal einige der interessanten Gebäude des lebendigen Städtchens zu nennen.

Schließlich hat die Stadt neben ihrer römischen Badeanlage noch zwei weitere bedeutende Museen, die allemal einen Besuch lohnen: das Schulmuseum mit seinen Exponaten aus mehr als 100 Jahren Schulgeschichte im früheren Bahnhofsgebäude und dann natürlich das 1992 gegründete Stadtmuseum für

Mit einem Architekturpreis für beispielhaftes Bauen ausgezeichnet: das Hüfinger Rathaus.

Hübsche Winkel finden sich in der liebevoll sanierten Altstadt.

Kunst und Geschichte, das sich insbesondere der Sammlung, Aufarbeitung und Präsentation der Werke des Hüfinger Künstlerkreises des 19. Jahrhunderts verschrieben hat und darüber hinaus mit einer Dauerausstellung zur ur- und frühgeschichtlichen Besiedlung aufwartet.

Natürlich haben die Hüfinger auch veranstaltungsmäßig einiges drauf. Die Highlights sind sicher das Fronleichnamsfest (Extra, Seite 216)) und die internationalen Keramikwochen mit dem Internationalen Töpfermarkt, die Jahr für Jahr im September mit handwerklich und künstlerisch hochwertig gestalteter Keramik in attraktiver Vielfalt locken.

Vergessen darf man natürlich auch nicht das jeweils alle zwei Jahre stattfindende Römerfest sowie das ebenfalls im zweijährigen Turnus auf dem Programm stehende Sommertheater oder das große, alle vier Jahre stattfindende Stadtbächlifest. Ja und auch der „Kloosemärt" jährlich am Dienstag vor dem Nikolaustag ist Bestandteil des großen Veranstaltungsprogramms in der Stadt Hüfingen.

Behla

Was das kleine Behla mit dem großen Berlin zu tun hat? Einiges, denn ohne Behla würde das Berlin von heute möglicherweise etwas anders aussehen, als es das heute tut. In Behla wurde nämlich mit Aloys Ludwig Hirt ein Mann geboren, der in Berlin eine Riesenkarriere machen sollte (Menschen, Seite 218).

Als Hirt 1759 hier das Licht der Welt erblickte, gab es Behla natürlich schon ein Weilchen. Erst waren die Römer da, bauten hier sogar ein Kastell. 890 war dann das Jahr, in dem der Ort als „Pelaha" erstmals urkundlich erwähnt wurde. Ursprünglich Bestandteil der Herrschaft Blumberg, kam Behla nach 1383 an die Schellenberger, die es 1616 an das Haus Fürstenberg verkauften. 1806 wurde Behla badisch.

An dem rund 500 Einwohner zählenden vier Kilometer südlich der Kernstadt Hüfingen gelegenen Ort kommt bis heute keiner vorbei. Zumindest dann nicht, wenn er mit dem Auto in unserem Kreis über die B 27 ins Nachbarland Schweiz will.

Extra · **Blumenpracht an Fronleichnam**

Tausende kommen Jahr für Jahr nach Hüfingen um den herrlichen Blumenteppich zu bewundern.

Schon viele Tage vorher sind sie mit ihren Körben in der Natur auf den Wiesen rund ums Städtle unterwegs. Viele sind mit dabei. Alt und Jung, Groß und Klein. Sie alle sammeln Blumen. Man sieht es, sie tun es gerne, mit Begeisterung. Es wird geredet, gelacht und gepflückt natürlich. Schließlich ist in ein paar Tagen wieder Fronleichnam. Und in Hüfingen ist das nun mal ein ganz besonderer Tag. Tausende von Besuchern werden wieder in der Stadt erwartet, um die großartigen farbenprächtigen Blumenteppiche mit ihren herrlichen Motiven zu bewundern.

Dann, endlich, Fronleichnam!. So ab vier Uhr morgens beginnt sich auf den Straßen des historischen Städtchens das Leben zu regen. „Für mich", so sagt eine ältere Hüfingerin, „ist das der schönste Tag im Jahr". Und das seit über 50 Jahren. Jahr für Jahr, zumindest dann,

wenn die Natur im Vorfeld die Blumen in ausreichender Zahl blühen lässt, gehört sie zu den vielen, die in aller Herrgottsfrüh auf dem Asphalt und den Pflastersteinen knieend, die Blumenteppiche auslegen. Nur dem Priester mit dem Allerheiligsten wird es ein paar Stunden später vorbehalten sein, bei der Prozession über den Blumenteppich zu schreiten.

Es war Franz Xaver Reich, ein Sohn der Stadt, der vor über 150 Jahren mit einem kunstvollen Teppich vor seinem Haus den Anstoß für den Blumenteppich gab. Die Idee hatte er von einem Besuch aus Italien mitgebracht.

Heute ist der Hüfinger Fronleichnamsteppich 450 Meter lang und 1,80 Meter breit. Begrenzt wird er beidseitig mit grünem Frankraut. Noch nie gesehen? Sie sollten an Fronleichnam unbedingt mal nach Hüfingen gehen.

Menschen — Der Große aus dem kleinen Behla

Ein Leben lang in engem Kontakt: Aloys Hirt aus Behla und der Dichterfürst Johann Wolfgang von Goethe.

Wer hätte das gedacht, dass der kleine Aloys Hirt, der am 27. Juni 1759 in Behla zur Welt kam, in Berlin einmal eine so große Rolle spielen sollte und darüber hinaus mit dem großen Goethe eine recht enge Beziehung pflegen sollte.

Hirt, der in Villingen das Gymnasium besuchte, ging nach dem Tod seiner Jugendliebe aus Verzweiflung erst einmal ein Weilchen ins Kloster, ehe er ab 1778 in Nancy Philosophie, dann ab 1779 in Freiburg und Wien Rechts- und Staatswissenschaften studierte, um von 1782 bis 1796 nach Italien zu gehen, wo er sich mit Kunstgeschichte, Architektur und Archäologie beschäftigte.

In Italien lernte Hirt Goethe kennen und wurde dort während dessen Italienreise sein Cicerone. Bei uns würde man heute Fremdenführer sagen. Nahezu 42 Jahre standen die beiden dann in persönlichem und brieflichem Kontakt und sie waren sich bei allem gegenseitigen Respekt nicht immer einig. Während beispielsweise Goethe ein Fan Michelangelos war, äußerte sich Hirt immer wieder mal abschätzig. Das nun wiederum ärgerte den großen Dichter und Denker mächtig.

1796 wechselte Hirt nach Berlin. Hirt wurde dort Lehrer des Prinzen Heinrich von Preußen. Im gleichen Jahr schmiedete er die ersten Pläne für die Errichtung eines Museums aus Kunstbeständen des Preußischen Königshauses in Berlin und stellte sie persönlich dem preußischem König vor. Er legte damit Grundlagen für das schließlich von Karl Friedrich Schinkel erbauten Königlichen Museums (Altes Museum), das heute mit seiner Antiksammlung Teil der berühmten Berliner Museumsinsel ist. Vielleicht denken Sie mal an den Mann aus dem kleinen Behla, wenn Sie wieder einmal in Berlin sind.

Mit der Eröffnung der Berliner Universität 1810 wurde er Professor für Archäologie und Kunst und war entscheidend an der Errichtung Bauakademie beteiligt. Zu seinen Schülern gehörte Schinkel, der den Klassizismus und den Historismus in Preußen prägte und der immer wieder durchblicken ließ, welch große Bedeutung und welchen Einfluss der Mann aus Behla auf ihn gehabt habe. Hirt starb 1837.

Oder umgokehrt. In der Zwischenzeit ist nun endlich mit der ersehnten Umgehung begonnen worden, denn die jetzige Situation mit dem vielen Verkehr bringt doch eine erhebliche Belastung für den schmucken Ort mit sich. Behla ist ein beliebter Ausgangspunkt für viele schöne Wandermöglichkeiten in der Region.

Fürstenberg

Für die Region war der Ort in alten Zeiten von größter Bedeutung. Hier nämlich hatte das Adelsgeschlecht der Fürstenberger seine Stammburg.

Woher der Name kommt? Nun, die Burg stand auf dem „Vürdersten Berg" der „Länge", des dortigen Höhenrückens, und als die neuen Herren die Burg bezogen, nannten sie sich nach deren Namen – Fürstenberg, wobei sie nicht die ersten waren, die sich den Ort als Plätzchen ausgeguckt hatten. Die Kelten waren dort, die Zähringer und dann eben die Herren von Fürstenberg. Zu Zeiten Heinrich I von Fürstenberg entstand dort auch ein kleines, wehrhaftes Städtchen .

Fürstenberg diente den Fürstenbergern bis in die Zeit der Bauernkriege hinein als Fürstensitz. Als sie im Mittelalter ihren Herrschaftssitz verlegten, zerfiel die Burg. 1841 wurde der Ort ein Raub der Flammen.

Im Herzen von Fürstenberg.

Soll aber keiner glauben, dass dies das Ende des Ortes gewesen wäre. Fürstenberg gibt es noch, genauer gesagt wieder. Allerdings am Fuß des Berges, weil man dort besseren Entwicklungsperspektiven sah und auch keine Wasserprobleme hatte. Das neue Fürstenberg wurde als streng klassizistische Gesamtanlage in Form eines Achsenkreuzes gebaut. 1855 konnte in der neuen Pfarrkirche der erste Weihnachtsgottesdienst gefeiert werden. Wer sich heute die Kirche näher anschaut, sollte ein Blick auf die Pieta auf dem rechten Seitenaltar werfen. Sie stammt noch aus der Kirche des abgebrannten Ortes und wird besonders verehrt.

Fürstenberg liegt zwar heute am Fuß des Fürstenberges, was aber niemanden davon abhalten sollte, auch dem Berg einen Besuch abzustatten. Dort lockt nicht nur die Augustinus-Kapelle, sondern vor allem auch eine traumhafte Aussicht über die Baar und den Schwarzwald bis hin zu den Schweizer Alpen. Immer interessant ist es auf dem Fürstenberg den Drachen- und Gleitschirmflieger zuzusehen, die am Südhang traumhafte Bedingungen vorfinden. Seit Sommer 2012 führt übrigens ein historischer Lehrpfad rund um die Kuppe des Fürstenberges. Zahlreiche Schautafeln geben Informationen zu Geologie, Botanik und Besiedelung des Berges. Länge: 1,8 Kilometer. Ausgangspunkt für den Wanderwegs ist die Kuppe des Fürstenbergs. Es werden auch geführte Wanderungen angeboten.

Oben auf der benachbarten „Länge" ragt der Sendeturm der Deutschen Telekom in die Höhe. Rauf auf das 125,5 Meter hohe Bauwerk darf man zwar nicht, doch beeindruckend ist der Turm auch so. Und noch ein hohes Bauwerk thront da oben: eine Windkraftanlage mit einer Turmhöhe von 90 und einem Rotor-

Ein Bild, das nicht ein mal so selten ist. Während das Tal noch im Nebel versinkt, ragt oben auf der „Länge" der Sendeturm bereits in den blauen Himmel.

durchmesser von stolzen 77 Metern. Sie ist für eine Stromerzeugung von 2,5 Millionen Kwh im Jahr ausgelegt.Auf dem Weg hoch auf die „Länge" kommen wir auch am Schächer, einem kleinen Weiler, vorbei. Dort steht eine Kapelle mit einer besonderen Geschichte (siehe G'schichtle).

Hausen vor Wald

Von außen wirkt die Kirche in Hausen vor Wald auf manche vielleicht eher etwas unscheinbar, doch wer sie betritt, gerät ins Staunen. Und wie! Mit der Kirche St. Peter und Paul steht in der Gemeinde

G'schichtle — Letzte Chance für ein Gebet

Die Kapelle auf dem Schächer.

Viele verweilen heute zur stillen Einkehr vor der kleinen Kapelle auf dem Schächer, die aus der Zeit nach dem 30-jährigen Krieg stammen dürfte. Einst war das Kirchlein für eine ganz bestimmte Gruppen von Menschen bestimmt: für Schwerverbrecher. Hier, bei der Kapelle, wurde in alten Zeiten für Menschen das Tor zum Jenseits aufgestoßen. Und zwar gewaltsam. Will heißen: Hier oben auf dem Schächer war einst die Hinrichtungsstätte, bei der die Todesurteile des Landgerichts der Baar vollstreckt wurden. Die Kapelle bot den zum Tod Geweihten vor dem Hinscheiden eine letzte Chance, sich vielleicht doch noch mit dem Herrgott zu versöhnen.

Der Kardinal und seine Kapelle

Die Augustinus-Kapelle auf dem Fürstenberg.

1964 ging ein Herzenswunsch für den aus Riedböhringen stammenden Kardinal Bea in Erfüllung. Erbprinz Joachim zu Fürstenberg ließ dort, wo einst Burg und Stadt Fürstenberg gestanden hatten, eine Kapelle errichten, die den Namen des Heiligen Augustinus, des Namenspatrons des Kardinals, erhielt und auch an das verheerende Feuer 1841 auf dem Fürstenberg erinnern soll. Der Kardinal selbst weihte die Kapelle ein. Sie lädt heute zum stillen Gebet ein. Traumhaft sind auch die Ausblicke, die Sie von dem Areal weit hinaus ins Land genießen können.

nämlich ein echtes Barockjuwel. Die Kirche wurde in der Jahren 1747 bis 1749 gebaut. Die Schellenberger statteten das Innere der von außen eher bescheiden wirkenden Kirche mit herrlichen Stuckaturen aus.

Der Ort gehört heute zu Hüfingen und wurde 890 erstmals urkundlich erwähnt. Die Schellenberger hatten hier einst die Ortsherrschaft, bis sie schließlich dauerhaft von den Fürstenbergern abgelöst wurden. Ganz in der Nähe der Kirche stand einst das Schloss der Schellenberger, das dann allerdings 1823 abgebrochen wurde. Von dem Gebäude führte einst ein unterirdischer Gang zur Kirche.

Ein barockes Juwel: die Kirche in Mundelfingen, die von dem berühmten Baumeister Peter Thumb stammt.

Von 1919 bis zu seinem Tod 1967 lebte in Hausen vor Wald, der unter anderem durch seine Portrait- und Landschaftsmalerei auch überregional bekannt gewordene Kunstmaler Hans Schroedter. Zuvor hatte er zwölf Jahre in Wolterdingen gelebt. 1952 wurde ihm mit dem Hans-Thoma-Preis ein bedeutender Staatspreis des Landes verliehen.

Mundelfingen

Mundelfingen, 802 erstmals urkundlich erwähnt, liegt landschaftlich sehr reizvoll am Zugang zur wildromantischen Gauchach- und Wutachschlucht und ist damit auch beliebter Ausgangspunkt für Wanderungen in dieses herrliche Gebiet.

In seiner wechselvollen Geschichte gehörte der Ort verschiedenen Herren. Mal den Zähringern, dann den Blumbergern, den Schellenbergern und auch dem Hause Fürstenberg. 1806 wurde man badisch und seit dem 1. Januar 1975 ist Mundelfingen ein Stadtteil von Hüfingen.

Bekannt ist der Ort vor allem wegen seiner Kirche. Die hat nämlich kein Geringerer als der Vorarlberger Baumeister Peter Thumb gebaut. Der damalige Mundelfinger Pfarrer Weltin hatte Thumb tatsächlich für das Projekt auf der Baar begeistern können. 1750/51 war er damals hier. Heute würde man den Mann vielleicht als den Star des Barocks bezeichnen. Nach Thumbs Plänen ist beispielsweise auch die weltbekannte barocke Klosterkirche Birnau am Bodensee errichtet worden. Mundelfingen ist zwar nicht Birnau – dafür ist der Entwurf von der Größe her deutlich bescheidener – aber ein herausragendes Zeugnis der Barockkunst ist es allemal.

Doch das ist nicht das einzige, auf das die Mundelfinger stolz sein können. Nicht umsonst wird das Dorf auch „Solardorf" genannt. In Sachen Sonnenenergie mischt man hier deutschlandweit in der Solar-Bundesliga mit. Schon einige Jahre deckt der Ort seinen Energiebedarf zu mehr als 100 Prozent mit regenerativem Strom aus über 60 Photovoltaikanlagen ab. Auch die Gesamtstadt mischt in der Solar-Bundesliga übrigens munter mit.

Weit über die Grenzen Mundelfingens hinaus bekannt ist auch das „Am-Vieh-Theater", das mit Aufführungsstaffeln im Frühjahr und Herbst Zuschauer aus Nah und Fern in den Ort lockt. Wer mal eine Aufführung erlebt hat, weiß auch warum.

Sumpfohren

Ein bisschen kurios klingt er schon, der Name des Hüfinger Ortsteils Sumpfohren. So etwas macht natürlich neugierig. Und siehe da, mit Ohren, die sich – wie auch immer – in irgendeinem Sumpf tummeln oder aus diesem herausragen, hat das Dorf wirklich nichts zu tun. Der Name des Ortes (früher „Sunt-Phoran" geschrieben) leitet sich von Süden und Pfohren ab, wobei Pfohren „Ort bei den Föhren" bedeutet. Genau genommen könnte man Sumpfohren also auch als Südpfohren übersetzen. 883 wurde es erstmals urkundlich erwähnt. Mit knapp 280 Einwohnern ist es heute der kleinste Stadtteil Hüfingens. Ein schmuckes Dorf mit einer Kirche, deren bauliche Anfänge mit ihrem stattlichen Turm bis ins Mittelalter zurückreichen,

Sumpfohren kann mit richtigen Highlights aufwarten. Hier etablierten Brigitte und Nikolas Batsching-Lemesle auf ihrem 200 Jahre alten Hof die erste Baar-Käserei. Ihr Bergkäse „Le Frombaar" ist der Beweis dafür, dass es erstklassige Käsereien nicht nur auf der Alm, sondern eben auch bei uns auf der Baar gibt und staunen kann man auch über die Anlage des „Naturgartens Palmtag".

Der Zinzendorfplatz ist der beeindruckende Mittelpunkt von Königsfeld.

KÖNIGSFELD

Ja, es ist wirklich etwas Besonderes, dieses Königsfeld. Nahezu 6000 Einwohner zählt die Gesamtgemeinde heute. Dabei gab es den Ort vor etwas mehr als 200 Jahren noch gar nicht. Der Grundstein zu der Gemeinde wurde nämlich erst 1806 gelegt. In jenem Jahr wurde auf dem Hörnlishof mit dem Bau der neuen Siedlung begonnen. Der Hof war von der Herrnhuter Brüdergemeine gekauft worden, die damit dem Wunsch von Mitgliedern ihrer Kirche Rechnung trug, auch hier in Süddeutschland eine Gemeinde und eine Schule zu haben. Die Brüdergemeine ist eine evangelische Kirche, die heute in mehr als 35 Ländern auf fünf Kontinenten präsent ist.

Nach einigen Diskussionen mit dem Landesherrn einigte man sich schließlich auf einen Namen für den neuen Ort. Es war die Zeit, als aus Württemberg plötzlich ein Königreich wurde und aus dem Landesherr ein König. „Zur steten Erinnerung daran, dass der Ort zu der Zeit entstanden ist, als Württemberg Königreich wurde", erhielt die Gemeinde den Namen Königsfeld.

Wie die anderen Brüdergemeinen zeichnet sich auch Königsfeld durch einen besonderen Grundriss aus, wobei die Straßen des Ortes rechtwinklig aufeinander stoßen. Um den großen freien Zinzendorfplatz gruppieren sich die Gebäude. Prägend der spätbarocke Kirchensaal der Herrnhuter, der 1810 als geistiger Mittelpunkt des Ortes errichtet wurde. Schauen Sie sich den Kirchensaal an. Es gibt Menschen, die den Saal mit seiner weißen Bestuhlung in seiner Schlichtheit für einen der beeindruckendsten im ganzen Kreis halten. Auf der Empore steht die Orgel, auf der Albert Schweitzer, der Urwaldoktor, immer spielte. Hier in Königsfeld hatten er und seine Frau ein Haus. Die Königsfelder machten ihn

zu ihrem Ehrenbürger. Das Haus, in dem die Schweizers einst gelebt haben, ist zum viel besuchten Museum und Begegnungszentrum geworden. (Menschen, Seite 227).

Wenn wir schon bei den Sehenswürdigkeiten sind: Vielleicht lenken Sie Ihre Schritte auch einmal zum Friedhof, dem Gottesacker der Herrnhuter Brüdergemeine. Mit seinen ergreifend schlichten, einheitlichen Grabplatten symbolisiert er die Gleichheit der Menschen im Tode. Beeindruckend.

Wer heute nach Königsfeld kommt, staunt, was aus dem Ort geworden ist. Man hat was dafür getan. Jede Menge sogar. Ein Blick auf die Prädikate des Ortes zeigt dies. Heilklimatischer Kurort der Premium Class, Kneipp-Kurort, Naturwald-Gemeinde und auch noch Solar-Kommune. Immer wieder war man in den Entwicklung ganz vorne dabei oder gar

Extra — Die Eichhörnchen vom Doniswald

reiche Eichhörnchen zutraulich um die Besucher, die sie mit Nüssen und dem leisen Ruf „Hansi-Hansi!" anlockten. Das klappt auch noch heute. Man muss dazu ruhig am Platz stehen oder sitzen bleiben. Wer auf die Tiere zugeht, vertreibt sie. Neuerdings gesellen sich Enten und Gänse vom Donisweiher hinzu und vertilgen, was die Eichhörnchen unter den alten Tannen und Fichten übriglassen.

Sie lieben Eichhörnchen? Natürlich? Wer tut das nicht. Gerade auch Kinder sind von den kleinen Tierchen begeistert. Also; nichts wie hin, in den Doniswald. Nicht umsonst nennt man ihn schließlich auch den Eichhörnchenwald. Vor 160 Jahren war das der erste Kurpark Königsfelds. Schon damals sammelten sich zahl-

Gepflegte Fußwege und Ruhebänke, eine Kneippanlage und Tafeln, welche die Pflanzen- und Tierwelt erläutern, bereichern den Naturwald, den mancher Gast dem modern angelegten Kurpark vorzieht.

der erste. Die erste Solar-Kommune Deutschlands, die erste Naturwald-Gemeinde Deutschlands, da kann man dann doch ein bisschen stolz drauf sein.

Königsfeld hat sich längst zu einem renommierten Kurort entwickelt. Jahr für Jahr werden rund 200.000 Übernachtungen registriert. Wen wundert's, Kliniken, Hotels, Pensionen, alles da in Königsfeld. Dann das große Wellness-, Sport- und Freizeitangebot. Der 18-Loch-Golfplatz, Saunen, das „Solara", ein Bade- und Natursportpark, das längst auch für die Menschen aus der Region zu einem Anziehungspunkt geworden ist, sind nur einige der Highlights.

Trotz alledem ist Königsfeld bis heute auch ein Ort der Besinnung geblieben, ein Ort um zu sich selbst zu finden, ein Kurort, der gerade auch der Seele gut tut. Auf noch etwas soll hier hingewiesen werden: auf die Zinzendorfschulen. Auch sie fingen zu Beginn des 19. Jahrhunderts ganz klein an. Heute besuchen über 1300 Schüler die Schule mit ihren verschiedenen Bildungszweigen. Damit ist sie die größte Privat-

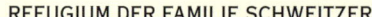

Albert Schweitzer an der Orgel in Königsfeld.

Albert Schweitzer kennt fast jeder. Für viele ist er vor allem als „Urwalddoktor" im zentralafrikanischen Lambarene ein Begriff, wo er ein Krankenhaus aufbaute und es mit großer Hingabe leitete. Schweitzer machte sich indes auch als evangelischer Theologe, Organist und Philosoph einen großen Namen. Der Mann, der 1954 den Friedensnobelpreis erhielt, war ohne Zweifel eine der herausragenden Persönlichkeiten des letzten Jahrhunderts.

Als Schweitzer 1923 mit seiner Frau Helene und Tochter Rhena nach Königsfeld zog war er bereits eine Berühmtheit. Dass die Schweitzers ausgerechnet nach Königsfeld kamen, hatte natürlich seinen Grund. Damals hatte er den Entschluss gefasst, wieder nach Lambarene in Zentralafrika zurückzukehren. Seine Frau konnte ihn wegen ihres Lungenleidens ihn nicht begleiten. Der Heilklimatische Kurort Königsfeld, den das Ehepaar von früher her kannte, bot sich deshalb als neue Heimat an.

Albert Schweitzer hat mit seiner Familie gerne in Königsfeld gelebt. Sehr gerne sogar. Für ihn war es stets ein Ort der Ruhe, an dem er sich – manchmal nur für Tage oder Wochen – von seiner ärztlichen Tätigkeit im tropischen Lambarene erholen und seiner schriftstellerischen Arbeit widmen konnte. Hier bereitete er sich auch auf seine europaweiten Vortrags- und Konzertreisen als Organist vor. Seine Ehefrau stand ihm dabei immer hilfreich zur Seite.

„Die Zeit in Königsfeld" so sagte Albert Schweizer einmal, „war die schönste meines Lebens. Hier konnte ich ruhig arbeiten, hatte eine Orgel, konnte im Wald gehen, hatte viele Freunde."

Schweitzer starb 1965 in Lambarene. Seine Frau, die bis zuletzt in Königsfeld lebte, war bereits 1957 verstorben. Auch sie fand in Lambarene ihre letzte Ruhestätte.

Immer einen Besuch wert: das Albert-Schweitzer-Haus in Königsfeld.

*Der Kirchensaal mit seiner weißen Bestuhlung und schlichten Ausstrahlung in Königs-
feld gehört mit Sicherhiet mit zu den eindrucksvollsten Räumen im Kreis. Auf der Empore des Raums befindet sich die Orgel, auf der der berühmte Albert Schweitzer einst
gespielt hat.*

schule in Baden und sogar eine der
größten christlichen Privatschulen
in ganz Europa.

Buchenberg

In dem kleinen, zu Königsfeld gehörenden Ort mit seinen etwas mehr
als 1000 Einwohnern steht eines
der ältesten sakralen Bauwerke des
Schwarzwald-Baar-Kreises: das
wahrscheinlich im letzten Viertel des
11. Jahrhunderts erbaute Buchenberger Kirchlein. Erstmals urkundlich
erwähnt ist es 1275. Die rohbehaue-
nen Bänke, die unregelmäßigen Bau-
formen, eine eigenartige Empore
und vor allem die wiederentdecken
Fresken mit dem Jüngsten Gericht
nehmen jeden Besucher gefangen.
Die größte Kostbarkeit wurde allerdings schon vor einiger Zeit aus der
Kirche entfernt: das Buchenberger
„Herrgöttle", der Rest eines Kreuzes,
das um 1160 herum entstanden sein
dürfte. Heute ziert eine Kopie die
Wand zum frühgotischen Sakra-
mentshaus. Den großen Schlüssel
zur Kirche, die von einem ehemaligen
Friedhof umgeben ist, gibt es im

Extra	Zwei unter einem Dach

Die Evangelische Gesamtgemeinde Königsfeld ist ein Unikum.
Das sagt die Gesamtgemeinde von
sich selbst. Die Herrnhuter Orts-
gemeinde und die Evangelische
Kirchengemeinde arbeiten so eng
zusammen, dass weite Teile des
Gemeindelebens gemeinsam gestaltet werden. Abwechselnd findet
der Gottesdienst nach der Liturgie
der Landeskirche und der der Brüdergemeine im Kirchensaal der
Brüdergemeine am Zinzendorfplatz
statt. Die Pfarrerinnen und Pfarrer,
die sich die beiden Stellen teilen,
sind gemeinsam für die Mitglieder
beider Gemeinden zuständig und
tragen bei Gottesdiensten jeweils
die entsprechende liturgische Klei-
dung.

Rathaus des Dorfes. Dort ist auch das Original des Herrgöttles zu bewundern.

Zu Buchenberg gehört auch die Ruine Waldau. Sie dürfte etwa um das Jahr 1000 erbaut worden sein. Zerstört wurde sie vermutlich um 1525 im Bauernkrieg. Der mächtige Bergfried und weiteres erhebliches Mauerwerk von Gebäuden und Bering sind erhalten geblieben und für viele ist die Waldau die schönste Burgruine im ganzen Schwarzwald-Baar-Kreis. Beeindruckend auch der urige Schwarzwaldhof im Schatten der Ruine. Er gilt als ein Kulturdenkmal von besonderer Bedeutung. Seit einigen Jahren lädt der Hof mit der Waldauschänke auch zur Einkehr ein. Jedes Jahr im Juli findet auf der Ruine ein großes Burgspektakel mit kulturellen Veranstaltungen verschiedenster Art statt. Lohnenswert ist auch ein Besuch des Dorfmuseums.

Burgberg

Klein ist er, schmuck ist er und er hatte in alten Zeiten gleich zwei Burgen, von denen wir heute noch Reste sehen können. Im Ortskern steht der heute von Häusern umbaute Turmrest der Ruine Burgberg. Es war einst die einzige Wasserburg aus staufischer Zeit in der weiteren Umgebung. Ihr Wassergraben dürfte damals durch den Hörnle- und den Glasbach gespeist worden sein. Erhalten ist der untere Teil des Bergfrieds bis etwa zur dritten Geschosshöhe. Doch das ist noch nicht alles, was Burgberg aus alten Zeiten zu bieten hat. Da gibt es noch eine Ruine über der Ruine: die der Bärenburg. Diese Burg wurde vermutlich im 12. Jahrhundert erbaut. Der Volksmund nennt die Ruine heute Weiberzahn, weil nur noch ein Rest des ehemaligen Burgfrieds wie ein Zahn in den Himmel ragt. Um die Ruine

G`schichtle — Ein Tag im 15. Jahrhundert

Der Weiberzahn in Burgberg.

Burg Bärenburg in Burgberg, ein Tag im 15. Jahrhundert: Es ist Nacht. Ein fürchterliches Unwetter zieht über das Land. Verzweifelt und voller Angst bittet eine Frau am Burgtor um Einlass und Unterkunft für die Nacht. Doch Burgherr Hans von Burgberg kennt kein Mitleid, verspottet die Frau sogar noch wegen eines weit hervorstehenden Zahns und schlägt das Burgtor zu. Hilflos steht die Frau im Regen und reckt ihren Stock hoch. Und dann verflucht sie den Burgherrn. Sein Geschlecht solle aussterben und von der Burg noch ein kleiner Rest stehen bleibe, der ihrem Zahn ähnlich sei. Und siehe da: Der Burgherr wurde zum Letzten seines Geschlechts, starb 1457 einsam in Villingen und die Burg wurde keine 100 Jahre später zerstört. Übrig blieb nur ein Gemäuer, das tatsächlich an einen Zahn erinnert und von den Burgbergern deshalb auch folgerichtig „Weiberzahn" genannt wird.

ranken sich Sagen und Legenden (G'schichtle, Seite 229). 1519 dürften beide Burgen zerstört worden sein. 1630 waren es dann Villinger Raubritter, die die Orte Burgberg und Weiler gänzlich dem Erdboden gleichmachten. Über zwei Jahrhunderte ging in Burgberg nicht mehr viel. 1804 schließlich zählte man wieder 25 Häuser. Heute hat Burgberg rund 650 Einwohner. An eines wollen wir dabei noch erinnern: an die vielen Mühlen, die hier betrieben wurden. Eine davon ist bis heute noch in Betrieb: die der Familie Götz Eine Schaumühle in der liebevoll restaurierten."Haller-Mühle" bildet während des jährlich stattfindenden Wandertags auf dem "Höfen- und Mühlen-Wanderweg" eine ganz besondere Attrraktion.

Erdmannsweiler

Das schmucke Erdmannsweiler, das 1094 urkundlich erstmals erwähnt wurde, gehört seit dem 1. Januar 1975 zu Königsfeld. Noch bis ins 18. Jahrhundert hinein bestand der Ort nur aus einigen wenigen Häuser, nachdem er in den Wirren des 30-jährigen Krieges1633 überfallen und fast völlig durch Brand zerstört wurde. Heute ist er mit seinen über 850 Einwohnern der viertgrößte Teilort der Gemeinde Königsfeld. In östlicher Richtung genießt man einen herrlichen Blick auf die Schwäbische Alb und bei guter Fernsicht erscheinen im Süden sogar die Berge der Schweizer Voralpen.

Bis ins Jahr 1851 bildete Erdmannweiler zusammen mit Weiler und Burgberg einen Ort, ehe man getrennte Wege ging und alle drei zunächst zu selbstständigen Kommunen wurden. Mit der Verwaltungsreform stießen die drei Orte Mitte der 70er-Jahre des letzten Jahrhunderts zu Königsfeld und sind damit wieder unter einem Dach vereint.

Neuhausen

Erstmals erwähnt wurde der Ort, der heute zu Königsfeld gehört und mit seinen knapp 1200 Einwohnern der größte Ortsteil der Gemeinde Königsfeld ist, im Jahre 1094. Besiedelt war er allerdings bereits deutlich früher. Darauf weisen alemannische Gräber auf der Gemarkung hin.

Ein typisches Beispiel für eine Chorturm-Anlage ist die Kirche St. Martin. Zusammen mit dem Rathausplatz – das gut renovierte Rathaus trägt als ehemalige Zehntscheuer noch ein Johanniterwappen – bildet sie den Mittelpunkt des Dorfes, in dem neben neuen und liebevoll sanierten Gebäuden alte Bauernhöfe mit Hocheinfahrt und Walmdach noch Zeugnis über die tausendjährige ländliche Lebensweise ablegen. Eindrucksvolle Zeugnisse aus der Vergangenheit von Neuhausen.

Bekannt ist der Ort übrigens auch durch ein Lokal, den Engel, der sich in der Vergangenheit mit Konzertveranstaltungen einen Namen gemacht hat.

Weiler

Mittelpunkt des hübschen Ortes ist die Kirche die 1739 errichtet wurde und in der Fresken entdeckt wurden, die allerdings noch nicht restauriert sind. Es ist allerdings nicht das erste Gotteshaus, das es auf Gemarkung Weiler gab. Der Vorgängerbau wurde im 30-jährigen Krieg niedergebrannt. Das war 1634, als Villinger Reiter in den Ort einfielen. Urkundlich erwähnt wurde Weiler 1132. Heute zählt das schmucke Dorf über 620 Einwohner.

Schon fast rekordverdächtig ist die große Zahl der Vereine, die es in dem kleinen Ort gibt. Neun an der Zahl sind es.

Das Rathaus und natürlich die geschichtsträchtige Kirche bilden das Zentrum Mönch-weilers.

MÖNCHWEILER

Flächenmäßig ist Mönchweiler mit 9,6 Kilometer die kleinste Gemeinde des Schwarzwald-Baar-Kreises. Aber lassen Sie sich nicht täuschen: Die Gemeinde hat jede Menge zu bieten. Zum Beispiel eine überdurchschnittliche Wirtschaftsstruktur. 90 Unternehmen haben gerade in den letzten Jahrzehnten rund 1100 Arbeitsplätze geschaffen. Da steckt eine Wirtschaftskraft dahinter, die deutlich über dem Durchschnitt von Gemeinden in einer etwa vergleichbaren Größenordnung liegt.

Rund 3000 Einwohner leben in der schmucken Kommune, der es gelungen ist, im Zuge der Gemeindereform ihre Selbstständigkeit zu bewahren und die das – wenn man sich im Ort umhört – bis heute nicht bereut hat. Klar, dass damals auch hier die Stadt Villingen-Schwenningen den Blick auf den Nachbarn vor den Toren Villingens geworfen hatte. Doch das kleine Mönchweiler wollte nun mal partout nicht in dem großen VS aufgehen, zeigte dem Nachbarn 1972 in einem Bürgerbefragung die kalte Schulter.

Über die Gründung Mönchweilers sagt der Name einiges aus. Natürlich, es waren Mönche, die sich hier ansiedelten. Doch woher kamen sie? Aus dem bekannten Kloster des benachbarten St. Georgens vielleicht? Eher nicht. Vieles deutet darauf hin, dass es welche von der Insel Reichenau waren. Benediktiner, die nach dem Motto „Ora et labora" (Bete und arbeite) ihres Ordensgründers lebten.

Als Mönchweiler 1258 erstmals urkundlich erwähnt wurde, dürfte es den Ort schon eine ganze Weile gegeben haben. Als „Cella" an der Reichsstraße zwischen Villingen und Hornberg, die wichtig war, wenn es darum ging, den Schwarzwald und die Ortenau zu erschließen. Mit den Mönchen dürften auch Bauern gekommen sein. Und es müssen von Anfang an gleich mehrere gewesen sein, denn sonst würde das Mönchweiler von heute wohl Mönchhof heißen. Erst später ging der Ort in den Besitz des nahen Klosters St. Georgen über. 1810 schließlich wurde Mönchweiler badisch.

Mönchweilers Wahrzeichen ist die Antoniuskirche. Eine Kirche mit Geschichte, in der sich zum Teil auch dramatische Ereignisse abspielten (G'schichtle, Seite 236). Gerade zu Zeiten der Reformation und im 30-jährigen Krieg (1618 bis 1648), als die Konfessionszugehörigkeit immer wieder mal wechselte. In der zweiten Hälfte des Krieges wurde der Ort

schwer in Mitleidenschaft gezogen. Unter anderem waren es die Belagerer Villingens, dann wiederum die Villinger selbst, die bei einem „Ausbruchsversuch" Mönchweiler zerstörten.

Die Antoniuskirche hat all das mitbekommen und überlebt. Es lohnt sich, den mittelalterlichen Bau mit seinem Turm, dem gotischen Chor mit den Abschlusssteinen und die schönen Fenstern des Gotteshauses, die Szenen aus dem neuen und alten Testament zeigen und viel jüngeren Datums sind, anzuschauen.

Wenn wir schon bei der Kunst sind: Machen Sie sich auf zu einem kleinen Spaziergang durch die Gemeinde. Wandeln Sie auf den Spuren

Herbststimmung am Mönchsee bei Mönchweiler.

des namhaften Künstlers Martin Kirstein aus Winnenden, von dem wir fünf bemerkenswerte Plastiken in dem Dorf entdecken. Eine von ihnen ist der Mönch, zurückgekehrt an die Stätte, die seinen Namen trägt. Er kühlt seine Füße im Bachlauf und scheint sich im Mönchweiler von heute sichtlich wohlzufühlen.

Zwischendurch lassen wir unseren Blick schweifen. In Mönchweiler tun sich Horizonte auf. Wir blicken vom 732 bis 825 Meter über dem Meer gelegenen Dorf am Ostrand des Schwarzwalds ungehindert auf die Weiten der herrlichen Baar-Landschaft bis hin zur Schwäbischen Alb. Eine Landschaft, die zum Wandern und Radfahren einlädt. Im Südosten des Ortes, ganz in der Nähe, schließlich der Mönchsee, ein Naturschutzgebiet. Was für Röhrichtbewohner und Wasservögel wie zum Beispiel Graugans Teichhuhn oder Reiherente ein wichtiger Brutplatz ist, ist für die Menschen ein beliebtes Naherholungsgebiet. Wen wundert es da, dass in dem Ort auch der Fremdenverkehr eine Rolle spielt.

Mönche gaben Mönchweiler den Namen. Einen endeckt man in der Gemeinde noch heute – als Skulptur.

G´schichtle — Der Mönchweiler Religionskrieg

Zu Zeiten des 30-jährigen Kriegs kam es in der Mönchweiler Kirche zu teilweise dramatischen Auseinandersetzungen zwischen den Vertretern der beiden Konfessionen.

Während des 30-jährigen Kriegs (1618-1648), der ja aus dem Konflikt zwischen katholischem und evangelischem Glauben entstand, spielte sich in Mönchweiler in der Antoniuskirche eine Episode ab, die, so wird im Heimatbuch des Ortes erzählt, für die damalige Zeit bezeichnend war. Ein kleiner Religionskrieg sozusagen.

Als der katholische Priester im Jahre 1630 die Kirche betritt, sieht er zu seinem Entsetzen den evangelischen Pfarrer bereits von der Kanzel predigen. Nun will er rauf. Es gibt einen lauten Streit um die Vormachtstellung und laut Sage sogar eine handfeste Rauferei.

Nicht der einzige Zwischenfall im Streit der Religionen zu jener Zeit in Mönchweiler. Dessen Einwohner dürften damals manchmal wirklich Mühe gehabt haben, den schnell aufeinander folgenden Konfessionswechseln Rechnung zu tragen. Mal war man katholisch, dann wieder evangelisch. Je nachdem, welcher Landesherr gerade das Sagen hatte und welcher Konfession er angehörte. Mal war es ein evangelischer Pfarrer, der nur unter dem Schutz von 20 Gewehrschützen predigen konnte, mal drohten die Katholiken gar mit der kaiserlichen Armee, um in dem Dorf die richtige Konfession durchzusetzen.

Ende 1630 rief der Mönchweiler Vogt, die Frechheit der unbotmäßigen Untertanen beklagend, gar die Obrigkeit zur Hilfe, weil er befürchtete, dass es in dem Ort wegen der verschiedenen Religionen zu Mord und Totschlag kommen könnte.

Übrigens: Heute leben in Mönchweiler evangelische und katholische Christen problemlos zusammen und haben ein gutes Verhältnis. Manchmal ist es eben doch gut, wenn sich die Zeiten ändern…

NIEDERESCHACH

Knapp 6000 Einwohner zählt die Gesamtgemeinde Niedereschach. Fast 3200 davon entfallen auf den Kernort Niedereschach. Dazu kommen dann noch die Ortsteile Fischbach, Kappel und Schabenhausen.

Urkundlich erwähnt wurde Niedereschach erstmals 1086. In seiner Geschichte wechselte es des öfteren den Besitzer. Klöster wie Gengenbach und St. Georgen oder die Herren von Ifflinger und Beroldinger hatten hier einst das Sagen. Die Ifflinger waren beispielsweise 1465 bis 1603 da, nannten Niedereschach ihr eigen und sich nach dem Schloss Granegg, das einst in Niedereschach stand, ehe es Ende des 18. Jahrhunderts abgerissen wurde. Sie waren also die Herren von Granegg. Über 2000 Morgen war das Gebiet in jenen Zeiten links und rechts der Eschach groß. Das sind rund 630 Hektar.

Das Ortszentrum von Niedereschach.

Zum Vergleich: Die Gesamtgemeinde Niedereschach mit allen Ortsteilen zählt heute 3307 Hektar.

Als Niedereschach 1810 schließlich zum Großherzogtum Baden kam, war das Dorf noch immer vor allem landwirtschaftlich geprägt.

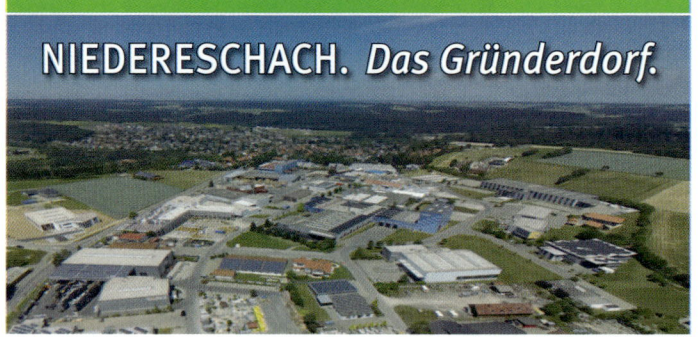

NIEDERESCHACH. *Das Gründerdorf.*

'ne eigene Firma gründen – am besten in Niedereschach!

Existenzgründungsoffensive Niedereschach

Die Lotsen der Existenzgründungsoffensive Niedereschach helfen weiter.
www.Starten-mit-EGON.de

Ansprechpartner:

Gemeinde
Niedereschach

Preisträger:

Deutschland
Land der Ideen
●●●●●●●●●
Ausgezeichn.Ort 2014/15

Nominiert 2016:

European
Enterprise Promotion
Awards

Doch gegen Ende 19. Jahrhunderts setzte ein mächtiger Strukturwandel ein. Im Ort begann es zu ticken. Erst vereinzelt und dann an vielen Stellen. Die Uhrenindustrie hielt Einzug. Mit Macht sogar. Zu Beginn des 20. Jahrhunderts schließlich war aus dem Bauerndorf ein Dorf der Uhrenindustrie geworden. Zeitmesser von hier gingen hinaus in alle Welt.

Wirklich hörenswert: das Glockenspiel am Niedereschacher Rathaus.

Im Laufe der 80er-Jahre geriet die Uhrenindustrie dann aber mächtig in die Krise. Billiguhren aus Fernost und die Quarztechnologie sorgten für riesige Probleme. Für nicht wenige Betriebe schlug die letzte Stunde. Auch in Niedereschach. Nicht nur hier übrigens, sondern beispielsweise auch beim Nachbarn, der einst weltgrößten Uhrenstadt Schwenningen, und an vielen anderen Orten der Schwarzwälder und deutschen Uhrenproduktion.

Plötzlich steckte das Dorf in einer tiefen Strukturkrise. Das tat richtig weh. Viele Arbeitsplätze brachen weg, aber die Niedereschacher ließen sich in den Folgejahren nicht unterkriegen, gingen sogar gestärkt aus der Krise hervor. Man braucht heute nur einmal durch das Gewerbegebiet in Niedereschach zu schlendern. Eindrucksvoll, was man da so sieht.

Für großes Aufsehen sorgt der Ort wirtschaftlich mit seiner preisgekrönten Existenzgründungsoffensive „EGON", mit der Existenzgründer von Lotsen auf ihrem Weg in die Selbstständigkeit begleitet und betreut werden.

Heute gibt es in der Gesamtgemeinde über 200 Unternehmen mit

Zwei Gebäude auf die Niedereschach stolz sein kann: die Eschachhalle (links) und das neue Rathaus (rechts).

Blick in die Bruder-Konrad-Kapelle.

über 1700 Arbeitsplätzen. Darunter viele renommierte Firmen. Zum Beispiel der Motorradausstatter Touratech AG. Wenn der zu seinem jährlichen Travel-Event einlädt, strömen Tausende von Bikern und Abenteuerfans nach Niedereschach.

Der Ort an der Eschach hat darüber hinaus etwas, was andere Orte im Kreis nicht haben. Er hat nicht „nur" einen Bürgermeister, sondern auch eine richtige Königin, wobei die allerdings nun gar keine politische Ambitionen hat, sondern für den Genuss zuständig ist. Nein, nein, es geht natürlich nicht um den Wein. Den wird man an den Hängen der Eschach vergebens suchen. Es geht um den Schwarzwälder Schinken.

Menschen · Ein Mann mit großer Karriere

Papst Benedikt XVI. verlieh ihm den Gregoriusorden, eine der höchsten Auszeichnungen der katholischen Kirche; er hat das Bundesverdienstkreuz; er ist Ehrendoktor gleich mehrerer Universitäten wie der von Buenos Aires oder Montreal, Ehrenbürger der rumänischen Stadt Iasi und seit 2010 auch Ehrenbürger Freiburgs. Damit wurden unter anderem seine Verdienste um den Wissenschaftsstandort Freiburg gewürdigt. An der dortigen Albert-Ludwigs Universität war der Politikwissenschaftler von 1995 bis 2008 Rektor.

Die Niedereschacher dürften schon längst wissen, von wem hier die Rede ist: von Prof. Dr. Dr. h.c. mult. Wolfgang Jäger. Schließlich ist er einer der Ihren, wurde 1940 hier geboren und machte dann in seinem Leben eine tolle Karriere. Eine richtig große „Nummer", dieser Mann.

Wolfgang Jäger

NATUR PUR

TANNENHOF

Schwarzwälder TANNENHOF
Schinken
von Hand gepökelt, mit
heimischen Gewürzen veredelt,
über Tannenholz geräuchert
und in Schwarzwälder
Höhenluft 3 Monate gereift.

TANNENHOF GmbH & Co. KG ·78078 Niedereschach
www.tannenhof-schinken.de

Schlängelt sich durch Niedereschach: die Eschach.

Jahr für Jahr wird in Niedereschach im Rahmen einer großen Veranstalter der Niedereschacher Vereine die Schwarzwälder Schinkenkönigin gekürt. Für ein Jahr ist sie dann Botschafterin von mit dem Feinsten, was der Schwarzwald zu bieten hat. Dass ausgerechnet Niedereschach „Krönungsort" ist, ist dann wirklich nicht aus der Luft gegriffen. Schließlich ist hier mit dem „Tannenhof" einer der ganz renommierten Hersteller Schwarzwälder Schinkens daheim .

Niedereschach ist ein Ort, mit einer für seine Größenordnung fast perfekten Infrastruktur. In dem ansonsten quicklebendigen Ort findet sich an der Eschach auch manch idyllisches Plätzchen, an dem man die Seele baumeln lassen kann. Natürlich gibt es auch einiges zu schauen.

Bemerkenswert ist beispielsweise die katholische Kirche mit ihrem alten, spätgotischen Turm mit Maßwerkfenstern und Treppengiebel und dem neuen Gotteshaus, das mit seinem unregelmäßig, viereckigen Grundriss, einer unterschiedlichen Dachhöhe und einem wirklich sehr schönen Kreuzweg beeindruckt.

Noch ein Gebäude sollte man nicht vergessen: das ehemalige Fabrikgebäude von Förderer und Söhne. Es wurde in Eigenleistung zu einer Kulturfabrik umgebaut, in der heute viele Vereine ihr Domizil haben. Ja, und wer in Niedereschach ist, sollte nicht gehen, bevor er am neuen, schmucken Rathaus war. Vor allem: Er sollte dort auch die Ohren spitzen. Seit einigen Jahren gibt es an dessen Rückseite nämlich ein herrliches Glockenspiel mit 24 Glocken. Um 9.05, 12.05, 15.05 und 18.05 Uhr bezaubert es Tag für Tag mit seinen Weisen.

Vielleicht verbinden Sie Ihren Besuch in Niedereschach auch einmal mit einem kleinen Spaziergang. Ein Tipp: Idyllisch in einer Waldlichtung oberhalb der Sportstätten steht die viel besuchte Bruder-Konrad-Kapelle, die von Gläubigen Niedereschachs 1946 aus Dankbarkeit darüber errichtet worden war, dass ihr Dorf während des zweiten Weltkrieges von Angriffen verschont geblieben war.

Menschen — Wenn der mal richtig loslegt

Kabarettist der Extraklasse. Christoph Sieber

Vater Otto Sieber war ein ganz ein Großer. In Niedereschach zumindest, wo er 40 Jahre lang Bürgermeister war. Nicht wenige nannten den Schultes dort sogar „König Otto". Doch jetzt ist da noch einer aus der gleichen Familie, der in der Zwischenzeit einer der ganz Großen ist: Sohn Christoph Sieber. Und das nicht „nur" in Niedereschach, sondern gleich bundesweit.

Der junge Herr Sieber hat sich nämlich zu einem der bekanntesten deutschen Kabarettisten gemausert. 2015 erhielt er beispielsweise den deutschen Kleinkunstpreis in der Sparte Kabarett. Einen bedeutenderen Preis für Kabarettisten gibt es in unserem Lande nicht. Er sei, so die Begründung der Jury damals, „die Stimme des jungen Kabaretts in Deutschland." Da muss Sieber schon ein bisschen lachen: „Ich bin ja auch schon 45."

Christoph Sieber ist in. Und wie! Der Mann füllt bei seiner Tour die Säle, ist Gast in unzähligen Fernsehsendungen und hat jetzt zusammen Tobias Mann im ZDF eine eigene Sendung: „Mann Sieber".

Für die Süddeutsche Zeitung ist der Niedereschacher „der Mann, der so aberwitzig zwischen scharfsinniger, pessimistischer Situationsdiagnostik auf der einen Seite und grandios komischer Unterhaltung auf der anderen jongliert." Dem gibt es eigentlich nichts mehr hinzuzufügen.

Fischbach

Oben und unten – in Fischbach mit seinen knapp 1150 Einwohnern weiß man, was das ist. Oben ist Sinkingen mit einem herrlichen Blick hinaus ins Land und unten schmiegt sich das liebenswerte Fischbach an den Fischbach, um sich dann mit seinen Häusern hoch in Richtung Sinkingen zu arbeiten.

Zugegeben, so ganz grün, wie sie sich das heute sind, waren sich die Fischbacher und Sinkinger in ihrer Geschichte nicht immer. Ja, in alten Zeiten konkurrierte man des öfteren sogar richtig miteinander. Doch das ist längst Vergangenheit. Seit 1810 ziehen die beiden nämlich an einem Strang, bilden gemeinsam die selbstständige Gemeinde Fischbach. Selbstständig blieb man, bis man im Zuge der baden-württembergischen Verwaltungsreform 1974 Teil der neuen Gesamtgemeinde Niedereschach wurde.

Oberhalb des Zusammenflusses von Glasbach und Hinterbach zum Fischbach thront in Fischbach die Mauritiuskirche mit ihren beeindruckenden romanischen Fresken. Nur ein paar Schritte sind es von dort bis zum Heimatmuseum der Gesamtgemeinde, in denen mal viel über die Geschichte von Niedereschach und seinen Ortsteilen erfährt. Und die reicht weit zurück.

Wie zum Beispiel die von Fischbach. Der Ort wurde zwar erst 1275 erstmals urkundlich erwähnt, Sinkingen war mit 1308 sogar noch etwas später dran, doch los war hier schon Jahrhunderte vorher was. Gehen Sie mal ins Gewann Bubenholz. Sie werden dort einen freigelegten römischen Gutshof und sogar eine großartig restaurierte römische Badeanlage entdecken. Stark!

Dann Sinkingen. Die Aussicht von hier ist schon mal Spitze und das Kirchlein auch. Es ist eine besondere Kapelle. Eine, die bis heute viele Wallfahrer anlockt. Eingeweiht wurde sie 1764, nachdem der Vorgängerbau ziemlich herunter gekommen war. In ihrem Innern befinden sich drei Barockaltäre. Im Hauptaltar ist eine Kopie des Gnadenbilds der Einsiedelner Madonna eingefasst. Dieses Bild ist es denn auch, das das Kirchlein zur Marienwallfahrtsstätte werden ließ.

Nur ein paar Meter von der Kirche steht das hübsche Backhäusle und daneben der Gasthof Kreuz. Hier findet seit mehr als 100 Jahren immer sonntags zwischen 9 und 12 Uhr der legendäre Taubenmarkt statt. Doch da gibt es längst nicht nur Tauben. Auch Hasen, Hühner, Gänse- oder Entenküken und manches mehr werden von Bauern und Klein-

tierhaltern zum Verkauf angeboten. Schon das Zuschauen ist das ein Erlebnis!

Gerade von Sinkingen aus bieten sich hübsche Spaziergänge zu Wanderungen zu den römischen Anlagen und dem Teufensee, einem herrlich gelegenen See samt Grillmöglichkeiten, an. Baden darf man dort allerdings nicht.

Kappel

Kein Zweifel, die Nummer eins unter den Kappels Attraktionen ist von der Besucherzahl her mit Abstand der Streichelzoo. Esel, Ziegen, Pfauen, Enten und viele andere Tiere fühlen sich in der herrlichen Anlage an der Eschach pudelwohl. Genauso wie die Kinder, die sich nicht nur über die Tiere, sondern auch noch auf jede Menge Spielmöglichkeiten freuen können. Ein richtiges Paradies für die Familie.

Während die Tiere im Zoo putzmunter sind, sind andere, die schon viel früher in der Region unterwegs waren, schon ein Weilchen „hinüber". Genauer gesagt seit 220 Millionen

Sehenswert: die römische Badanlage.

Blick auf den Teufensee.

Jahren. Dabei handelt es sich um die „Mastodonsaurus cappelensis" – Riesenlurche aus der Saurierzeit (Extra, Seite 246).

Gefunden wurden sie übrigens ganz in der Nähe der Wallfahrtsstätte Elsenau, die sich etwas außerhalb des Ortes an der Straße nach Obereschach befindet. Die erste Wallfahrt zu der Mariengrotte in der „Wolfsschlucht" fand 1889 statt.

Die Beliebtheit der Wallfahrtsstätte ist ungebrochen. Bis heute kommen viele in die Elsenau. Warum hat einmal eine Bürgerin aus Weilersbach in einem Gedicht in einer Strophe wie folgt ausgedrückt:

Auch heute noch ein beliebtes Ziel vieler Gläubiger: die Wallfahrtsstätte Elsenau.

Wenn also Not und Leid dich drücken,
dann komm zu unserer lieben Frau,
komm her mit kindlichem Vertrauen
zur Wallfahrtsstätte Elsenau.

Zuletzt noch ein kleiner Blick zurück: Kappel wurde 1086 erstmals bei der Gründung des Klosters St. Georgen urkundlich erwähnt. Der Ortsname macht deutlich: Schon damals muss in Kappel eine Kapelle gestanden haben.

Später wurde sie dem heiligen Othmar geweiht, einem Heiligen alemannischer Herkunft. An Stelle dieser kleinen Kapelle steht heute die Dorfkirche mit ihren teilweise eindrucksvollen romanischen und spätgotischen Elementen. Sie ist nach wie vor der Mittelpunkt des schmucken Ortes, in dem in alten Zeiten nicht nur Landwirtschaft, sondern auch Bergbau betrieben wurde. Wie in Schabenhausen übrigens auch (siehe Schabenhausen). 1975 wurde Kappel Teil der Gesamtgemeinde Niedereschach.

Extra — Die Saurier von Kappel

37 Versteinerungen des Mastodonsaurus wurden in Kappel entdeckt.

Wenn da nicht der Kappeler Ortsvorsteher gewesen wäre, der zufällig auf die „Mastodonsaurus cappelensis" angesprochen worden war, dann wären die bis zu 1,40 Meter großen Riesenlurche aus der Saurierzeit in Kappel möglicherweise hier nie mehr zu einem Thema geworden.

Doch der Ortsvorsteher von Kappel begann zu recherchieren, wollte wissen, warum „cappelensis" Teil des Namens war und stellte fest, dass die „Tierchen" tatsächlich hier gefunden wurden. Das Wörtchen „cappelensis" steht also für den Ort, an dem sie einst entdeckt wurden – für Kappel also.

Gefunden wurden sie, genauer gesagt deren Versteinerungen, vor nahezu 100 Jahren bei einem Steinbruch ganz in der Nähe der Wallfahrtsstätte Elsenau. In einem Fachbuch aus dem Jahr 1923 heißt es:

„Nirgends in Süddeutschland, ja wohl in Mitteleuropa überhaupt, sind bis jetzt Knochenreste in solcher Menge und günstiger Erhaltung gefunden worden, wie bei Kappel."

Der Baarverein spricht in einer Abhandlung gar von einem weltweit einzigartigen Fund, der bislang allerdings nur im Keller des Karlsruher Naturkundemuseums ein Plätzchen hat.

Das haben die 37 „Mastodonsaurus cappelensis" nicht verdient, sagte man sich in Kappel und begann zu kämpfen. Mit Erfolg übrigens. Schon in Bälde sollen Abdrücke der Sauriere zurück in ihre alte Heimat kommen und dort im Heimatmuseum ausgestellt werden. Nicht nur das: Inzwischen plant man sogar eines der „Tierchen" nachzubauen und auszustellen. Man darf sich jetzt schon darauf freuen.

Schabenhausen

Schabenhausen, auf Buntsandstein gebaut, ist eine für die Landschaft charakteristische Streusiedlung. Erstmals urkundlich erwähnt wurde es 1086. Sicher ist, dass es dort einst einen Ortsadel gab und dann auch einen gewissen Heinrich Hinteroffen, der seinen Ort an die Gemeinde Niedereschach verkaufte. Längerfristig wussten die Niedereschacher dann aber mit Schabenhausen offenbar nichts Rechtes anzufangen. Vielleicht brauchten sie aber auch nur Geld. Auf jeden Fall verkauften sie den kompletten Ort Schabenhausen an die Rottweiler. Das war 1483. Genau 488 Jahre später war man dann doch wieder beisammen. Nicht durch „Rückkauf", sondern durch die baden-württembergische Verwaltungsreform 1971. Mit rund 550 Einwohnern ist Schabenhausen heute der kleinste der Niedereschacher Ortsteile.

In dem Dorf wurde in früheren Jahrhunderten versuchsweise auch nach Erzen geschürft. Schriftliche Hinweise auf den Bergbau reichen bis in 16. Jahrhundert zurück. Besonders ergiebig war der Kupfererzabbau aber nicht. Er wurde 1608 eingestellt und auch ein neuerlicher Versuch 1781 fand ein rasches Ende. Im Ortsteil Kappel wurde einst nach Silber gegraben.

Freunde des historischen Bergbaus sorgten mit großem Einsatz dafür, dass heute zwei Stollen auf Anfrage besichtigt werden können. In Kappel ist dies der Stollen „Karl im Mailänder" und in Schabenhausen der Stollen „Otto am Kohlerberg".

Natürlich wollen wir Ihnen nicht vorenthalten, dass die Schabenhauser inzwischen sogar ein Paradies im Ort haben – das Floraparadies der Firma Weißer. In Gewächshäusern mit über 5.000 Quadratmetern sowie auf einer Freilandfläche von über 10.000 Quadratmeter werden zahlreiche verschiedene Pflanzen kultiviert. Ein farbenprächtiges Bild.

Längst hat hier auch die Tierwelt eingezogen. Unüberhörbar melden sich Papageien zu Wort und im Streichelzoo warten die verschiedensten Tiere auf ihre Streicheleinheiten. Sogar ein kleines Cafe gibt es inzwischen auf der Anlage. Das Areal ist inzwischen zu einem großartigen Ausflugsziel für die gesamte Familie geworden.

Schon bei der Ortseinfahrt wird in Schonach klar: Hier sind Olympiasieger und Welt-meister daheim. Georg Hettich, Hans-Peter Pohl, Hansjörg Jäkle und Alexander Herr haben das Dorf weithin bekannt gemacht.

SCHONACH

In Schonach ist der Erfolg daheim. Sportlich stimmt das auf jeden Fall ganz bestimmt und die stolzen Schonacher sorgen natürlich dafür, dass es möglichst auch jeder mitbekommt.

Schon bei Ortseinfahrt lachen uns auf einer schneeweißen Tafel vier Schonacher Goldjungs an. Georg Hettich, Hans-Peter Pohl, Alexander Herr und Hansjörg Jäkle heißen sie.

Repräsentativ: das Schonacher Rathaus.

Sie haben eines gemeinsam: Sie haben Gold bei Olympischen Winterspielen oder – wie Herr – zumindest Gold bei Weltmeisterschaften geholt. 4000 Einwohner hat Schonach und drei Olympiasieger. Ob es einen Ort in Deutschland gibt, der bezogen auf die Einwohnerzahl eine größere Dichte an Olympiasieger hat? Eigentlich nur schwer vorstellbar. Villingen-Schwenningen müsste, um mitzuhalten, beispielsweise 62 haben. Immerhin hat man mit Martin Schmitt aus dem Stadtbezirk Tannheim einen.

Eines jedenfalls zeigt unser kleines Zahlenspielchen: In Schonach ist der Wintersport eine ganz große Nummer. Lifte, Loipen, Rodelbahnen, Winterwanderwege – alles da. Beste Bedingungen für Wintersportfans also. Für viele ist der Ort, zumindoct im nordischen Bereich, das Wintersportmekka des Schwarzwalds.

Der Ruf kommt nicht von ungefähr. Seit über 50 Jahren wird hier inzwischen der Schwarzwaldpokal in der Nordischen Kombination ausgetragen. Jahr für Jahr kommt seitdem die gesamte Weltelite in den kleinen Schwarzwald. Tausende von Zuschauern feuern die Sportler an, wenn sie über den Schanzentisch der Lan-

Sehenswert: die Schonacher Kirche St. Urban mit ihren verspielten Rokokoformen.

genwaldschanze gehen und anschließend durch die Loipe hetzen, um ihren Weltcupsieger zu ermitteln.

Hier, in Schonach, startet auch der berühmte Rucksacklauf. 100 Kilometer an einem Stück auf Langlaufski von Schonach bis zum Belchen. Ob es das letzte Abenteuer des Schwarzwalds ist, wie die Ver-

anstalter meinen, sei dahingestellt. Die Teilnehmer jedenfalls sind in begeistert. In aller Regel wenigstens. Manche sind aber auch ganz einfach fertig. Anstrengend ist es auf jeden Fall. In die Siegerliste haben sich übrigens in der Vergangenheit solche Promis wie der Olympiasieger von 1960 in der Nordischen Kombination, Georg Thoma, eingetragen. Das

Jahr für Jahr gibt sich die Weltklasse in der aus Springen und Langlaufen bestehenden Nordischen Kombination um den Schwarzwaldpokal ein Stelldichein. Eines der ganz großen sportlichen Highlights im Kreis.

alles geht natürlich auch ein bisschen langsamer. Viel langsamer sogar. Die 100 Kilometer sind nämlich identisch mit dem „Fernskiwanderweg Schonach – Belchen". Den kann man aber auch gemütlicher machen. In Etappen zum Beispiel.

Irgendwann hat aber dann selbst ein Schonacher genug vom Winter, freut sich auf die wärmenden Strahlen der Frühjahrssonne, wenn der Schnee dahinschmilzt und die Bäche

füllt. Ist ja auch nicht schlimm, schließlich hat auch im Sommer jede Menge zu bieten. Ein Naturfreibad zum Beispiel, herrliche Wandermöglichkeiten oder Mountainbiketouren. Diejenigen, die es ruhiger angehen wollen, haben die Möglichkeit sich im Kurgarten beim Minigolf, beim Wassertreten oder beim sommerlichen Kurkonzert zu vergnügen.

Manche Sehenswürdigkeit können Sie zu jeder Jahreszeit anschauen.

Hat einen stolzen Turm und eine bemerkenswerte Innenausstattung: die Schonacher Kirche.

Im Haus des Gastes kann man die größte mechanische Weihnachtskrippe im gesamten Alpenraum bewundern. Dann die in den Jahren 1912 bis 1914 errichtete Kirche St. Urban mit ihren Rokokoformen. Ein beeindruckendes, festlich wirkendes Gotteshaus mit einem Taufstein aus dem Jahre 1624 und Altarbilder, die bereits 1747/48 entstanden sind.

Doch die Geschichte Schonachs reicht noch viel weiter zurück. Bereits im 11. und 12. Jahrhundert sollen sich hier Menschen angesiedelt haben. In dem Ort gab es bereits recht früh Kleingewerbe wie Löffel- und Schindelmacher. Im 17. Jahrhundert – damals gehörte Schonach zu Vorderösterreich – hielten Glasmacher Einzug und schließlich die Uhrmacherei. Apropos Uhren: Hier spielte und spielt gerade auch die Kuckucks-

uhr eine bedeutende Rolle. Schonach ist, so sagen die Schonacher, die Heimat der Kuckucksuhr. Auf der Gemarkung der Gemeinde steht beispielsweise die „Erste weltgrößte Kuckucksuhr der Welt". Und die aktuell weltgrößte dazu. Doch das wiederum ist eine kleine, extra Geschichte wert. (Extra, Seite 255).

Rohrhardsberg

Herzlich willkommen auf dem Dach des Schwarzwald-Baar-Kreises. Ja, wir haben es geschafft, sind auf dem höchsten Punkt des Kreises angelangt – dem Rohrhardsberg. Puuh, war das anstrengend. Aber wirklich schön ist es hier oben in 1163 Meter in diesem Natur- und Landschaftsschutzgebiet. Im Winter aber oft auch kalt, saukalt sogar. Zum Glück für die Wintersportfans, die hier ein kleines Paradies vorfinden.

Nicht von ungefähr befindet sich auf dem Rohrhardsberg mit 750 Metern einer der längsten Skilifte des Mittleren Schwarzwalds. Klar, dass hier auch Langläufer voll auf ihre Kosten kommen. Doch zu welchem Ort gehört der Rohrhardsberg? Natürlich zu Rohrhardsberg und diese kleine Hofgemeinde ist seit 1970 wiederum Teil der Gemeinde Scho-

Die weltgrößte Kuckucksuhr steht in Schonachbach, einem Ortsteil von Schonach, direkt an der B 33 bei Triberg.

Auf dem Rohrhardsberg, dem mit 1163 Metern höchsten Punkt im Kreis.

Menschen

Bildhauer mit Format

Kein Zweifel: Klaus Ringwald, der 1939 in Schonach geboren wurde, gehört zu den ganz großen Künstlern des Schwarzwald-Baar-Kreises. Ein Bildhauer mit Format. Einer, der nicht mit dem Strom schwamm, immer wieder mal auch aneckte. Mit Äußerungen, aber auch mit seiner Kunst.

Ringwald war als Künstler weit über die Region hinaus bekannt. Vielseitig war er. Er portraitierte Menschen. Eher Unbekannte, wie die Bäuerin vom Rohrhardsberg oder die Mitglieder seiner Familie. Aber auch viele Bekannte. Die Politiker Lothar Späth oder den berühmten SPD-Mann Carlo Schmidt, der ihm zum väterlichen Freund wurde, Sänger wie Hermann Prey oder Dietrich Fischer-Diskau, den Kölner Kardinal Joseph Höffner und viele mehr. Ringwalds Arbeiten waren dabei immer mehr als nur ein bloßes Abbild. Ringwald schuf Individualität statt Beliebigkeit. Auch Tiere haben den Mann aus dem Schwarzwald immer wieder angezogen. Mensch und Tier – sie waren ein großes Thema im Lebenswerk des Künstlers, der über 50 Büsten fertigte.

Spuren, großartige Spuren, hat der Schonacher auch mit seinen vielen Arbeiten im öffentlichen Raum hinterlassen. Gerade auch hier im

Schwarzwald-Baar-Kreis. Das Portal des Villinger Münsters und den dortigen Münsterbrunnen, Arbeiten in den katholischen Kirchen von Dauchingen und Bad Dürrheim zum Beispiel und, und, und. Machen Sie sich einmal auf Spurensuche. Es lohnt sich. Sein wohl berühmtestes Kunstwerk ist allerdings etwas weiter weg: die große Christusfigur am Pilgrims' Gate an der berühmten Kathedrale von Canterbury.

Ringwald starb 2011. Vergessen wird man ihn nicht. Dafür sorgen nicht nur seine Kunstwerke, sondern auch eine Stiftung, die in seinem Heimatort Schonach gegründet wurde und die sich die Erhaltung, die Pflege und die weitere Verbreitung von Ringwalds Lebenswerk zum Ziel gesetzt hat.

Zu jeder Jahreszeit ein spektakulärer Anblick: die Langenwaldschanze.

nach. Nur noch in Gütenbach sind die Höhenunterschiede in einer Gemeinde ähnlich groß, wie in Rohrhardsberg. Sie reichen von 600 Metern tief drunten im Tal der Elz bis hinauf zum Rohrhardsberg eben.

Bekannt ist vor allem der Skiclub des Ortes. Mit ihm sind Erfolge über Erfolge in der Nordischen Kombination, im Langlauf und dem Skispringen verbunden. Gegründet wurde der Skiverein Rohrhardsberg im Gasthaus Schwedenschanze. Wegen seiner großartigen handgeschnitzten Inneneinrichtung wurde das Gasthaus 1986 als Kulturdenkmal eingestuft.

U(h)rwaldpfad Rohrhardsberg

Charakteristik: Der Premiumwanderweg bietet saftige Weiden und Wiesen, Wälder, Moore, immer wieder tolle Ausblicke, einen Wasserfall, urigen Einkehrmöglichkeiten an den Wochenenden in der Talstation des Skilifts und der Schwedenschanze bis hin zu seltenen Tier- und Pflanzenarten und Kukucksuhren in allen Formen und Farben.

Ausgangspunkt: Parkplatz und Bushaltestelle Mühlebühlbrücke, Rohrhardsberg an der L 109.

Streckenlänge: 8,7 Kilometer

Höhenmeter: 374

Schwierigkeitsgrad: mittel bis schwer

Streckenverlauf: Vom Parkplatz Mühlebrücke hoch zum Gipfel des Rohrhardsbergs, dann zur Schwedenschanze und vorbei am beeindruckenden Schänzlehof, dem höchstgelegenen Bauernhof im mittleren Schwarzwald weiter zu dem unter Denkmalschutz stehenden um 1700 erbauten Ochsenhof. Nächste Station der abwechslungsreichen Wanderung ist die Ortsmitte von Rohrhardsberg, von wo es über die Walderlebnisstation mit dem Kletterschwein vorbei an den Elztalfällen zurück zum Ausgangspunkt geht.

Extra

Kuckuck, kuckuck ...

Steht in Schonach: die erste weltgrößte Ku-ckucksuhr.

In Schönwald erblickte einst die Schwarzwälder Kuckucksuhr das Licht der Welt. Die großen Zentren der Kuckucksuhren-Herstellung sind heutezutage aber wohl eher in Schonach und Triberg angesiedelt. Die Schonacher sagen sogar, dass sie die Heimat der Kuckucksuhren seien, weil hierheutzutage die meisten Kuckucksuhren des Schwarzwalds hergestellt würden und man mit der SBS Feintechnik gar der Weltmarktführer für mechanische Kukucksuhrwerke im Ort beheimatet habe.

Ja, und dann hat man da noch ein As im Ärmel: In Schonach steht die weltweit größte Kuckucksuhr. Doch da wird es dann – zum Kuckuck – schon wieder ein bisschen kompliziert. Die Schonacher „weltweit größte Kuckucksuhr" der Familie Dold trägt nämlich den Zusatz „erste weltgrößte…" Aber warum? Gibt es da noch was, was zweites weltweit Größtes vielleicht?

Bevor wir der Frage nachgehen, schauen wir uns zunächst den Kuckuck der Familie Dold in Schonach näher an. Richtig beeindruckend ist er, hat im Innern ein riesiges, hölzernes Uhrwerk mit einem wirklich beeindruckend großen Kuckuck, der ein richtig langes Leben hat und sich seinen Besuchern aber nach wie vor bei bester Gesundheit prä-

sentiert. 1981 hatte er das Licht der Welt und war über viele Jahre hinweg die unbestrittene Nummer eins auf dem Globus. Bis sich dann da doch ein paar Kilometer weiter, unten in dem ebenfalls zu Schonach gehörenden Schonachbach am nördlichen Ortsausgang von Triberg an der B 33 im Uhrenpark Eble ein zweiter Kuckuck einnistete, der dann tatsächlich noch eine Nummer größer ist, als der andere.

Geburtshelfer waren die Brüder Eble. Sie bauten in fünfjähriger Bauzeit im Maßstab 60:1 ein Uhrwerk nach, dessen größter Raddurchmesser 2,60 Meter beträgt. Gewicht des Werkes: sechs Tonnen. Dann der Kuckuck: 4,50 Meter lang ist er und bringt stolze 150 Kilo auf die Waage. Alles halbe Stunde ruft er „kuckuck, kuckuck". Allerdings nicht aus dem Wald, sondern aus dem Häuschen, das in diesem Fall ein richtiges Haus ist.

Eigentlich klar, dass die beiden Kuckucks zu Beginn nicht so gut aufeinander zu sprechen waren. Doch bevor sich die Tierchen gegenseitig ans Federkleid gingen und sich zerrupften, fanden sie eine gar salomonische Lösung. Der Kuckuck in Schonach ist nun eben der erste weltgrößte Kuckuck, weil er von dem in Schonachbach da war und der in Schonachbach ist nun der aktuell weltgrößte Kuckuck. Bevor Sie vor lauter Größen nicht mehr durchblicken: Ganz in der Nähe der beiden größten, wohnt auch der weltweit kleinste Kuckuck. Zu Hause ist das 13,5 Zentimeter große „Kuckucksuhren-Baby" bei der Uhrenfabrik Herr in Triberg. Auch den kann man sich anschauen. Alles ein bisschen kompliziert mit dem Kuckuck, zum Kuckuck.

Durchatmen und glückliche Momente erleben!

Im Schwarzwald-Baar-Kreis liegt das **FERIENLAND SCHWARZWALD.** Zu dem Tourismusverbund gehören die Gemeinden Schonach und Schönwald sowie die Städte Furtwangen und St. Georgen. Das Ferienland bietet nahezu unbegrenzten Möglichkeiten. Kommen Sie, erleben Sie, genießen Sie! Es lohnt sich!

Das idyllisch gelegene Dorf **SCHONACH** hat sich vor allem als Mekka für Wintersportler einen Namen gemacht und beheimatet die weltgrößten Kuckucksuhren.

Die von der Sonne verwöhnte Stadt **ST. GEORGEN** war einst Hochburg der Phonoindustrie und Unterhaltungselektronik. Heute ist dort das Deutsche Phonomuseum.

SCHÖNWALD gilt als Geburtsstätte der Kuckucksuhr. Der „Heilklimatische Luftkurort" ist zudem ein beliebtes Ferienziel für Wintersportler, Wanderer und Radfahrer.

FURTWANGEN ist ein Zentrum der Uhrmacherindustrie. Neben dem Deutschen Uhrenmuseum beheimatet die Stadt auch den Donauursprung, die Bregquelle.

Ferienland im Schwarzwald GmbH
Franz-Schubert-Straße 3
78141 Schönwald

Tel.: +49 (0)7722 860831
Fax: +49 (0)7722 860834
info@dasferienland.de

WWW.DASFERIENLAND.DE

Herrlich gelegen: Schönwald.

SCHÖNWALD

Für die Schönwälder ist das keine Frage: „Wer Schwarzwald sagt, muss Schönwald meinen." So jedenfalls ist es derzeit auf der Internetseite des schmucken Schwarzwalddorfs nachzulesen. Eine solche Aussage zeugt natürlich von Selbstbewusstsein, aber in Schönwald ist man sich absolut sicher, dass man jede Menge in die Waagschale werfen kann, was eine solche Aussage rechtfertigt.

Eines dieser Pfunde: die Schwarzwälder Kuckucksuhr. Neben Bollenhut, Kirschtorte und Kirschwasser wohl das Markenzeichen des Schwarzwalds schlechthin. Hier, in Schönwald soll einst die erste Schwarzwälder Kuckucksuhr gebaut worden sein. Was heißt hier „soll"? Sie wurde! Davon ist man in dem Ort zutiefst überzeugt. Zu verdanken hat man dies Franz Ketterer, einem Uhrmacher, der von 1676 bis 1753 in Schönwald gelebt und 1737 der Schwarzwälder Kuckucksuhr zum

Leben verholfen hat. Ketterer wird in Schönwald bis heute gefeiert. Nach ihm ist die Festhalle benannt, ihm hat der Heimatverein in der Nähe seiner einstigen Werkstatt ein Denkmal gesetzt, das an die Geburtsstunde der Kuckucksuhr erinnert und damit es wirklich jeder weiß,

Dieses Denkmal erinnert an die Geburtsstunde der Schwarzwälder Kuckucksuhr.

hogen mit einem großen Kuckuck und der Aufschrift „Schönwald, Geburtsort der Kuckucksuhr" obendrauf.

Schönwald – lange war es eher ruhig um den Ort. Im 12. Jahrhundert war er gemeinsam von den Rittern aus Triberg und St. Georgen gegründet worden. Bis ins 17. Jahrhundert war es ein reines Bauerndorf. 54 Einzelhöfen gab es damals. Die Bewohner lebten vor allem von der Landwirtschaft und dem Wald. Es war kein leichtes Leben. Besonders nicht in den langen und kalten Wintern. Im 18. Jahrhundert gab es neue Strukturen. Mehr und mehr hielt auch das Kleingewerbe Einzug. Bei den Höfen entstanden zahlreiche kleine Taglöhnerhäuschen, deren Bewohner hauptsächlich von der Uhrmacherei, aber von der Glasbläserei und später dann auch von der Strohflechterei lebten.

prangt seit ein paar Jährchen mitten im Dorf ein siebenfarbiger Regen-

Die Uhrenfabrikation, der Werkzeugbau, die Fertigung von Präzisionsdrehteilen, die Holzverarbeitung, der Einzelhandel und inzwischen natürlich der Fremdenverkehrs sind heute die Haupterwerbsarten in Schönwald.

Gerade letzterer gewinnt in Gemeinde zunehmend an Bedeutung. An die 2300 Einwohner hat das Schönwald von heute. Dazu kommen noch rund 2000 Gästebetten. Dabei ist es beileibe nicht nur der Kuckuck, der nach Schön-

Für die Schönwälder ist klar: Der Geburtsort der Schwarzwälder Kuckucksuhr ist bei uns. Und das zeigen sie auch.

wald ruft. Da ist zum Beispiel die gute Luft. Schönwald ist nicht umsonst heilklimatischer Kurort. Dann die herrliche Schwarzwaldlandschaft, die gerade hier mit einigen Besonderheiten aufwarten kann. Zum Beispiel mit einem der seltenen Hoch-

moore im Schwarzwald. Ein herrliches Kleinod mit etwa 28 Hektar. Bekannt ist das Moor vor allem durch den kreisrunden Blindensee, dessen dunkles, mit Wasser gefüllten „Moorauge" den Besucher aus unergründlicher Tiefe zu beobachten scheint.

Dio Ruhe, die Idylle und die mystische Wirkung des sagenumwobenen Hochmoorsees machen ihn für Besucher der Region schon fast zu einem Muss (G'schichtle, Seite 260). Zu den botanischen Kostbarkeiten des Schutzgebietes gehört die äußerst seltene Blumenbinse.

Auch ein Flüsschen entspringt in Schönwald – die Gutach. Nur ein paar Kilometer später wird sie mit onnerndem Getöse hinunter nach Triberg stürzen und zu einer der großen Sehenswürdigkeiten des Schwarzwalds werden. Bei der Quelle steht die kleine, anmutige unter Denkmalschutz stehende Hubertuskapelle. Es ist übrigens eine von vier Hofkapellen auf Schönwälder Gemarkung. Zwei Kirchen hat die Gemeinde auch. Die katholische Antoniuskirche mit einem hoch aufra-

Extra   Ein Hof steht wieder auf

Wieder aufgebaut: der Reinertonishof. Im Innern sind Exponate der regionalen Handwerkskunst ausgestellt. Auch eine Uhrmacherwerkstatt gibt es dort zu sehen.

Für viele, die den Hof kannten, war es ein richtiger Schock, als sich in den Morgenstunden des 21. Januar 2006 die Nachricht verbreitete: „Der Reinertonishof brennt". Bis auf die Grundmauern brannte das damals 387 Jahre alte Kulturdenkmal nieder, in Schutt und Asche gelegt von Jugendlichen, die den Hof angezündet hatten. Menschen kamen damals zum Glück nicht zu Schaden. Auch die 20 Ponys, fünf Schweine und vier Enten konnten gerettet werden.

Mit viel Liebe baute die Familie Duffner ihren Reinertonishof wieder auf. Ein Kulturdenkmal, in dem heute unter anderem die erhalten gebliebene älteste Schinkenräucherei des Schwarzwalds im Familienbetrieb und ein beeindruckender alter Schwarzwälder Küchenaufbau zu sehen sind. Das historische Gebäude mit Bauernmuseum gewährt darüber hinaus einen Einblick in die regionale Handwerkskunst und in die Lebensart der vergangenen Jahrhunderte.

Mit Vesperhäusle, Ponyhof, Ferienwohnungen, Spiel- und Spaßwiese, Direktvermarktung ist der Reinertonishof mehr als ein gewöhnliches Ausflugsziel.

Ein richtiges Superlativ hat man auch noch aufzuweisen. In der beeindruckenden Bauernstube des Hofs kann man sogar den Bund fürs Leben schließen.

Ach ja, noch was: Wenn Sie dort sind, versuchen Sie doch mal einen Topinambur. Er ist vielen auch als Kartoffelschnaps oder Rossler ein Begriff. Der vom Reinertonishof ist ganz einfach ein Gedicht. Gewonnen wird er übrigens aus den gelben Blüten der Süßkartoffel, die auch noch in den Höhenlagen Schönwalds wächst.

G`schichtle — Der Kutscher und der Blindensee

Ein idyllisches und sagenumwobenes Fleckchen: der Blindensee.

Still ruht der See, heißt es oft so schön. Beim Blindensee stimmt's wirklich. Wenn Nebelschwaden über den See ziehen oder die Nacht heranbricht, wird es dort auch ein bisschen unheimlich. Und ein bisschen schwierig auf dem rechten Weg zu bleiben.

Besonders dann, wenn man wie der ein Ochsengespann samt Wagen lenkender, offenbar gut mit Schwarzwälder Kirschwässerle gefüllte Bauer auf dem Kutschbock einschläft, während eines Traums gar noch am falschen Zügel zieht und samt Ochs und Wagen dann auch noch im Morast des Moors versinkt. Passiert ist den Ochsen und dem Bauer zum Glück nichts. Nach vier Tagen kamen sie in der Nähe von Kehl am Rhein samt Wagen irgendwie wieder ans Tageslicht. Sie glauben die Geschichte nicht? Sollten Sie aber. Es hat ihn bei Kehl nämlich jemand gesehen. Sagt die Sage.

Winterlandschaft bei Schönwald.

gondon Turm, fünf schönen Barockfiguren und einem beachtenswerten Kreuzweg und eine evangelische, die mit ihrer Konstruktion an ein Schwarzwaldhaus erinnert.

Beeindruckend sind auch die Höfe auf der Schönwalder Gemarkung. Der Bühlhof zum Beispiel. Er wurde 1547 erbaut, ist der älteste Bauernhof Schönwalds und einer der ältesten Heidhöfe im ganzen Schwarzwald überhaupt. „Stehen" tut er gleich zwei Mal. Zum einen an der Bundesstraße 500 direkt im Ort und zum anderen unter Denkmalschutz. Klar, dass kann man den Hof besuchen und dort auch Schwarzwälder Spezialitäten und natürlich auch Kuckucksuhren kaufen kann.

Ja, und da ist dann noch der landauf, landab bekannte Reinertonishof. Neben dem Blindensee die wohl am meist besuchteste Sehenswürdigkeit Schönwalds. Ein Hof, mit einer ganz besonderen Geschichte. 2006 wurde er durch einen Brandanschlag völlig zerstört. Doch die Familie Duffner baute den Hof wieder auf. Als er 2012 wieder eingeweiht wurde, war mit Günther Oettinger sogar ein EG-Kommissar dabei (Extra, Seite 259).

Im Winter hat es in Schönwald Schnee. Oft jede Menge sogar. So ist der Ort in der kalten Jahreszeit ein richtiges Wintersportparadies. Zwei Skilifte, eine Jugendschanze, eine Kinderschanze, rund 200 Kilometer gespurte Loipen. Ein toller Blickfang ist die traditionsreiche große Adlerschanze, auch wenn im Moment dort keine Springen mehr stattfinden.

Dafür hat man anderes. Das Hornschlittenrennen am Dobel-Skilift zum Beispiel. Und man hat Wintersportler, die einst für Schlagzeilen gesorgt haben. Simone Hauswald zum Beispiel, die über viele Jahre die internationale Biathlonszene wesentlich mitbestimmt hat. Bei Weltmeisterschaften holte sie insgesamt fünf Medaillen, darunter auch eine goldene und von den Olympischen Spielen kam sie mit zwei Bronzemedaillen nach Hause. Dazu kommen noch 14 Weltcupsiege.

Dann der Skispringer Christof Duffner, der in der Luft zusammen mit seinen Mannschaftskameraden goldenen Weiten entgegen segelte. Er stand mit ihnen sowohl bei Olympischen Spielen als auch bei Weltmeisterschaften jeweils einmal ganz oben auf dem Treppchen. Eine super Bilanz der Sportler aus Schönwald! Oder?

Die zwei sportlichen Aushängeschilder Schönwalds: Sabine Hauswald und Christof Duffner, den wir hier noch zu seiner aktiven Zeit sehen.

St. Georgen im Schwarzwald –

- rund 13.000 Einwohner
- Höhenlage zwischen 800 und 1.000 Meter über NN
- Ortsteile: Brigach, Langenschiltach, Ober-kirnach, Peterzell, Stockburg
- innovativer Industriestandort mit attrakti-ven Arbeitsplätzen
- überdurchschnittliches Bildungs- und Be-treuungsangebot
- höchster Punkt der Schwarzwaldbahn

Weitere Informationen & Kontakt
Stadt St. Georgen im Schwarzwald
Hauptstraße 9
78112 St. Georgen
Telefon: 07724 870
E-Mail: info@st-georgen.de
www.st-georgen.de

St. Georg im Schwarzwald
DIE SONNIGE BERGSTADT

Die sonnige Bergstadt

- Naturfreibad Klosterweiher mit Strandbad
- zahlreiche Museen und Kultureinrichtungen
- Musikstadt mit Jugendmusikschule, Jugendsinfonieorchester, Konzertreihe „Bergstadtsommer" u. v. m.
- staatlich anerkannter Erholungsort mit zahlreichen Sport- und Freizeitangeboten im Sommer und Winter
- Urlaubsregion „Ferienland Schwarzwald"

Herzlich willkommen in St. Georgen.

ST. GEORGEN

St. Georgen – mit seinen rund 13.000 Einwohner ist die, wie sie sich selbst nennt „sonnige Bergstadt" hinter Villingen-Schwenningen und Donaueschingen die drittgrößte Stadt im Schwarzwald-Baar-Kreis. Angefangen hat alles im Jahr 1084, als drei Adligen aus dem Schwäbischen hier ein Benediktinerkloster stifteten. Schon ein paar Jahre später strahlte es weit hinaus ins ganze Land. Theoger hieß der Mann, der 1088 bis 1116 Abt von St. Georgen wurde. Ein Vertreter der cluniazensischen Reformbewegung. Einer, der St. Georgen zum Begriff machte: im Elsass, in Lothringen, in Bayern, in Kärnten und manch anderen Orten mehr. In vielen Klöstern stellte die St. Georgener die Äbte. Schon zu Beginn des 13 Jahrhunderts war das Kloster nicht mehr nur eine

geistliche, sondern nunmehr auch eine bedeutende wirtschaftliche Macht. In über 100 Orten hatte man Besitzungen, investierte, trieb Steuern ein, vergab Lehen, kassierte Zinsen und, und, und. Die neben dem Kloster St. Georgen entstandene Siedlung erhielt 1507 Marktrecht.

Die Reformation brachte für St. Georgen und sein Klosterleben einschneidende Veränderungen. Herzog Ulrich von Württemberg, der weltliche Landesherr, führte 1536 die Reformation ein. Die Mönche flüchteten nach Rottweil, kehrten dann später noch einmal für kurze Zeit zurück. Es war die Zeit, in denen in manchen Regionen die Konfessionen fast so schnell gewechselt wurden, wie das berühmte Hemd.

1556 waren die Fronten endgültig geklärt. Den Mönchen, die katholisch bleiben wollten, blieb keine andere

gleich gemacht. 80 Einwohner hatte der Ort noch, der nach dem 30-jährigen Krieg 1648 endgültig württembergisch und damit protestantisch wurde. Die Folgen: in St. Georgen gab es evangelische, in Villingen katholische Äbte. 1810 war es dann mit dem Kloster vorbei. St. Georgen wurde badisch.

Es war die Zeit, in der es in St. Georgen nach den Erschütterungen im 30-jährigen Krieg bereits wieder aufwärtsging. 800 Einwohner zählte man an der Schwelle zum 19. Jahrhundert. In St. Georgen hatte erst die handwerkliche Uhrenherstellung und der Uhrenhandel Einzug gehalten. Daraus entwickelte sich eine bedeutende Uhren-, Feinmechanik- und Elektromechanikindustrie. Gerade auch die bessere verkehrsmäßige Erschließung durch die Schwarzwaldbahn hatte dem Ort noch einmal einen richtigen Schub verliehen. Am 17. Dezember 1891 erhielt St. Georgen Stadtrecht. Bis zum Jahr 1900 war die Einwohnerzahl auf runde 3500 geklettert.

Nach dem Zweiten Weltkrieg ging dann richtig die Post ab. Die 1950er- und 1960er-Jahren brachten einen

Wahl, als nach Villingen zu gehen. Dort hatten sie Besitzungen, die sie dann zu einem Kloster ausbauten. 1633 wurde St. Georgen von Villingen nahezu ganz dem Erdboden

St Georgen ist eine der Stationen der berühmten Schwarzwaldbahn.

St. Georgener Kirchenbauten: Hier die evangelische Lorenzkirche ...

... und hier die katholische Pfarrkirche St. Georg.

rasanten Aufschwung. Schon 1954 zählte der Ort 8500 Einwohner. In St. Georgen boomte die Industrie, da gab es Arbeitsplätze, da zog man hin.

Durch die Gemeindereform wurden in den Jahren 1972 bis 1974 die bislang selbstständigen Orte Brigach, Langenschiltach, Oberkirnach, Peterzell und Stockburg Teilorte von St. Georgen. Auf 15.000 Einwohner war die Stadt zwischenzeitlich angewachsen. Das alles war fast zu schön um wahr zu sein.

Dann die 80-er-Jahre. Da war sie, die Krise. Nahezu gleichzeitig in der Phono- und in der Uhrenindustrie. Nicht alle Unternehmen kamen heil raus. Manche mussten den bitteren Weg zum Konkursrichter antreten. Selbst Dual, mit seinen Plattenspielern ein Unternehmen von Weltruf, war davon 1982 nicht gefeit. Viele Arbeitsplätze gingen in St. Georgen verloren. Auch die Einwohnerzahl ging zurück.

Heute ist die Krise nahezu vergessen, die Stadt einer der bedeutendsten Wirtschaftsstandorte in der Region mit. Mit Unternehmen, deren Ruf zum Teil weit in die Welt hinausreicht. Einer der Rezepte zur Krisenbewältigung war die Gründung eines Technologiezentrums, das junge, innovative Existenzgründungen unterstützte. Ein Erfolgsmodell bis heute.

Wer in St. Georgen Spuren aus der Vergangenheit sucht, wird schnell

Hörenswert: das Glockenspiel in St. Georgen.

Ein Mann – ein Phänomen

Der Mann war nun wirklich ein Phänomen. Die Rede ist von Hermann Papst, der zu einer herausragenden Unternehmenspersönlichkeit in der ganzen Region wurde. „Papst", so schreibt Prof. Dr. Friedemann Maurer, der Autor seiner Biographie, „ist eine der farbigen und universell begabten deutschen Erfinderpersönlichkeiten des vorigen Jahrhunderts." Weltweit bekannt wurde er mit seinem Außenläufermotor für die Antriebs- und Lüftungstechnik. Hunderte von Patenten gehen auf ihn zurück.

1904 im böhmischen Aussig geboren, kam er 1928 als Chefkonstrukteur. zur Firma Steiger nach St. Georgen. Später machte er sich selbstständig, gründete 1942 die Firma Papst-Motoren. Zehn Jahre später beschäftigte er 130 Mitarbeiter, 1960 schon tausend. Seit 2003 fungiert das Unternehmen unter dem Namen ebm-papst. Heute erinnert das Hermann-Papst-Museum im historischen Haus Mühlegg an das Leben und Werk des großartigen Unternehmens und Erfinders, der 1981 gestorben ist.

---

fündig. Zum Beispiel in Sachen Kloster. Neben manch kleineren hat von den „Mönchsspuren" eine besonders große überlebt – der Klosterweiher. Hier betrieben die Mönche einst die Klostermühle und hier schwammen auch die Fische, die sie später dann auf dem Teller hatten. Heute ist der Klosterweiher eine beliebte Freizeitanlage mit einer Wasserfläche von 27 000 Quadratmetern. Man kann baden. Boot fahren oder eine der vielen weiteren Spiel- und Freizeitmöglichkeiten nutzen.

In die Vergangenheit zurück reicht auch – wenn auch in völlig anderer Form – das Lapidarium, das uns an drei Standorten meist steinerne Zeugen aus der Zeit des untergegangenen Klosters St. Georgen zeigt. So zum Beispiel in der frei zugänglichen großen Galerie im Klosterhof, wo man unter anderem den Original-Quellstein der Brigach besichtigen kann. Wirklich schmuck und informativ ist auch das „Schwarze Tor", ein Kleinbauernhaus aus dem Jahr 1803, in dem vor allem altes heimisches Handwerk und bäuerliches Brauchtum gezeigt wird. Eine Schwarzwälder Rauchküche zum Beispiel, eine Schlafkammer samt Himmelbett oder alte Werkstätten, um nur mal einiges zu nennen.

Das überregional wohl bekannteste Museum ist das deutsche Phonomuseum. Hier wird die Geschichte der Phonoindustrie lebendig. Angefangen vom Phonographen bis hin zur modernen CD. Im Museum sind neben alten Schallplattenspielern, die von den einst ansässigen Unternehmen wie Dual hergestellt wurden, auch Grammophone ausgestellt, die die Vorgänger der Schallplattenspieler waren.

Ein echter Hit ist auch der Kunstraum Grässlin, ein Betonkubus, der 2006 errichtet wurde und in dem die Familie Grässlin auf einzigartige

Weise Ihre International bedeutende Sammlung für zeitgenössische Kunst präsentiert. Mit einbezogen: die externen „Räumen der Kunst". Das sind dann in der Stadt leer stehende Ladenlokale und Schaufenster, ehemalige Fabrikräume, der Plenarsaal des Rathauses, der Stadtgarten oder die

Ein kleines Juwel: das Schwarze Tor.

Privathäuser der Familienmitglieder, die als Ausstellungsflächen genutzt werden und damit den Kunstraum auf eine packende Weise mit den lokalen Stadtstruktur vernetzt. Eine tolle Idee jenseits der pittoresken

Schwarzwaldidylle.

Auch in den Gebäude der ehemaligen Uhrenfabrik Staiger ist in der Zwischenzeit wieder Leben eingekehrt. Im „Forum am Bahnhof" finden sich ein Technik-Museum mit

Na so was	**Das Badnerlied im Bauch**
Im Deutschen Phonomuseum in St. Georgen gibt es allerhand Kuriositäten. Zu den größten gehört dabei sicherlich die Schallplatte aus Schokolade. Auflegen und schon	kommt es, das Badnerlied. Man hört's und erkennt's. Versprochen! Aber die Haltbarkeitsdauer ist doch arg beschränkt. Doch was soll's. Es kriegt ja jeder mal Hunger…

Tolle Exponate sind im Deutschen Phonomuseum zu sehen.

Außen und innen spektakulär: die Sammlung Grässlin.

Oldtimern, alten Motorrädern, Lkw genauso, wie ein Spielzeugmuseum, Ausstellungsräume für heimische Künstler oder das Lebenswerk des aus Schwenningen stammenden berühmten Dokumentarfilmers Hermann Schlenker.

Gerade diese Vielzahl von spannenden Ausflugszielen und die herrliche Natur machen St. Georgen verstärkt auch zu einem beliebten Ziel für Schwarzwald-Urlauber. Schließlich ist man auch staatlich anerkannter Erholungsort. Und wer an den richtigen Tagen kommt, der stellt auch fest, dass an dem bereits genannten Werbeslogan „Sonnige Bergstadt" wirklich was dran ist. Während die Täler unter einer dichten Nebeldecke verschwinden, herrscht in St. Georgen oftmals strahlender Sonnenschein.

Brigach

Der St. Georgener Ortsteil Brigach mit seinen über 900 Einwohnern hat schon einiges für sich. Er ist nicht nur herrlich gelegen, sondern er ist auch der Quellort der Brigach (G'schichtle, Seite 273), liegt mit seinem Ortsteil Sommerau an der europäischen Wasserscheide, wo sich auch der höchst gelegene Bahnhof der berühmten Schwarzwaldbahn befindet, hat mit 1698 Metern deren längsten Tunnel auf seiner Gemarkung und ist einer der Orte, von dem ganz wichtige Impulse für die Uhrmacherei im Schwarzwald ausgingen.

1337 wurde Brigach zum ersten Mal auch urkundlich erwähnt. Dabei ging es um den Tausch von Leibeigenen zwischen den Klöstern Reichenau und St. Georgen. Sommerau war mit der urkundlichen Ersterwähnung im Jahre 1282 sogar noch etwas schneller. In seiner Geschichte war man immer sehr eng mit dem Kloster St. Georgen verbunden. Das hatte hier das Sagen. Ans Kloster musste man in alten Zeiten einen Teil der Ernte und der Hühner abgeben, Frondienste leisten und auch noch Hellerzinsen bezahlen.

1648 wurde in Brigach ein Mann namens Andreas Müller geboren. Er war der erste Uhrmacher im Kirchenspiel St. Georgen, so nannte man damals das Einflussgebiet der Klöster, und leitete eine Entwicklung ein, die Brigach auch zu einem „Uhrendorf" machten. 1843 lebten laut

Idylle am Klosterweiher.

der Ortschronik in Brigach 17 Uhrmacher. Zu diesem Zeitpunkt war der Ort verkehrsmäßig bereits recht gut erschlossen, denn 1839 war über die Sommerau die heutige Bundesstraße gebaut worden. Und wenig später kam sie dann, die Eisbahn. Mit Volldampf. Im wahrsten Sinne des Wortes. Doch erst hatte die Schwarzwaldbahn mal gebaut werden müssen. Für Brigach muss das ein fast unglaubliches Ereignis gewesen sein. Schienen verlegen, den bekannten Sommerautunnel bauen, den mit 832 Metern höchst gelegenen Bahnhof der Schwarzwaldbahn in Sommerau aus dem Boden stampfen – es wurde gebaut und gebaut. Jede Menge Fremdarbeiter waren

da und man kann sich vorstellen, dass in dem dato eher ruhigen Brigach plötzlich richtig was los war.

Am 10. November 1873 war es dann so weit: Zum ersten Mal war die Schwarzwaldbahn zwischen Konstanz und Karlsruhe durchgängig befahrbar. Der Bahnhof in Sommerau spielte damals eine besondere Rolle. Genau 448 Meter Höhendifferenz hatten die Dampfloks auf der 40 Kilometer langen Strecke zwischen Hausach und dem Scheitelpunkt der Bahn in Sommerau zu bewältigen. Das ging den schweren Dampfloks dann doch ganz schön an die Knochen, will heißen ans Wasser. Nach dem heftigen Anstieg war am Sommerauer Bahnhof erst einmal ein

Päuschen angesagt, um die Loks mit Frischwasser zu versorgen.

Diese Zeiten sind natürlich längst vorbei. In den 70er-Jahren wurde die Bahnhöfe in Sommerau und Peterzell still gelegt. Trotzdem: Bis heute würde die längst elektrifizierte Schwarzwaldbahn ohne den Sommerauer Bahnhof wohl alt aussehen. Hier ist nämlich höchstgelegene Bahnstromeinspeisung Deutschlands daheim. Und Strom braucht man für den Betrieb der Bahn nun mal dringend. Womit wir den Superlativen von Brigach zu Beginn des Artikels mit der Stromeinspeisung noch ein weiteres hinzufügen können.

Der Stadtteil Brigach umfasst heute neben Sommerau auch noch den Brigacher Stockwald mit seinen rund 90 Einwohnern.

Langenschiltach

Der im Quellgebiet der Schiltach gelegenen Ort wurde 1086 urkundlich erstmals erwähnt. Zu Beginn hatten hier die Hornberger das Sagen, dann das Haus Fürstenberg. Nach und nach gehörte der gesamte Ort

Brigach ist der zweitgrößte Ortsteil der Stadt St. Georgen. Der Name Brigach sagt eigentlich alles. Das muss doch irgendwas mit einem der beiden Quellflüsse der Donau, der Brigach, zu tun haben. Hat es auch. Hier in Brigach entspringt sie. Genauer gesagt im Hirzbauernhof. Noch genauer: in dessen Keller. So etwas läuft unter Alleinstellungsmerkmal. Auf der Welt

Hier entspringt mit der Brigach einer der beiden Quellflüsse der Donau.

ist bislang jedenfalls noch kein anderer Fluss bekannt, der sich vom Keller eines Bauernhofs aus auf seine Reise zur Mündung macht. Bislang hat auch noch nie jemand sich getraut, etwas anderes zu behaupten. Wär' ja wirklich nochmal schöner…

Auf dem über 450 Jahre alten idyllisch gelegenen Hirzbauernhof freut man sich jedenfalls über den Gast im Keller. Hofbesitzer Hansjörg Heinzmann lacht: „Besser sie entspringt dort unten, als im Wohnzimmer," wobei es sich hier schon einmal lohnt, darüber Gedanken zu machen, wer denn da nun zuerst da war, der Fluss oder der Hof. Und da spricht denn auch alles, aber auch alles für den Fluss. Schon die alten Kelten hatten ganz offenbar mit der Quelle Bekanntschaft gemacht. 1899 jedenfalls wurde in den

Gemäuern des Bauernhofes ein etwa 2000 Jahre altes kelto-römischen Relief entdeckt. Ziemlich sicheres Indiz dafür, dass sie die Quelle nicht nur kannten, sondern sogar als Heiligtum verehrten. Das Original des Reliefs können wir uns im Lapidarium in St. Georgen anschauen, eine Kopie gibt es an der hübsch gestalteten Brigachquelle. Gespeist wird die über ein Rohr von dem im Keller austretenden Wasser.

Finden tun Sie die Quelle an der Strecke von St. Georgen über Brigach nach Furtwangen oder Schönwald. Bei den letzten Höfen von Brigach lädt ein kleiner Parkplatz und das Schild „Brigachquelle" zum Halt ein. Nach ein paar Schritten sind sie dort. Sie können sogar länger bleiben. Auf dem stattlichen Bauernhof kann man nämlich auch herrlich Ferien machen.

schließlich zum Kloster St. Georgen. So richtig bedeutend wurde der Flecken schließlich 1760. Dem Jahr, als die Thurn- und Taxis'sche Post hier eine Poststation auf der Strecke Straßburg - Schaffhausen einrichtete. Dort gab es den „Grünen Baum", wo die Fahrgäste der Kutsche einkehren konnten und gleich neben dran eine Schmiede, die ein gewisser

Johann Georg Weisser kaufte und ausbaute.

Als dann aber die Postlinie umsiedelte, bekam Weisser Probleme. Er ging nach St. Georgen und gründete dort schließlich dort eine Maschinenfabrik. Das Unternehmen gibt es heute noch. Es ist zu einem weltweit agierenden Betrieb mit über 100 Millionen Euro Jahresumsatz

Winterpanorama bei Brigach.

geworden. Eines der wirtschaftlichen Aushängeschilder der Stadt. Nach wie vor spielt in dem reizvoll gelegenen Ort auch die Landwirtschaft eine große Rolle und auch in Sachen Fremdenverkehr hat Langenschiltach allerhand zu bieten.

Seit 1973 gehört Langenschiltach mit seinen rund 600 Einwohnern zur Stadt St. Georgen.

Oberkirnach

Wer Namen wie Schlossberg, Winterberg oder Kesselberg hört und dann auch nur ein klein bisschen ein Skifan ist, der weiß natürlich, wo wir sind: im St. Georgener Ortsteil Oberkirnach, dem Wintersportort des Städtchens. Natürlich können Sie hier nicht nur alpin fahren, sondern beispielsweise auch rodeln oder Langlaufen. Überhaupt finden sich in St. Georgen und seinen Ortsteilen gleich mehrere herrliche Loipen.

Runde 230 Einwohner zählt das kleine Schwarzwalddorf heute. Seine Anfänge bis ins 12. Jahrhundert zurück, wobei die Besiedelung in engem Zusammenhang mit der Gründung des Klosters St. Georgen 1084 zu sehen ist.

Im Mittelalter erreichte der Ort als Wallfahrtsort eine gewisse Berühmtheit. Ziel der Gläubigen war eine Kapelle, die dem Hl. St. Wendel geweiht war, dann allerdings 1585 abgebrochen wurde. Seit 1974 gehört der Ort zu St. Georgen.

Peterzell

Der heutige Stadtteil von St. Georgen ist eine Gründung des Klosters Reichenau und war dessen nördlichster Vorposten. Die erste urkundliche Erwähnung stammt aus dem Jahr 1339, doch haben hier bereits sehr viel früher Menschen gelebt. 1369 verkauften die Reichenauer Peterzell an das Kloster St. Georgen.

Über viele Jahrhunderte hinweg war der Ort landwirtschaftlich geprägt und erlebte dabei manch schlimme Zeit. So 1525, als das benachbarte Villingen Peterzell in Schutt und Asche legte oder während des 30-jährigen Krieges, als marodierende Truppen in dem Dorf für Not und Elend sorgten. Zeitweise bestand der Ort nur noch aus einigen wenigen Höfen.

Ein ganz entscheidendes Datum in der Geschichte von Peterzell war schließlich das Jahr 1873. Die Schwarzwaldbahn nahm ihren Betrieb auf. Der Ort hatte plötzlich ein Bahnhof. Das hatte Auswirkungen. Industrie siedelte sich an; die Einwohnorzahl wuchs rasant. 1890 zähl-te man bereits 593 Einwohner. In den 60er-Jahren des letzten Jahres ging es weiter bergauf. Nicht nur St. Georgen, sondern auch Peterzell boomte. Heute zählt der Ort, der 1974 nach St. Georgen eingemeindet wurde, rund 1500 Einwohner und ist damit dessen größter Stadtteil.

Wer in Peterzell unterwegs ist, dem fällt natürlich vor allem die Kirche ins Auge, das älteste Bauwerk des Ortes. Die Ursprünge des Gotteshauses gehen bis in die karolingischer Zeit zurück. In dem Kirchlein sind noch einige romanische Bauteile erhalten. Der Chor ist spätgotisch.

Winterliche Spuren.

Stockburg

Mit seinen knapp 100 Einwohnern ist Stockburg der kleinste Stadtteil St. Georgens, zu dem man 1974 eingemeindet wurde. Trotz der geringen Einwohnerzahl: Stockburg hat einen eigenen Ortschaftsrat und einen Ortsvorsteher. Das gibt es bei dieser Größenordnung sonst nirgendwo im Kreis.

Die Besiedelung des Ortes hatte nichts mit dem Kloster St. Georgen zu tun. Die Stockburger waren schon vor den Mönchen da. Die Quellen hatten sie angelockt. Noch heute spielt in Stockburg die Landwirtschaft eine große Rolle. Im 16. Jahrhundert gab es mit den Stählins sogar einen Ortsadel. Ein Mitglied der Adelsfamilie – Georg hieß der Mann – machte richtig Karriere und brachte es zum Obervogt der Baar.

 St. Georgener Heimatpfad

Charakteristik: Eine herrliche Tour auf der wir am schönen Klosterweiher vorbei kommen und mit der höchsten Erhebung St. Georgens, dem Kesselberg, Bekanntschaft machen. Die Brigachquelle ist eine weitere attraktive Station des Weges, der auch über die Hauptwasserscheide zwischen Donau und Rhein, die Sommerauer Höhe, den „Scheitel Alemanniens" führt. Auf 20 Infotafeln werden unterwegs die Sehenswürdigkeiten vorgestellt.

Länge: 16,1 km
Gesamtanstieg: 288 Meter
Schwierigkeitsgrad: mittel
Ausgangspunkt: Marktplatz, St. Georgen
Streckenverlauf: Die Rundtour verläuft vom Marktplatz in St.

Georgen aus auf den ersten sieben Kilometern auf dem Mittelweg, der von Pforzheim bis nach Waldshut führt. Markiert ist der Weg mit einer roten Raute mit weißem Balken. Auf der Höhe des Kesselbergs zweigt die ParadiesTour auf die mit blauer Raute markierte Tour „Kesselberg - Hochwälder Höhe" ab, der wir ca. 6 Kilometer lang folgen.

Danach orientieren wir uns ab dem Wanderwegzweiger „Schmiedsbauernhöhe" an der gelben Raute, bis wir am Stadion in St. Georgen wieder auf den Mittelweg mit der roten Raute mit weißem Balken treffen. Weiter zum Ausgangspunkt.

Suchen sich mit gewaltigem Tosen den Weg ins Tal: die berühmten Triberger Wasser-fälle.

TRIBERG

Triberg? Na klar, da sind doch Deutschlands höchste Wasserfälle. Das weiß doch (fast) jedes Kind. Genau diese Wasserfälle waren es, die Triberg deutschlandweit 1884 sozusagen über Nacht in die Schlagzeilen brachten. Nicht, weil hier die Wassermassen in die Tiefe stürzen. Nein, so beeindruckend das auch sein mag, aber das tun sie schon seit Tausenden von Jahren, sondern weil hier plötzlich abends die Straßenbeleuchtung mit einer völlig neuen Energiequelle anging – mit elektrischem Strom. Ja, die Triberger waren die ersten überhaupt, die im damaligen deutschen Reich ihre Straßenbeleuchtung mit Strom speisten.

Hier also schlug damals die Ge-

Triberg - Einzigartig Schwarzwald

TRIBERG

Das ideale Tages-Ausflugsziel

DER GAST FINDET HIER:
- Schwarzwaldtypische Landschaft
- Preiswerte Beherbergungsbetriebe in allen Kategorien
- Vielseitige Gastronomie mit regionaler, nationaler und internationaler Küche

SEHENSWERT:
- Deutschlands höchste Wasserfälle und Schwarzwaldmuseum Triberg
- Gebirgsbahn „Schwarzwaldbahn" mit Schwarzwaldbahn-Erlebnispfad
- Weltgrößte und Weltkleinste Kuckucksuhren
- Weltgrößter Schwarzwälder Uhrenträger
- Holzgeschnitzter Triberger Rathaussaal
- Barocke Wallfahrtskirche „Maria in der Tanne"

DAS BESONDERE:
- Gratisleistungen der Gästekarte, u.a. Busse, Bahnen, Skilifte, Schwimmbäder
- Triberger Weihnachtszauber vom 25.12. - 30.12. mit 1 Million Lichtern
- Triberger Schinkenfest mit Original Schwarzwälder Trachtenumzug
- Tunnelfahrten auf der Schwarzwaldbahn mit hist. Wagenmaterial
- Moderierte Stadtrundfahrt im Minizug „Wasserfall-Express" www.triberg.de

www.triberg.de

Tourist-Information Schwarzwaldmuseum
Wallfahrtstr. 4, D-78098 Triberg
Tel. 07722 866490, Fax. 07722 866499
E-Mail: info@triberg.de, www.triberg.de

G`schichtle   „Als die Tanne sang"

Die Wurzeln der Wallfahrt in Triberg reichen bis 1644 zurück. Damals wurde die kleine Barbara Franz durch das Wasser einer nahegelegenen Quelle von ihrem Augenleiden geheilt. Ein ein Jahr später das schon das nächste Wunder: Der Schneidermeister Friedrich Schwab wird durch die Waschung mit dem Quellwasser von seinem Aussatz erlöst. Dankbar stellt er eine kleine Marienstatue in die Höhlung einer Tanne - daher auch der Name der Wallfahrtskirche: „Maria in der Tanne".

Ein großartiges Zeugnis barocker Kirchenkunst: die Triberger Wallfahrtskirche, deren Entstehung eine ganz besondere Sage zugrund liegt.

Damals geriet die Statue in Vergessenheit, bis sie 1692 drei Tiroler Soldaten entdeckten, als sie einen geheimnisvollen Gesang aus der Tanne hörten. An der Stelle wurde daraufhin zwischen 1699 und 1705 die Wallfahrtskirche errichtet.

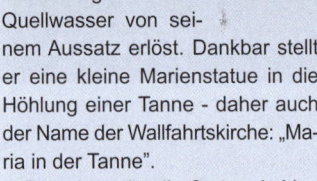

burtsstundo der elektrischen Straßenbeleuchtung. Gewonnen wurde der Strom aus dem Wasserfall. Für die Stromerzeugung wird das Wasser natürlich auch noch heute genutzt (Extra, unten). Die Triberger wussten eben schon immer, was mit dem Wasserfall anzufangen.

Ein eindrucksvoller Bau: das Triberger Rathaus. Innen kann man ein richtiges Kleinod entdecken: den holzgeschnitzten Ratssaal mit seinen Schnitzereien, die viele kleine Geschichten erzählen.

Heute ist die Stadt mit ihren fast 4800 Einwohnern eines der beliebtesten Ausflugziele im Schwarzwald. Fast eine halbe Million Besucher werden Jahr für Jahr registriert. Wer einmal dort war, der weiß, warum die Menschen kommen.

Das Lichtermeer beim Triberger Weihnachtszauber lockt Jahr für Jahr Zehntausende von Besuchern ins Städtchen.

Es ist ein Erlebnis, ein grandioses Naturschauspiel. Du kommst in die Stadt und hörst das ständige leise Rauschen. Hier gehört das ganz einfach dazu. Und je näher du dem Wasserfall kommst, desto lauter wird es. Dann bist du da: Längst ist das Rauschen zu einem Brausen und dann zu einem Tosen angewachsen.

Schäumend und donnernd stürzt das Wasser der Gutach über sieben Fallstufen 163 Meter ins Tal. Vor allem in den Schmelzwasserzeiten und nach starken Regenfällen sind es riesige Wassermassen, die sich mit unbändiger Kraft ihren Weg nach unten suchen. Wir können sie bequem auf den angelegten Wegen

Extra
Strom für 600 Haushalte

Seit nunmehr fast 125 Jahren gewinnt das längst deutschlandweit agierende Triberger Energieunternehmen EGT an den Triberger Wasserfällen Strom aus Wasserkraft.

Seit den Anfangsjahren wurden bis heute das untere und das obere Kraftwerk mehrmals umgebaut und erneuert.

Mit einer gemeinsamen Leistung von 2,5 Millionen kWh pro Jahr können derzeit über 600 Haushalte versorgt werden.

Na so was · Endlich! Ein Parkplatz für Männer

Also, das gab es bis dahin nun wirklich nirgendwo sonst auf der Welt. Als er eingeführt wurde, sorgte er dann auch nicht nur bundesweit, sondern weit darüber hinaus für Schlagzeilen, lockte sogar über 20 Fernsehteams ins Städtle. Aus den USA kamen sie, aus Asien und vielen Ländern mehr.

Um was es geht? Nun, der Triberger Bürgermeister hatte im neuen Parkhaus doch tatsächlich weltweit ersten „Männerparkplatz" ausweisen lassen. So ganz ernst hatte der Bürgermeister das damals nicht gemeint, erreicht hat er aber, was er wollte: Der Gag wurde zu einem Riesen-PR-Erfolg fürs Städtle.

Ach ja, den Parkplatz gibt es bis heute. Und bis heute hat sich auf dem Platz dem Vernehmen nach kein einziger Mann schwerere Verletzungen zugezogen. Obwohl man rückwärts einparken muss. . .

begleiten. In der Zwischenzeit gibt es sogar eine Plattform, auf der die Besucher direkt mit der Gischt der Wasserfälle in Berührung kommen und einen besonders tollen Blick auf das Naturschauspiel genießen können. Wer will, kommt natürlich auch gänzlich trocken hoch. Bei Anbruch der Dunkelheit gehen am Wasserfall die Lichter an. Bis 24 Uhr wird er Tag für Tag angestrahlt und in ein herrliches Licht getaucht.

Das ganze Jahr über kann man das Naturschauspiel in Triberg bewundern. Auch im Winter, wenn sich am Wasserfall zum Teil bizarre Eisformationen bilden und der Schnee die Landschaft in ein winterliches Kleid hüllt. Einfach schön. Besonders immer zwischen dem 25. und 30. Dezember, wenn hier Jahr für Jahr der Triberger Weihnachtszauber stattfindet. Eine Million Lichter lassen die Wasserfälle in weihnachtlichen Glanz erstrahlen. Dazu gibt es natürlich das entsprechende Veranstaltungsprogramm.

Wer Kinder dabei hat, der darf eigentlich die Triberger Wasserfälle nicht verlassen, bevor er nicht auch im dortigen Naturerlebnispark war. Was es da alles zu entdecken gibt: Felsenmeer, Baumhaus, Naturbühne und, und, und… Weithin bekannt ist inzwischen auch der Triberger

Liebevoll ausgestattet: das Schwarzwaldmuseum in Triberg.

Natur-Hochseilgarten. Groß und Klein, Alt und Jung hangeln sich hier – natürlich gut gesichert – in einer Höhe von vier bis 20 Metern zwischen den Bäumen hindurch, balancieren über schwankende Bretter und Brücken oder sausen an einer Seilrutsche durch den Wald. Sie sehen: Triberg, das ist eben nicht „nur" der Wasserfall.

Triberg ist auch ein lebendiges Städtchen. Geschäft reiht sich an Geschäft. Überall tickt es, ruft es kuckuck, kuckuck, werden Schwarzwälder Spezialitäten wie der Schinken, das Kirschwässerle und vieles mehr angeboten. In den Cafes lockt die berühmte Schwarzwälder Kirschtorte.

Natürlich hat Triberg auch seine Geschichte. 1239 wurde der Ort erstmals urkundlich erwähnt, 1330 erstmals als Stadt bezeichnet. Ab 1355 gehörte der Ort zu Österreich, war aber immer wieder mal auch verpfändet. 1777 wurde zuletzt jemand am noch heute vorhandenen Triberger Galgen aufgehängt (Na so was, Seite 283). 1805 begannen die Triberger die Wasserfälle mit Wegen zu erschließen. Das war denn auch zugleich der Startschuss der Entwicklung zum Kurort. 1806 schließlich wurde man badisch und in den 80er-Jahren des letzten Jahrhunderts wurden die Nachbargemeinden Nußbach und Gremmelsbach nach Triberg eingemeindet.

Wer sich näher mit der Geschichte der Stadt und des Schwarzwalds überhaupt befassen möchte, dem sei das nur ein paar Meter vom Wasserfall entfernte Schwarzwaldmuseum ans Herz gelegt. Eines der am besten besuchten Musen im Kreis. Auf über 1600 Quadratmetern werden Schwarzwälder Uhren samt Werkstatt, Trachten, Holzschnitzereien und vielem mehr präsentiert. Stark die selbst spielenden Musikautomaten, die originelle Bauernkapelle, der Bergwerksstollen mit seinen seltenen Mineralien, die Schwarzwaldbahn-Modelllandschaft, der Bereich zum Bob- und Rodelsport mit dem ersten elektrischen Skilift der Welt und eine der größten Drehorgelsammlungen Europas.

Am Ortsende Tribergs in Richtung Schonach grüßt die barocke Wallfahrtskirche „Maria in der Tanne" mit ihrem Zwiebelturm. Ist ihr Äußeres noch relativ schlicht, ist man vom Innern der Kirche überwältigt. Der

Villinger Meister Johann Anton Schupp hat die Kirche mit Altären, Kanzel und einer großen herrlichen Kreuzigungsgruppe am Triumphbogen prächtig ausgestattet. Mittelpunkt des Altarschreins ist das Gnadenbild und ein Stück eines Tannenstamms (G'schichtle, Seite 278).

Auch für die „Villingen-Fans" findet sich an der Langhaus-Südseite des Gotteshauses etwas: ein großes Votivbild mit einer originalgetreuen Darstellung der Stadt aus dem Jahr 1715.

Dann hat Triberg noch eine Kostbarkeit: einen prachtvoll geschnitzten Rathaussaal, ein Meisterwerk der Handwerkskunst. 1926 von Karl-Josef Fortwängler, dem „Schnitzersepp", geschaffen. Die Schnitzereien zeigen eindrucksvolle Szenen vom Leben im Schwarzwald. Doch passen Sie auf, wenn Sie in dem im Weinbrennerstil gestalteten schönen Rathaus sind. Wenn wir den Abbildungen glauben, kann es nämlich passieren, dass Ihnen in diesem Rathaus die Ohren langgezogen werden. Besser man lässt es gar nicht so weit kommen und eilt nach der Besichtigung gleich hinunter zum Triberger Bahnhof, einer Station der berühmten Schwarzwaldbahn, wo wir uns ganz in der Nähe das Denkmal anschauen, das an den Erbauer der Strecke, Robert Gerwig, erinnert. Der riesige Gedenkstein wurde 1887 auf abenteuerlichen Art und Weise vom Wasserfallgebiet durch die Stadt transportiert.

Na so was   Himmler und der Tunnel

Winter 1944/45: Immer heftiger werden die Bombenangriffe der Alliierten und immer mehr deutsche Städte versinken in Schutt und Asche. Die braunen Machtinhaber, die den sinnlosen Krieg angezettelt haben, führen ihn trotz der hoffnungslosen Lage weiter. Bis zum bitteren Ende. Einer der Nazigrößen ist Heinrich Himmler. Hinter Adolf Hitler ist er die Nummer zwei im Dritten Reich und einer der Hauptverantwortlichen für den Holocaust mit seinen Millionen Toten.

Himmler wird in jener Zeit der Boden in den großen Städten aufgrund der vielen Luftangriffe zu heiß. Auf der Suche nach einem vermeintlich sicheren Plätzchen kommt er im Spätherbst 1944 nach Triberg, wo er sich bis Mitte Januar 1945 aufhält. Er kommt nicht alleine, sondern rückt gleich mit einem Zug mit mehreren Salonwagen an. In ihm hat er seine Befehlszentrale.

Dass er Triberg auswählt, kommt nicht von ungefähr. Das enge Gut- achtal, die hohen Felswände beim Triberger Bahnhof und nicht zuletzt die Tunnels der Schwarzwaldbahn bieten dem SS-Chef den perfekten Schutz vor feind-  lichen Luftangriffen. Himmlers Zug ist stets in Sekundenschnelle abfahrbereit. Die Lokomotiven an der Spitze und am Endes des Zuges stehen Tag und Nacht unter Dampf. Jedes Mal, bevor Bomber am Himmel auftauchen, rauscht der "Himmlerzug" in den Großhaldentunnel. Erst dann schrillen die Sirenen, wird die Bevölkerung gewarnt.

Während seinem Aufenthalt war Himmler immer wieder auch auf dem Haldenhof in Schonach. Den gibt es dort allerdings heute nicht mehr. Er wurde dort ab- und im Freilichtmuseum Neuhausen ob Eck wieder aufgebaut.

Na so was — Ein letzter, weiter Blick

Sicher, als Ausflugsziel ist es vielleicht ein bisschen makaber, aber wohl gerade deshalb für viele so interessant: der historische Galgen der ehemaligen Herrschaft Triberg.

Bis 1776 wurden hier Hinrichtungen vorgenommen, eher die Todesstrafe von Österreichs Kaiser Joseph II. abgeschafft wurde. Bevor der Scharfrichter seine Arbeit verrichtete, konnte das Opfer zum letzten Mal einen weiten Blick auf die herrliche Landschaft des Schwarzwalds werfen. Damals war um den Galgen herum noch nicht alles so zugewachsen, wie heute.

Auch 1962 noch nicht. In jenem Jahr war ein Journalist der Stuttgarter Zeitung hier und von der Aussicht hin und weg. In der Ausgabe vom 11. Juli 1962 schrieb er:

Der Triberger Galgen.

„Es muss fast eine Lust gewesen sein, am Triberger Galgen zu sterben." Zum Glück hatte der Gute keinen Strick dabei…

Extra — Ein Pass für 42 Highlights

Kulturgüter erleben, in der Geschichte verweilen, Sehenswertes bestaunen, Schätze in der Region entdecken und auch einfach einmal ausspannen – dazu lädt der Kultur- und Erlebnispass des Schwarzwald-Baar-Kreises ein. Er nimmt Sie mit auf eine spannende Reise durch unseren Landkreis. Für jeden Geschmack ist etwas dabei – für Nachtschwärmer und Musikfreunde, für Technikfreaks, Hobbyhistoriker, Wasserratten, sportlich Aktive sowie Kunst- und Theaterliebhaber. Insgesamt 42 Einrichtungen sind mit von der Partie, bieten vergünstigte Eintritte an.

Weil wir gerade auf den Seiten von Triberg sind: Hier können Sie mit dem Pass beispielsweise vergünstigt die Wasserfälle oder den Hochseilgarten besuchen, ins Schwarzwaldmuseum gehen oder mit dem Wasserfall-Express fahren. Sie haben noch keinen Pass? Kein Problem: Es gibt ihn für sieben Euro bei allen teilnehmenden Einrichtungen, den Tourist-Infos, im Buchhandel und beim Landratsamt.

Gremmelsbach

Von der einstigen, auf dem Unteren Schlossberg bei Gremmelsbach um 1100 von Adalbert von Ellerbach errichteten Burg ist heute nicht mehr viel zu sehen. Eine zwei Meter tiefe Wasserzisterne, Balkenlager, Mauersockel und Trümmerhalden sind die einzigen Überreste des einstigen Stammsitzes der Herren von Hornberg und Triberg, die schon 100 Jahre später von hier nach Hornberg gingen, wo sie sich dann eine neue Burg, die heutige Burg Hornberg bauten.

Deshalb heißt die Burg von Gremmelsbach auch Burg Alt-Hornberg. Ihr Schicksal war 1641 besiegelt, als sie während des 30-jährigen Kriegs von den Franzosen und Franzosen zerstört wurde.

Hingehen sollten Sie allerdings trotzdem. Die Aussicht oben vom Felsen ist einfach atemberaubend. Tief unten, da wo sich die Schwarzwaldbahn schlängelt, liegt das Tal der Gutach. Der Blick streift über das Städtchen Hornberg hinweg bis zum Brandenkopf und die Berge des Mittleren Schwarzwalds. Nicht weit entfernt stehen Schloss- und Rappenfelsen mit ähnlich grandiosen Ausblicken. Der „Großvaterstuhl" im Seelenwaldgebiet, der „Drei-Bahnen-Blick" auf die Schwarzwaldbahn, Kletterfelsen, ein Hochmoor und viele geschützte Naturdenkmäler runden die landschaftlichen Sehenswürdigkeiten ab.

Wer nach Gremmelsbach kommt, sollte also auf keinen Fall die Wanderschuhe vergessen. Eine ganz attraktive Tour ist beispielsweise der „Historische Wanderweg Gremmelsbach"

Auch der Ort selbst ist schmuck. Runde 480 Einwohner zählt die in einem Seitental der Gutach gelegene Gemeinde, die im Zuge der Verwaltungsreform 1974 zu Triberg kam. Beliebte Ausflugsziele sind immer wieder auch die aus dem Jahr 1805 stammende Pfarrkirche „St. Josef" und die sechs Hofkapellen auf der Gemarkung.

Nußbach

1284 wurde Nußbach erstmals erwähnt, doch bereits um 1200 ist wohl auf dem Gelände, auf dem heute die hübsche Kirche steht, eine Kapelle errichtet worden. Die ältesten

Bauteile der heutigen Kirche finden sich vor allem im Untergeschoss des Turms. In der Turmhalle fällt nicht nur das Kreuzrippengewölbe, sondern auch eine Sandsteinskulptur auf, die in die Zeit der Romanik datiert wird.

Das Nußbach von heute hat rund 1000 Einwohner und gehört seit 1973 zu Triberg, obwohl man sich zuvor mit klarer Mehrheit gegen einen Anschluss ausgesprochen hatte. Doch der Zorn ist wohl weitgehend verraucht. Gerade in Sachen Infrastruktur hat der Ort zugelegt. Nußbach bietet sich als Ausgangspunkt für schöne Wanderungen und Spaziergänge an.

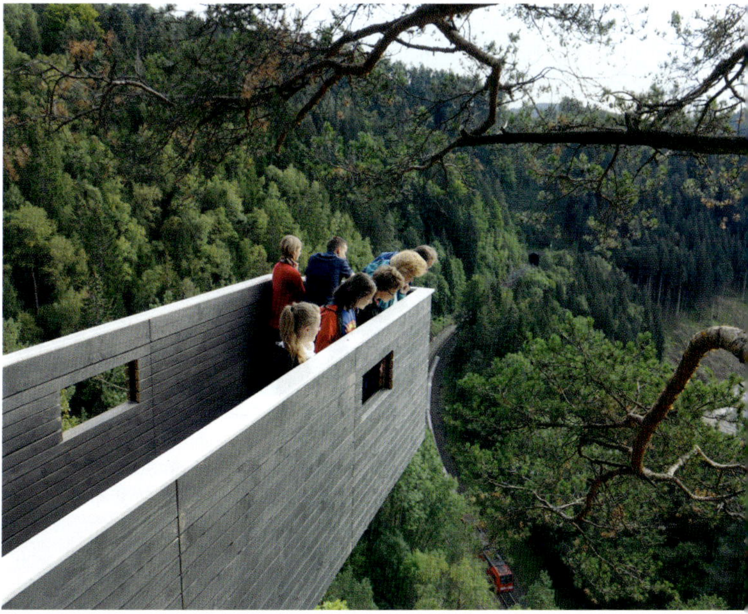

Mit der Schwarzwaldbahn führt eine der berühmtesten deutschen Bahnstrecken durch den Landkreis. Eine Wanderung bringt uns die Bahnstrecke näher. Hier einer der vielen Erlebnisstationen mit Blick auf die Schwarzwaldbahn tief im Tal.

Charakteristik: Seit kurzem gibt es den Schwarzwaldbahn-Erlebnispfad. Auf einer herrlichen Panorama-Erlebnistour wird an vielen Stellen die spannende Geschichte der Schwarzwaldbahn in ihrem interessantesten Streckenabschnitt auf eine hochinteressante Weise lebendig.

Der Erlebnispfad gliedert sich in zwei Touren, die auch direkt miteinander verbunden werden können. Anfangs- und Endpunkt beider Touren ist der Bahnhof Triberg. Darüber hinaus können die Pfade auch über die Wanderwege von Hornberg und St. Georgen erreicht werden.

Ausgangspunkt: Bahnhof Triberg
Streckenlänge: Beide Pfade jeweils rund sechs Kilometer
Schwierigkeitsgrad: mittel
Streckenverlauf: Die Strecke ist hervorragend ausgeschildert.

Markant: Tuningens Kirche.

TUNINGEN

Zu den Großen im Schwarzwald-Baar-Kreis gehört Tuningen mit seinen rund 2900 Einwohnern nicht, was aber nun wirklich nichts heißen soll. Denn eines muss sich dieser Ort im Schwarzwald-Baar-Kreis ganz bestimmt nicht: verstecken. Im Gegenteil, schmuck ist er, hat gerade in den letzten Jahren und Jahrzehnten jede Menge für sein „Outfit" getan.

Die landschaftlichen Reize der Baar, eine gesunde, mittelständisch geprägte Wirtschaft, eine ausgezeichnete Infrastruktur und ein hoher Freizeitwert mit einem weitgespannten Angebot der Vereine sind kennzeichnend für den Ort.

Klein, aber fein – die Baargemeinde wird diesem Etikett allemal gerecht, zumal man hier in Tuningen auf einiges verweisen kann, was andere nicht haben. Auf richtige Superlative! Wussten Sie beispielsweise, dass der erste Profiweltmeister im Straßenradfahren, Heinz Müller, ein Tuninger war (Menschen, Seite 292)? Oder dass die Tuninger deutschlandweit die ersten waren, die in ihrer Kommune eine intelligente Straßenbeleuchtung installiert haben und sie beispielsweise auch beim Ausbau des Glasfasernetzes im Schwarzwald-Baar-Kreis ganz vorne sind (Extra, Seite 288)? Oder wussten Sie, dass hier mit Leo Weyers die älteste Essigmanufaktur in ganz Deutschland daheim ist?

Doch der Reihe nach. Erstmals urkundlich erwähnt wurde Tuningen im Jahr 797, als über eine Schenkung eines gewissen Trudbert aus Daininga berichtet wurde. So konnte die Gemeinde 2007 ihr 1200-jähriges Bestehen feiern, was man dort dann auch in richtig großem Stil getan hat.

Wer sich auf die Schnelle etwas

G'schichtle — Die Tuninger Soldatentanne

Sie war weit über 100 Jahre lang nicht nur in Tuningen, sondern in der ganzen Umgebung bekannt und galt als Wahrzeichen der Gemeinde: die Soldatentanne. Um den berühmten Nadelbaum rankt sich eine Geschichte, die zurückgeht bis ins Jahr 1806.

Die unerfüllte und verlorene Liebe eines Soldaten der damaligen österreichischen Besatzungsmacht zu einem einheimischen Mädchen bilden den historischen Hintergrund zu dem Gedicht „Die Soldatentanne bei Tuningen" von Max Schneckenburger, aus dessen Feder auch die „Wacht am Rhein" - im Deutschen Kaiserreich ab 1871 so etwas wie die inoffizielle Nationalhymne - stammt.

Nach Blitzschlag und anderen widrigen Umständen, die jeweils eine Nachpflanzung erforderlich machten, steht die Soldatentanne heute auf dem Werksgelände des Netto-Zentrallagers.

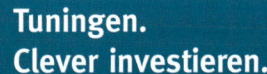

Tuningen.
Clever investieren.

5 Fragen eines Unternehmers:

1. Gibt es für mich dort schnellstes Internet mit 1 GB symmetrisch? *Ja!*
2. Kann ich in nur zwei Minuten auf der Autobahn sein? *Ja!*
3. Kann ich frei wählen zwischen Industriegebiet, Gewerbegebiet und Mischgebiet? *Ja!*
4. Gibt es genügend Kinderbetreuungsplätze für meine Mitarbeiter? *Ja!*
5. Bekomme ich kompetente Unterstützung von der Verwaltung bei Behörden? *Ja!*

Egal, ob Sie als Neubürger nach Tuningen kommen oder als Unternehmer – hier finden Sie die besten Voraussetzungen zum Leben, zum Arbeiten und zum Investieren. Überzeugen Sie sich selbst davon! Jedes Unternehmen erhält zum Beispiel einen Glasfaseranschluss mit acht Fasern für die Datenübertragung. Die kurzen Wege der A 81 für die Nord-Süd-Richtung und die direkte Anbindung an die B 523 ermöglichen optimale Voraussetzungen für Ihre Logistik. Nutzen Sie die Chance! Nehmen Sie Kontakt mit uns auf.

„Bei uns bekommen Sie in jeder Hinsicht die volle Unterstützung! Dafür verbürge ich mich persönlich."

Jürgen Roth, Bürgermeister
Telefon 07464 9861-12
j.roth@tuningen.de

So sehen die Störche Tuningen.

näher mit der Tuninger Geschichte befassen will, der verweilt am besten kurz vor dem Rathaus. Dort steht seit dem Jubiläum ein Baum, der eigentlich an einen Maibaum erinnert. Aber da er nun mal immer dort steht, ist es natürlich keiner. Nein, es ist Tuningens „Geschichtsbaum", des-sen Tafeln an die wichtigsten Ereig-nisse der Ortsgeschichte erinnern. Eine klasse Idee. Oder?

Wer dadurch neugierig geworden ist, Lust auf noch mehr Tuninger Geschichte bekommen hat – kein Problem. Nur ein paar Schritte sind es von hier bis zum „Hasen"'. Ge-

Als erste Kommune in Deutsch-land hat die Gemeinde Tuningen bei ihrer öffentlichen Beleuchtung flächendeckend auf sensorgesteu-erte LED-Technik umgestellt und spart seither jede Menge Energie.

Doch wie funktioniert die Ge-schichte? Nun, das System erkennt sich nähernde Personen und Fahr-zeuge, „weckt" die entsprechenden Leuchten aus dem Stromsparmodus und aktiviert für einige Minuten die nötige Leuchtkraft, um danach wie-der auf zehn Prozent zurückzufah-ren. Wenn wir schon bei neuen Technologien sind: Auch in Sachen Glasfaser liegt die Gemeinde im Schwarzwald-Baar-Kreis ganz, ganz weit vorne. Keine andere Gemeinde im gesamten Kreisgebiet war da schneller. Der ganze Ort hängt zwi-schenzeitlich komplett am Netz, ver-fügt über schnelles Internet und kommt auch in den Genuss der an-deren Vorteile, die mit dem Glasfaser verbunden sind.

nauer gesagt, dem ehemalige Hasen, denn das Gasthaus ist schon längst nicht mehr. Stattdessen ist in dem 1882 erbauten Baaremer Wohnhaus seit 1997 das Heimatmuseum untergebracht. Wer nicht wusste, dass hier vor Millionen Jahren einst das Jurameer war, der weiß es nach dessen Besuch. Das gilt auch für die Rolle, die die Kelten und Alemannen, die sich viel, viel später hier ansiedelten, einst spielten. Aus allen Zeiten sind Funde ausgestellt. Dass auch die Geschichte der jüngeren Vergangenheit aufgearbeitet wurde, versteht sich fast von selbst. Immer wieder gibt es auch Ausstellungen und Märkte und wenn es mal wieder ganz besonders gut duftet, dann ba-

cken Frauen im Garten gerade Holzofenbrot.

Doch zurück zur Geschichte: Eine Zahl ist auf jeden Fall rekordverdächtig. 33(!) verschiedene Schreibweisen gab es im Laufe der Jahrhunderte für Tuningen und neben besseren Zeiten zum Teil auch viel Elend. Im 30-jährigen Krieg zum Beispiel, als sich die Einwohnerzahl

Über die Störche freut sich das ganze Dorf.

Im Herzen Tuningens: links die Kirche, in der Mitte das Rathaus, davor der Gechichtsbaum und rechts das Feuerwehrgerätehaus.

von 600 auf 300 halbierte. Dann der wohl tiefgreifendste Einschnitt in der Geschichte des Dorfes. Schon 1841 und 1846 hatte es in Tuningen größere Brände gegeben, doch gegen das, was sich 1860 abspielte, war das dann eher noch harmlos.

Tuningen stand lichterloh in Flammen. 96 Haupt- und 16 Nebengebäude brannten binnen fünf Viertelstunden völlig nieder, 962 Bürger wurden obdachlos. Doch die Tuninger wurden auch mit diesem Schicksalsschlag fertig, bauten ihr Dorf wieder auf.

Die Ökologische Dorfentwicklung und das Landessanierungsprogramm setzten in den vergangenen Jahren neue Akzente und brachten weitere Veränderungen. Zum Beispiel eine schmucke, neu gestaltete Ortsmitte, samt Brunnen mit Lichtspielen und Sitzgelegenheiten. Richtig heimelig fühlt man sich da.

Dass man sich in Tuningen wohlfühlen kann, haben inzwischen auch die Störche entdeckt. Im Jubiläumsjahr hatte man hoch oben auf dem Kirchturm der evangelischen St. Michaelskirche ein Nest montiert. Und dann auf die Störche gewartet, regelrecht gefiebert, Jahr für Jahr. Es dauerte zwar ein Weilchen, doch dann nahmen tatsächlich welche

G`schichtle — Rätsel um die Wallfahrtskirche

Seit wann genau und warum die Tuninger St. Galluskirche weg ist, weiß niemand, ist bis heute rätselhaft. Aber man weiß, dass es sie gab und sie sogar eine offensichtlich gut besuchte Wallfahrtskirche war. Der Beweis liegt im Stadtarchiv von Villingen-Schwenningen. Dort ist man im Besitz der aus dem Jahr 1328 stammende Ablassurkunde. In ihr ist ganz genau festgelegt, an welchen Tagen und unter welchen Bedingungen die Besucher einen Ablass erhalten. Ganz offensichtlich das Motiv für den Ablass: Man brauchte Geld für das Gotteshaus. Erbaut wurde es wohl um das Jahr 800. Gestanden hat sie im Gewann Vogelösch in Richtung Sunthausen. Und zwar bis in die Zeit der Reformation. Irgendwann in jener Zeit verschwand sie.

24. August 1952, Weltmeisterschaften der Profi-Radrennfahrer in Luxemburg, nachmittags, kurz nach halb Fünf. Dramatik pur. Massensprint auf der Zielgerade. Mit dabei: Heinz Müller. Jetzt – Müller liegt vorne; Müller liegt ganz vorne! Die letzten Meter! Müller bleibt vorne – Müller siegt! Unglaublich! Mit Reifenbreite verweist er den Schweizer Gottfried Weilenmann auf Rang zwei. Ein Tuninger ist Weltmeister der Radprofis! Das hatte vor ihm noch kein Deutscher geschafft. Und nach ihm sollte es nur noch einem gelingen: Rudi Altig im Jahr 1966.

Ein paar Tage später ist Schwenningen, wo Müller inzwischen wohnt, schwarz vor Menschen. Tausende jubeln ihm zu, als er im offenen Auto im Triumphzug durch die Stadt fährt. Viele, viele sind auch aus Tuningen herüber gekommen, wo Müller 1925 geboren wurde. Gefahren ist er für den Schwenninger Radsportverein. Drei Jahre später ist Müller bei der Tour de France dabei, muss aber nach vier Etappen aufgeben. Im Alter von nur 51 Jahren

Zwei Orte, ein Held: In Tuningen wurde Heinz Müller geboren und für den RSpV Schwenningen fuhr er Rad. 1952 wurde er Weltmeister bei den Radprofis. Tausende feierten ihn bei seiner Rückkehr nach dem Triumph in Schwenningen begeistert.

stirbt Heinz Müller 1976. Wenige Tage, nachdem bei ihm Leukämie diagnostiziert worden war.

die Einladung an und bezogen ihre gemütliche „Wohnung" in luftiger Höhe. Seitdem ziehen sie dort Jahr für Jahr den Nachwuchs groß und bringen lautstark klappernd ihre Freude zum Ausdruck, um im nächsten Jahr wieder zu kommen.

Bis heute haben sie sich nicht einmal darüber beschwert, dass sie in Tuningen sozusagen dauerhaft unter „Aufsicht" stehen. Mit einer Webcam kann man sie ständig beobachten, schauen, was Herr und Frau Storch und ihr Nachwuchs in ihrem Nest so treiben. Sie waren eben schon immer ein bisschen neugierig, die Tuninger.

Der Kirchturm der Michaelskirche

ist natürlich nicht nur der Störche wegen der Erwähnung wert. Er ist schließlich mit seiner Höhe das prägende Gebäude des Ortsmitte. Und zudem das älteste im Ort. Die Kirche selbst, ein imposanter Langhausbau, stammt aus dem Jahr 1728, wobei der Treppengiebelturm aber deutlich älter ist.

Mit der evangelisch-methodistischen, der katholische Kirche und der evangelischen Freikirche sind noch drei weitere Kirchen im Ort präsent. Eine weitere, und zwar die, die als Wallfahrtskirche früher viele Gläubige angelockt hat, ist dagegen auf rätselhafte Weise verschwunden (G'schichtle, Seite 290).

Nächtliche Lichtspiele am neuen Brunnen in der Tuninger Ortsmitte.

Eine attraktive Gemeinde: Unterkirnach.

UNTERKIRNACH

Schmuck ist es, das in eine herrliche Schwarzwaldlandschaft eingebettete Unterkirnach. Ein Ort, in dem sich nicht nur die Einheimischen pudelwohl fühlen, sondern einer, der sich auch bei Urlaubsgästen sehr großer Beliebtheit erfreut. Das zeigen die über 100.000 Übernachtungen, die hier Jahr für Jahr gezählt werden.

So etwas kommt nicht von ungefähr. Da muss man was zu bieten haben. Genau das hat die Gemeinde sogar jede Menge. Zum Beispiel die gute Luft. Wussten Sie, dass Unterkinach seit vielen Jahren staatlich anerkannter Luftkurort ist, der Ort mit die gesündeste Luft in weitem Umkreis hat? Und wer glaubt, dass

im badischen Ländle nur der badische Wein von der Sonne verwöhnt wird, der kennt Unterkirnach nicht. Die Schwarzwaldgemeinde hat mit die höchste Zahl an Sonnenstunden in der gesamten Region. Fahren Sie doch einfach einmal im Herbst oder Frühling hin. Während andernorts häufig noch dichte Nebelschwaden überm Land liegen, lacht hier bereits die wärmende Sonne vom Himmel.

Das sind natürlich beste Voraussetzungen für den Tourismus. In Unterkinach hat man die Chancen genutzt. Mt ihrem großartigen Angebot haben es die Unterkirnacher sogar zum Bundes- und Landessieger für Familienferien gebracht. Weithin bekannt ist beispielsweise die Spielscheune. Ein wahres Paradies für Kinder. Ein Indoor-Spielplatz, der

sich über drei Etagen erstreckt. Bei schönem Wetter lädt der Außenbereich zu vergnüglichen Wasserspielen und Floßfahrten über den Teich ein. Zehntausende kommen jährlich. Das „Aqualina", ein schmuckes Hallenbad samt Sauna, oder der Wildpflanzenpark sind einige weitere Highlights Unterkirnach.

Wenn wir schon in der Gemeinde unterwegs sind: Überragt wird der Ort von der Jakobuskirche. 1903 war die heutige Kirche fertig geworden. Vier Jahre später wurde das neogotische Bauwerk eingeweiht (G'schichtle, Seite 296). Die alte Kirche war zu klein geworden. Fleißige Kirchgänger waren die Unterkirnacher. Runde 500 Menschen besuchten damals immer die Gottesdienste. Sitzplätze hatte man in der Kirche aber nur 250. Da musste natürlich ein neues her.

Dem heiligen Jakobus ist die stattliche Kirche Unterkirnachs geweiht. Er begegnet uns im Gotteshaus gleich mehrfach. So gibt es dort zwei Statuen von ihm, wobei die im

Ein stolzes Bauwerk: die Jakobuskirche in Unterkirnach.

Gesprenge des Hochaltars als besonders wertvoll gilt. Auch auf einem Kirchenfenster ist der Heilige präsent. Viele Pilger kehren hier zum stillen Gebet ein, wenn sie auf dem zwischen Villingen und Freiburg verlaufenden Hochschwarzwald-Pilgerweg unterwegs sind.

Neben der Kirche dominiert noch ein Gebäude das Ortszentrum: die Kirnachmühle. Dabei hatte es sich im Dorf zunächst einmal „ausgeklappert". Von den einst bis zu 20 Mühlen auf der Gemarkung gab es keine mehr. Mehr und mehr setzte man sich in dem Ort die Erkenntnis durch, dass da was fehlt, zumal der Tourismus eine immer größere Bedeutung gewann. Eine intakte, alte Schwarzwälder Mühle könnte da ganz bestimmt nicht schade. Doch woher nehmen?

Die Suche begann. Und tatsächlich: Auf einem alten Bauernhof wurde man fündig. Dort stand eine Mühle zum Verkauf. Die Unterkirnacher nutzten die Chance. Die Mühle zog um, wurde 1995 bis 1997 liebevoll restauriert und am munter durch den Ort plätschernden Kirnbach im Dorfkern wieder aufgebaut. Der Mühlenplatz entstand. Unterkirnach hatte sich noch mehr Schwarzwald ins Dorf geholt, als es ohnehin schon hatte.

Heute ist die Mühle eine der großen Attraktionen des Orts. Auf dem Mühlenplatz feiern die Unterkirnacher heute ihre Feste. Hier kann man nicht nur die großartige Mühle bewundern. Hier kann man bummeln, einkaufen, einfach nur verweilen, einem Glockenspiel lauschen, Kräuterbeete und Heilkräutergarten stu-

Na so was

Schnell waren sie, die Unterkirnacher mit ihrem Kirchenbau. Sehr schnell sogar. 1902 war die alte Kirche abgerissen, am 27. Juli des gleichen Jahres der Grundstein für die neue gelegt worden und schon im September des darauffolgenden Jahres war sie fertig. Diese Bauggeschwindigkeit war wirklich phänomenal. Toll! Und dann? Es dauerte, dauerte, dauerte und dauerte... Bis 1907. An 23. Juni wurde die Kirche endlich auch eingeweiht! Vier Jahre

Wenn etwas länger dauert...

waren zwischen Fertigstellung und Einweihung vergangenen. Auch das dürfte rekordverdächtig gewesen sein. Wer jetzt aber glaubt, dass die Unterkirnacher so lange gebraucht hätten, um den Festakt für die Einweihung zu planen, tut ihnen wirklich Unrecht. Vielmehr war es so, dass der Bischof nicht früher Zeit hatte. Als der das Gotteshaus dann endlich weihte, feierten die Unterkirnacher dort schon längst ihre Gottesdienste.

Die Mühle in Unterkirnach: Schwarzwald pur im Herzen des Ortes.

dieren. Einfach schön hier. Wer Lust auf Wandern hat – kein Problem. Unterkirnach hat sich auch als Wanderdorf einen Namen gemacht. 14 Wanderungen sind ausgeschildert. Darüber hinaus warten viele weitere Freizeitmöglichkeiten auf den Gast und natürlich auch die Einheimischen.

Natürlich fing auch in Unterkirnach einst alles ganz klein an. 1244 war das Jahr, in dem der Ort als Kürnach erstmals urkundlich erwähnt wurde. Allerdings hatten hier schon viel, viel früher Menschen gelebt. Zisterziensermönche aus dem Kloster Tennenbach bei Emmendingen waren es, die begonnen hatten, das unwirtliche Land zu erschließen.

In der Folgezeit gab es zwischen den Klöster von St. Georgen und Tennenbach immer wieder mal Zoff darüber, wer denn nun hier das Sagen hat. Schließlich wurde das sogar dem Papst im fernen Rom zu bunt. Clemens III. schaltete sich persönlich in den Konflikt ein. Sein Machtwort hatte salomonischen Charakter. Das Benediktinerkloster St. Georgen wurde Eigentümer der hiesigen Besitzungen, das Zisterzienserkloster Ten-

nenbach deren Pächter. Schon ein paar Jahrzehnte später wurde munter weiter gestritten. Jetzt mischte das benachbarte Villingen kräftig mit. Letztlich erfolgreich. Unterkirnach kam zu Villingen.

Erst zu Zeiten Napoleons wurde Unterkirnach selbstständig. Es war auch jene Zeit, in denen es dann in Unterkirnach richtig aufwärts ging. Zu Beginn des 19. Jahrhunderts stand hier nämlich die Wiege des Schwarzwälder Orchestrionbaus. Dank Carl Blessing. So hieß nämlich der Unterkirnacher, der 1820 das

Einfach super und ein richtiges Paradies für Kinder: die Spielscheune in Unterkirnach.

erste dieser tönernden Wunderwerke baute. 164 Pfeifen, 15 Register mit großer Trommel und Triangel waren in der Lage ein ganzes Orchester zu imitieren. Die Geschichte lief. Das brachte Arbeitsplätze mit sich. Nicht nur hier, sondern beispielsweise auch im nahe gelegenen Vöhrenbach.

Rund 100 Jahre später ging die Zeit der Orchestrions wieder zu Ende. Das Aufkommen des Radios und der Plattenspieler waren dafür verantwortlich. Vergessen sind die Orchestrions indes in Unterkrinach bis heute nicht. In der liebevoll eingerichteten Heimatstube kann man gleich fünf dieser automatischen Musikgeräte bewundern. Und ihrem Carl Blessing setzen die Unterkirnacher im Ort darüber hinaus ein Denkmal.

☊ Unterkirnach-Route

Unterkirnach-Route

Schwarzwald und Alb
RADPARADIES

Charakteristik: Wer Wald liebt, liegt mit dieser Tour des Radparadieses goldrichtig. Zeitweise sind Breg und Brigach unsere Begleiter.

Länge: 42 km

Gesamtanstieg: 770 Meter

Schwierigkeitsgrad: mittel

Ausgangspunkt: Unterkirnach, Ortsmitte

Streckenverlauf: Von Unterkirnachs Ortsmitte führt uns die Strecke durch eine herrliche Landschaft über Vöhrenbach, Hammereisenbach, Schwarzbuben, Tannheim, Pfaffenweiler, Villingen streifend und den Breitbrunnenhof zurück nach Unterkirnach. Die Tour ist hervorragend ausgeschildert.

NOT SEHEN UND HANDELN ...

... wir leben und arbeiten dort, wo sich Menschen aus christlicher Verantwortung gegenüber dem Nächsten, für andere einsetzen.

CARITAS IST NÄCHTENLIEBE ...

... wir stehen für eine unvoreingenomme, offene und wohlwollende Grundhaltung gegenüber anderen Menschen, unabhängig von Weltanschauung, Religion und Konfession.

EIN TEIL UNSERER AUFGABEN SIND ...

... die Kinder-, Jugend- und Familienhilfe; Senioren- und Pflegeeinrichtungen; Dienste und Einrichtungen für Menschen mit Behinderung; Beratungsdienste für Menschen in schwierigen Notlagen (z.B. Existensicherung, Schwangerenberatung) und vieles mehr ...

Caritasverband für den Schwarzwald-Baar-Kreis e.V.

Gerwigstraße 6
78050 Villingen-Schwenningen
Telefon 0 77 21 - 8 40 70
info@caritas-sbk.de | **www-caritas-sbk.de**

Ein technisches Meisterwerk: die Linachtalsperre bei Vöhrenbach.

VÖHRENBACH

Die Grafen von Freiburg – auch Zähringer genannt – waren es, die im Jahre 1244 den Ort Vöhrenbach gründeten. In seiner Geschichte wurde Vöhrenbach zunächst einmal vor allem wegen seiner Orchestrion- und Spieluhrenfabrikation berühmt, die unter der Firma Imhof und Muckle ihre große Blüte und eine wirklich weltweit bedeutende Ausstrahlung erreichte.

Noch Anfang des 20. Jahrhunderts war dies der Haupterwerbszeig Vöhrenbachs. Dann geriet man zunehmend unter Druck. Mehr und mehr verbreiteten sich Grammophons.

Und das Radio war im Kommen. Alles Gift für die Orchestrionfabrikation in Vöhrenbach. 1929 kam das Aus für Imhof. Auch Welte, dessen Orchestrions in aller Welt standen, geriet in die Krise. Allerdings nicht in Vöhrenbach, sondern in Freiburg. Dorthin war das Unternehmen zwischenzeitlich umgesiedelt. Zum Glück gibt es eine ganze Reihe von Museen, die sich großartige Exemplare der Vöhrenbacher Handwerkskunst gesichert haben.

Apropos Museen. Auch in Vöhrenbach gibt es ein kleines: Das unter Denkmalschutz stehende, 1725 erbaute Uhrmacherhäusle, in dem unter anderem bemerkenswerte Ex-

Angeln im Linachstausee.

ponate zur Uhrenherstellung zu sehen sind.

Unbedingt anschauen sollte man sich natürlich auch die schon von außen eindrucksvolle Pfarrkirche St. Martin. Innen sind herrliche Schnitzarbeiten aus dem 18. Jahrhundert zu sehen, die in der Werkstatt der hier heimischen Holzbildhauerfamilie Winterhalter entstanden sind. Bildhauerkunst vom Feinsten.

Immer einen Besuch wert ist auch das idyllisch gelegene Bruderkirchle, um das sich so manche Legende rankt (G'schichtle, Seite 305). Ja und da ist noch das ganz große

Extra	Die Linachtalsperre

Noch nie an der Linachtalsperre bei Vöhrenbach gewesen? Na, dann wird es aber höchste Zeit! Schließlich steht hier die erste und einzige Gewölbereihenstaumauer Deutschlands in aufgelöster Bauweise. Ein Baukulturdenkmal von herausragender Bedeutung. Die 25 Metern hohe und 143 Meter breite Staumauer wurde 1922 bis 1925 erbaut. Bis 1969 wurde hier aus Wasserkraft Strom erzeugt. Dann fiel die Staumauer in einen langen Dornröschenschlaf.

„Wachgeküsst" wurde sie von der Stadt Vöhrenbach, die mit der großartigen Unterstützung eines Fördervereins und verschiedenen Zuschüssen das Bauwerk von 2005 bis 2007 mit einem Kostenaufwand von 7,1 Millionen Euro sanierte. Seitdem liefern die im ebenfalls sanierten Jugendstil-Kraftwerksgebäude untergebrachten Turbinen rund 1,3 Millionen kWh umweltfreundlichen Strom im Jahr. Der wieder aufgestaute See ist mittlerweile zum beliebten Anziehungspunkt für Erholungssuchende und technisch und ökologisch Interessierte geworden.

In Vöhrenbachs Ortsmitte

Aushängeschild Vöhrenbachs, das Ziel vieler Ausflügler, Naturfreunde und Technikfreaks: die Linachtalsperre. Sie ist natürlich eine eigene Geschichte wert (Extra, Seite 301).

Bei all dem, was in dem kleinen Städtchen und seinen Stadtteilen mit den insgesamt rund 4000 Einwohnern zu sehen gibt, spielt neben der Industrie der Fremdenverkehr mehr und mehr eine Rolle. In Vöhrenbach hat man sich darauf eingestellt und kann eine Infrastruktur vorweisen, die der ständig steigenden Zahl von Gästen gerecht wird.

Eine tolle Landschaft und ein großes Freizeitangebot wie z.B. das solarbeheizte Freibad tun neben den vielen Sehenswürdigkeiten das Ihrige dazu.

Dieses Orchestrion entstand 1845 bis 1848 in Vöhrenbach. Gebaut hat es der einheimische Michael Welte. Ein Star in der Orchestrionbauszene. Das Aufkommen des Rundfunks und der Schallplattenspieler läutete knapp 100 Jahre später dann das Aus der Orchestrions ein.

Infos und Führungen zum
Baukulturdenkmal
Linachtalsperre:

www.voehrenbach.de
info@voehrenbach.de
07727 / 501-0

Vöhrenbach
im Schwarzwald
Stadt der Linachtalsperre

Petrus und Paulus in der Kirche zu Vöhrenbach. Die Skulpturen sind Meisterwerke aus der Werkstatt der berühmten Vöhenbacher Holzbildhauerfamilie Winterhalder. Geschaffen hat sie Adam Winterhalder um 1732/33.

Hammereisenbach

Der Name verrät eigentlich schon fast alles über die Geschichte des Ortes. Richtig: In dem heute 600 Einwohner zählenden Dorf gab es einmal ein Fürstlich-Fürstenbergisches Eisenwerk. Erstmals erwähnt ist das Werk im Jahre 1523. Bei Hammereisenbach bewachte auch die von den Fürstenbergern erbaute Burg Neufürstenberg einst die Straßen, die nach Neustadt und Urach bzw. nach Furtwangen zustreben. Noch heute ist die Burg mit ihrer hoch aufragenden Schildmauer ein beliebtes Ausflugsziel. Der Großteil der Burg wurde während des Bauernkriegs 1525 von aufständischen Bauern, dem „Klettgauer Haufen", zerstört.

Wer sich die Burg anschaut, der sollte natürlich auch ein noch viel älteres Zeugnis aus der Vergangenheit ansehen: das ganz in der Nähe liegende archäologische Denkmal „Krumpenschloss". So ganz klar ist noch immer nicht, was es mit der sehr alten 100 auf 80 Meter umfassenden Wallanlage auf sich hat. Einiges deutet jedoch darauf hin, dass

es sich um eine keltische Kultstätte oder Fluchtburg gehandelt haben könnte.

Langenbach

In einem landschaftlich reizvollen Nebental der Breg, da wo sich „Bei der Eck" drei Bäche zum Langenbach vereinen, liegt der Stadtteil Langenbach. Runde 300 Einwohner zählt der heute zu Vöhrenbach gehörende Ort.

Die ersten Höfe entstanden im 13. Jahrhundert, als die Zähringer nach und nach den unwirtlichen Schwarzwald zu erschließen begannen. Bereits für 1218 ist in der Gegend eine Glashütte nachgewiesen. Urkundlich erwähnt wird Langenbach aber erst 1326. Seit Jahrhunderten ist Langenbach von der Landwirtschaft geprägt. 13 Höfe waren es, die den Ort prägten und zu denen sich zu Beginn des 18. Jahrhunderts auch Taglöhnerhäuschen gesellten, als sich hier Glasmacher, Köhler, Glashändler und Uhrenmacher ansiedelten. Eine Entwicklung, die Langenbach wirtschaftlich gut tat, die aber schon Ende des 19. Jahrhun-

Wir finden sie am Ortsausgang, an der alten Straße nach Villingen: die neben einer Quelle gelegene, 1580 erstmals erwähnte St. Michaels-Kapelle, die allerdings heute unter dem Namen „Bruderkirchle" viel bekannter ist. Der Name erinnert an einen Eremiten, der hier einst gelebt hat. So manche Legende rankt sich um das kleine Gotteshaus. Die wohl bekannteste ist die von den sieben Jungfrauen, die vom Stadtschultheiß Männle bedrängt wurden, ihrem Glauben abzuschwören. Vergeblich. Die Jungfrauen blieben standhaft und wurden zur Strafe verbrannt. Auf dem Scheiterhaufen verfluchten sie die Stadt und kündigten an, dass Vöhrenbach drei Mal niederbrennen werde, was dann im Laufe der Geschichte auch passierte. In der Kapelle ist ein Bild über die Legende mit den sieben Jungfrauen zu sehen.

Um 1360 wurde die Burg Neufürstenberg errichtet. Zur Ruine wurde sie 1525 im Bauernkrieg.

derts stark rückläufig war. Bis heute hat Langenbach indes seinen Charakter als typische Schwarzwälder Streusiedlung bewahrt, in der die Landwirtschaft zwar noch immer eine große, aber keine ausschließliche Rolle spielt. Langenbach ist auch zu einer attraktiven Wohngemeinde geworden.

Urach

Woher Urach seinen Namen hat, ist klar – vom gleichnamigen Flüsschen, das oben bei der „Kalten Herberge" (G'schichtle, Seite 307) in einer Höhe von über 1100 Meter an der Wasserscheide Rhein-Donau entspringt und unten im Tal nach zehn Kilometern in die Breg mündet. Damit ist auch schon die ganze Bandbreite der Gemarkung des Ortes

Das Uhrmacherhäusle in Vöhrenbach.

Da lohnt sich der Weg hoch. Die Pfarrkirche Allerheiligen in Urach mit ihrem Friedhof ist sehenswert.

Die Gegend um Vöhrenbach ist auch ein Wanderparadies.

Das Höhengasthaus „Kalte Herberge", direkt auf der europäischen Wasserscheide Rhein-Donau gelegen, dürfte mit Sicherheit eines der ältesten Gasthäuser im gesamten Schwarzwald sein.

Der erste Nachweis stammt aus dem Jahr 1480. Über Jahrhunderte hinweg war es immer eine wichtige Station auf dem dort verlaufenden Handelsweg, insbesondere für Glas- und Uhrenträger.

Heute bietet die „Kalte Herberge" eine ausgezeichnete typisch Schwarzwälder Gastronomie mit Gästehaus und Skilift. Und keine Angst: Trotz des Namens brauchen sie dort nicht zu frieren. Auch wenn die Sage erzählt, dass die „Kalte Herberge" so heißt wie sie heißt, weil dort vor langer, langer Zeit ein Handwerksbursche, der auf der Ofenbank übernachtete, erfroren sein soll. Und das nicht im Winter, sondern im Juni!

„Nur ein Märchen" sagen die schmunzelnden Wirtsleut', die Winterhalters. Wir indes finden die Geschichte so schön, dass wir es hier dabei belassen. Woher der Namen wirklich kommt, können Ihnen die wirklich netten Wirtsleut' ja bei einer Einkehr erzählen. Die lohnt sich da oben nämlich auf jeden Fall.

---

beschrieben, der einwohnermäßig zwar klein, in Sachen Gemarkungsgrenzen aber ein richtiger Riese ist.

Auf stolze 2118 Hektar Schwarzwald pur bringt es Urach, wobei diese komplett unter Landschaftsschutz stehen. Nicht nur das: Die 25 über die Gemarkung verstreuten alten Höfe stehen allesamt unter Denkmalschutz. Besonders bemerkenswert: Eine alte funktionsfähige Mühle im Fahlenbach und ein historisches Sägewerk in Roturach.

Urach ist aber nicht nur eine Streusiedlung, sondern hat auch einen Ortskern. Einen schmucken sogar, der von der wirklich sehenswerten Pfarrkirche Allerheiligen geprägt wird. Ihre ältesten Bauteile stammen aus romanischer Zeit, das Langhaus aus dem 14. Jahrhundert. Zwischen 1730 und 1740 wurde die Kirche barockisiert und der Zwiebelturm mit seinem roten Dach angebaut. Raritäten sind im Innern die aus dem 14. Jahrhundert stammende bemalte Tannenholzdecke und die Schnitzarbeiten des berühmten einheimischen „Gottesschnitzers" Mathias Faller.

In Urach spielte nicht immer nur die Landwirtschaft eine Rolle, sondern im Fahlenbach, einem Seitental, wurde einst Erz abgebaut und in Sachen Uhrenindustrie gingen von Urach sogar entscheidende Impulse aus.

Simon Dilger war nach 1720 einer der ersten Uhrmacher, der sich der gewerblichen Herstellung von Uhren verschrieb und seinem Sohn Johann Friederich wurde sogar noch ein größeres Geschick nachgesagt. Er brachte die Uhren im Schwarzwald nicht nur technisch weiter nach vorne, sondern bildete auch viele Uhrmacher aus. Urach dürfte damit die Wiege des Uhrmacherberufs gewesen sein.

Neben der Landwirtschaft spielt im Urach von heute der Fremdenverkehr eine bedeutende Rolle. Im Sommer lässt es sich hier herrlich wandern und im Winter ist der Ort ein richtiges Wintersportnest. Zwei Skilifte, ein dichtes Loipennetz und ein Skiclub, der national und sogar international tolle Erfolge erzielt hat. Im Winter auf den Skiern und im Sommer auf dem Bike.

Am Ende des Buches blicken wir noch einmal zurück auf die ersten menschlichen Be-
siedelungen in unserer Region. Da kommt man natürlich an den Kelten nicht vorbei.
Gerade bei uns nicht, wo doch auf dem Magdalenenberg bei Villingen – vermeintlicher

*Hexentreff und Hort eines Schatzes - das größte keltische Fürstengrab Mitteleuropas
entdeckt wurde und bei den Grabungen sensationelle Funde sichergestellt werden
konnten. Unser Bild vom Magdalenenberg entstand am Abend.*

ORTSREGISTER

DANKE

Wir möchten uns an dieser Stelle bei all denjenigen bedanken, die uns bei der Erstellung dieses Buches geholfen haben. Unser Dank gilt insbesondere dem Landratsamt des Schwarzwald-Baar-Kreises, sämtlichen Städten und Gemeinden des Landkreises und natürlich den Institutionen, Verbänden und Unternehmen, die mit ihren Anzeigen die Herausgabe dieses Buches maßgeblich unterstützt haben. Darüber hinaus möchten wir uns auch bei all jenen bedanken, die uns bei der Recherche geholfen oder bei der Bildbeschaffung unterstützt haben.

Günther Baumann, Tobias Baumann

BILDNACHWEISE

Tobias Baumann: Titel, 8, 10-11 (Landratsamt), 16-17 (Landschaft), 22, 23, 60, 71 (Bärenpark), 72 (Kirche, Straße), 78 (Wecker, Umweltzentrum), 90, 92 (Terra Wohnpark), 93, 98, 99, 100, 104, 107, 112 (Narrenschopf), 130-131 (Blick auf Blumberg, Kirche, 136 (Hondingen), 144, 149, 152, 153, 155 (Kirche), 156-157 (Fernsicht), 158, 160, 161, 166, 170, 184, 192, 193, 194-195, 196, 198-199, 200, 202 (Rathaus), 205, 206, 207, 212-215, 220-221, 222, 239 (Glockenspiel), 240 (alle Gebäude), 242, 244, 245, 248, 249, 251 (Kirche), 252-253 (Panorama), 258, 259, 266 (Glockenspiel), 273, 278, 283, 296, 297; Michael Kienzler: 3, 11 (Skifahrer, Uhr), 14-15, 16 (Moos), 26, 38, 44 (Blick aufs leere Eis, Bild mit Fahne), 46 (oben), 54, 58, 61, 63, 70-71 (Elfewiiib), 74-75, 76, 80-81 (Luftaufnahme), 86 (Luftfahrtmuseum), 96 (Haus), 101, 102, 103, 129, 155 (Guignard), 180, 250, 256-257 (Panorama), 260, 261 (Hauswald), 269, 275, 276, 279, 280, 300-301; Nils Fabisch: 4; Nicole Baumann: 78 (Spielplatz); Schwarzwald Tourismus: 11 (Torte); Drombalan, Wikipedia: 12, Patrick Seeger: 19, 240 (Jäger); Andreas Praefcke, Wikipedia: 25; Wirtschaft und Tourismus Villingen-Schwenningen GmbH: 28, 29, 32 (Rathaus Schwenningen), 51-51, 53, 57, 66, 72 (Ob dem Brückle), 88 (Uhrenmann); NQ-Archiv: 30,31, 41, 79, 84, 86 (Pfeiffer); Roland Hebsacker: 32 (Rathaus Villingen), 56; Julia Schlenker: 34, 35; Günther Baumann: 37, 64, 81 (Neckarquelle), 118, 119, 120, 123, 134 (Scheffellinde), 142, 145, 146, 151, 162 (Farrenstall), 164, 165 (Kirche), 172, 175, 188, 189, 190, 191, 208-211, 219, 224-225 (Platz), 229, 232-236, 302, 306, 308, 309; Dieter Reinhardt: 44 (Torszene), 73, 97, 261 (Duffner); Jens Hagen: 44-45 (Außenansicht, Panorama, Curling, Comedy); Heinz Wittmann: 46 (unten), 92 (Seidenberg), 165 (Fußballer); Stadtwerke Villingen Schwenningen GmbH: 48, 88 (Schwimmbad); Spitalfonds: 52; Friedhelm Schulz: 65; Archiv Siegfried Heinzmann: 83; SMA Südwest Messe- und Ausstellungs-GmbH: 85; Wilfried Leibold: 94, 95; Wikipedia: 96 (Kaiser), 134 (Scheffel), 141 (Fledermaus), 181 (Kaiser), 204, 246, 282; Kur- und Bäder GmbH Bad Dürrheim: 110-111, 112 (Rathaus), 114 (Cafe), 115, 121, 122, 124-125; Joachim Limberger: 114 (Ballonfestival); Sauser Event GmbH: 116; Horst Marek: 126; Gerhard Schwierz: 128; Touristinformation Blumberg: 130 (Schwimmbad), 131 (Streetart), 134 (Achdorf), 135, 136 (Fützen), 137 (Kirche), 138, 139 (Zollhaus), 140, 141 (Paar); Kardinal-Bea-Museum: (Kardinal Bea); Cluuuus, Wikipedia: 139; (Blauer Stein); dpa: 147 (Ohlicher), 179 (Kiefer), 185; Flominator, Wikipedia: 148; Privat: 156 (Bart), 243, 292; Okmijnuhb, Wikipedia: 162 (Rathaus); Stadt Donaueschingen: 174; Achim Mende, Schwarzwald Tourismus: 176; Fürstlich Fürstenbergische Brauerei GmbH & Co. KG: 177, 182; ESCON-Marketing GmbH: 178-179, Springreiter; R. Brunner/Schwarzwald Tourismus: 181 (Fassade); armagfilms/Schwarzwald Tourismus: 181 (Windhunde); Deutsches Uhrenmuseum Furtwangen: 202 (Uhr); Ski-Internat Furtwangen: 202; TI Hüfingen/Schwarzwald Tourismus: 216; Diliff, Wikipedia: 225 (Eichhörnchen); Gemeinde Königsfeld: 227, 228; Gemeinde Niedereschach: 238-239 (Luftbild); Stadtverwaltung Triberg: 251 (Kuckucksuhr); Klaus-Ringwald-Stiftung: 252 (Ringwald); Ferienland im Schwarzwald GmbH: 254, 256 (Denkmal), 294-295, 298; Stadt St. Georgen: 264-265, 266 (Kirchen), 269, 270, 271, 274; ebm-papst: 268;Touristinfo Triberg: 285; Volker Kübler: 286-290, 293; Jörgens, Wikipedia: 304; Joachim Haller, wikipedia: 305 (Burg); Schwarzwälder, Wikipedia: 305 (Haus).